千古人物

陈武帝 陈霸先

王立刚 ◎ 著

中国书籍出版社
China Book Press

图书在版编目(CIP)数据

陈武帝：陈霸先 / 王立刚著. -- 北京：中国书籍出版社, 2025.6
ISBN 978-7-5068-9753-2

Ⅰ.①陈… Ⅱ.①王… Ⅲ.①陈霸先（503-559年）—传记 Ⅳ.①K827=4

中国国家版本馆CIP数据核字(2024)第016027号

陈武帝：陈霸先

王立刚　著

责任编辑	王志刚
责任印制	孙马飞　马　芝
封面设计	东方美迪
出版发行	中国书籍出版社
地　　址	北京市丰台区三路居路97号（邮编：100073）
电　　话	（010）52257143（总编室）　　（010）52257140（发行部）
电子邮箱	eo@chinabp.com.cn
经　　销	全国新华书店
印　　厂	北京睿和名扬印刷有限公司
开　　本	700毫米×1000毫米　1/16
字　　数	300千字
印　　张	18
版　　次	2025年6月第1版　2025年6月第1次印刷
书　　号	ISBN 978-7-5068-9753-2
定　　价	58.00元

版权所有　翻印必究

序 言

东汉末年，天下大乱，魏、蜀、吴三国鼎分。

咸熙二年（266年），曹魏权臣司马懿之孙司马炎以晋代魏，改元泰始，是为晋武帝，定都洛阳，史称"西晋"。黄初元年（280年），西晋灭吴，统一中国。

然而，西晋带来的统一竟是昙花一现。太熙元年（290年），晋武帝去世，惠帝继位，爆发"八王之乱"，宗室内耗，国势骤减。

为加强控制和补充内地劳力不足，西、北少数民族内迁频繁，匈奴、羯、氐、羌、鲜卑五族数量较多，其"服事供职，同于编户"，由于民族压迫，少数民族"怨恨之气，毒于骨髓"，反抗不断。永嘉五年（311年），洛阳失守；建兴四年（316年），长安失守，立国五十三年的西晋灭亡，而后，少数民族陆续在北方"你方唱罢我登场"，史称"五胡十六国"。

建兴五年（317年），司马睿在建康（今江苏南京）重建晋廷，是为晋元帝，史称"东晋"。永和二年（346年），东晋安西将军桓温伐蜀，次年3月攻克成都，至此，东晋统一南方，与北方政权隔秦岭、淮河对峙。元熙二年（420年），刘裕废晋恭帝自立，建立宋，为了与赵匡胤建立的北宋区别开，始称"刘宋"。刘裕是为宋武帝，享国一百零四年的东晋灭亡。此时，北方少数民族鲜卑拓跋部已统一黄河流域，建立国势强大的魏国，史称"北魏"。自此，开启了中国历史上长达一百七十年的南北朝时代。

南朝（420—589年）承自东晋，宋、齐、梁、陈四朝迭立。宋立国六十年后于升明三年（479年）被齐取代，齐立国二十四年后于中兴二年（502年）被梁取代，梁立国五十六年后于太平二年（557年）被陈取代，陈立国三十三年后于开皇九年（580年）被隋所灭。

北朝（439—581年）承继五胡十六国，有北魏、东魏、西魏、北齐和北周五朝。北魏存续一百四十九年后于永熙三年（534年）分裂为东、西魏，东魏立国十七年后于武定八年（550年）被北齐取代，西魏立国二十二年后于元廓三年（556年）被北周取代，北齐立国二十八年后于承光元年（577年）被北周所灭，北周立国二十五年后于大定元年（581年）为杨坚所代。

出身于北周八柱国之一的李唐宗室，委派虞世南、褚亮等人重修《晋书》，奉南北朝共为正统，而北宋司马光修《资治通鉴》，则奉南朝为正朔。

南朝作为汉族政权和东晋的延续，宋、齐、梁、陈皇族主要是士族或次级士族。初期，南朝政权无法和生气勃勃的北朝相抗衡，呈南弱北强之势。到梁武帝时，国势大增，加之北魏汉化改革后矛盾丛生，南朝国势已追上北朝。

梁武帝喜用降将，以期不劳而获。北魏发生六镇之乱，梁武帝派陈庆之护送北魏北海王元颢北返继位，攻入洛阳，因孤军无援，北魏军主力回援，陈庆之北伐失败。东、西魏时期，东魏大将侯景投奔梁朝，梁武帝图谋借其力攻伐东魏。梁军寒山战败，梁武帝意图送还侯景以求和。侯景知悉后举兵叛变，渡江南攻，台城陷落，梁武帝愤困而死，史称"侯景之乱"，侯景大肆屠杀江南世族，先后立、杀梁简文帝萧纲、淮阴王萧栋，最后篡位，建国汉。

侯景仅控制江东一带，湖广、四川依旧由梁朝宗室掌控。

吴兴郡（今浙江长兴）长城下若里的陈霸先，虽出身寒微，但是武艺高强，当过里司，又去建康成为油库小吏，后来作为传令吏，跟随梁朝宗室广州刺史、新喻侯萧映到岭南任职。

陈霸先气度恢宏，明达果断，为时人推崇佩服。广州发生兵乱，萧映被围，陈霸先一战解围，受梁武帝瞩目，派遣画工画其样貌。

一代乱世帝王，就此崛起岭南。

梁武帝第七子湘东王萧绎举兵讨伐侯景，此时，已经平定交趾李贲之乱的西江都护陈霸先，拒绝时任广州刺史萧勃的挽留与阻挡，主动接受湘东王萧绎节制，从南康出兵，沿赣江东下，与王僧辩的荆州军会师长江白茅湾，两将合兵，进攻建康。侯景败亡，乘船逃走，被手下刺杀。

侯景之乱平定，陈霸先也以地方重镇身份自雄江南。

承圣元年（552年），梁武帝第八子武陵王萧纪称帝于蜀，湘东王萧绎也在江陵（今湖北荆州）即位，是为梁元帝。第二年，武陵王萧纪率众乘船东下，兄弟相争，梁元帝向西魏求救。西魏乘机取蜀制梁，攻克成都。益州之地被西魏夺走，武陵王萧纪也被湘东王萧绎杀死。湘东王萧绎名义上恢复梁朝统治，但留居江陵，未曾还都建康。

承圣三年（554年）冬，梁武帝之孙、昭明太子萧统第三子、河东王萧詧向西魏称藩借兵，攻打湘东王萧绎，叔侄相争，西魏大将军杨忠攻破江陵，梁元帝被杀。西魏立萧詧为梁主，史称"西梁"。

因梁元帝被杀，朝廷重臣王僧辩与陈霸先决定，迎立梁元帝第九子十三岁的晋安王萧方智太子,至建康入朝监国理政。

见西魏立萧詧为梁朝傀儡政权,北齐文宣帝高洋也不甘人后,承圣四年(555年),护送在寒山之战中被俘的梁武帝之侄贞阳侯萧渊明南下,决意染指皇位。齐军兵锋直指建康,梁军被击败,江南危急。王僧辩权衡再三,屈事北齐,改立萧渊明为帝。

陈霸先苦劝无效,于九月起兵京口,和手下大将侯安都一起袭杀王僧辩,废黜萧渊明,拥立萧方智为帝,是为梁敬帝。

此后,丞相陈霸先总揽军国大事,分别于绍泰元年(555年)、二年(556年),先后两次击溃北齐大规模进犯。

太平二年(557年),萧方智禅位于陈霸先,梁朝灭亡。

陈霸先即位,定国号为陈,定都建康,改元永定,史称"陈武帝"。

陈武帝在位三年,生活俭朴,为政宽简。

陈朝永定三年(559年),陈霸先去世,享年五十七岁。谥号武皇帝,庙号高祖,葬于万安陵。

唐代著名史学家李延寿评价说:

> 帝雄武多英略,性甚仁爱。及居阿衡,恒崇宽简。雅尚俭素,常膳不过数品……践阼之后,弥厉恭俭。故隆功茂德,光于江左云。(《读通鉴论·隋文帝·卷三》)

明代文学家归有光称陈霸先"江左诸帝,号最贤"。

正如吕思勉所言,"从来人君得国者,无如陈武帝之正者"。

而中国历史上朝代名称与皇帝姓氏重合者,仅南朝陈一家。

目录 Contents

序　言 ………………………………………………………… 1

第一章　南北朝你方唱罢 ………………………………… 1
1. 五胡乱华，中原荡覆 …………………………………… 1
2. 衣冠南渡，王室数易 …………………………………… 9
3. 梁武雅颂，崇佛专听 …………………………………… 18
4. 拔起里司，赫然投袂 …………………………………… 27
5. 始佐宗藩，英谟雄算 …………………………………… 36

第二章　广州城初露峥嵘 ………………………………… 45
1. 孙卢冤死，越貊成灾 …………………………………… 45
2. 霸先解围，逆叛粉溃 …………………………………… 54
3. 萧映病亡，再伐交趾 …………………………………… 62
4. 李贲传首，平戎屈獠 …………………………………… 70

第三章　江南地侯景乱梁 ………………………………… 80
1. 河南之忧，侯景骄恣 …………………………………… 80
2. 寒山之败，贞阳怯懦 …………………………………… 89
3. 涡水之捷，慕容奋勇 …………………………………… 98
4. 寿阳之反，北贼陵江 …………………………………… 105

第四章 文居殿萧衍愤困 **115**

 1. 寇入建康，奸起正德 **115**
 2. 贼阻台城，忠昭羊侃 **124**
 3. 身死居殿，义唯霸先 **134**
 4. 监镇始兴，耻投萧勃 **145**

第五章 白茅湾霸先讨贼 **155**

 1. 出师南康，志在讨贼 **155**
 2. 资粮巴丘，谊结西军 **164**
 3. 定盟白茅，誓灭侯景 **173**
 4. 入占建康，雄踞诸军 **183**

第六章 建康城静帝禅位 **194**

 1. 袭杀僧辩，称藩北朝 **194**
 2. 浙左凶渠，连兵尽驱 **203**
 3. 北齐南侵，伪党斯擒 **212**
 4. 卒禅梁祚，希复华风 **220**
 5. 王琳作梗，内难未弭 **230**

第七章 江左治武帝宽简 **240**

 1. 戎马倥偬，政简德宽 **240**
 2. 英略大度，擢才亡命 **248**
 3. 怀抱豁如，取士仇雠 **257**
 4. 稳定岭南，祚运于侄 **266**

主要参考书目 **277**

第一章　南北朝你方唱罢

1. 五胡乱华，中原荡覆

从晋惠帝永兴元年（304年）匈奴刘汉和氐族李成建国，到宋文帝元嘉十六年（439年）北凉灭亡，在这一百三十六年里，以匈奴、羯、鲜卑、氐、羌为代表的"五胡"纷纷入主中原，北方政权更迭频繁，史称"五胡乱华"。

秦、汉以来，北方匈奴数次入侵中原，被秦皇、汉武大加讨伐，势力始衰。西汉宣帝时，南匈奴内归，北匈奴也被重创。东汉时，鲜卑部落据有匈奴故地。三国初期，由于鲜卑、羌族悍勇善斗，常为当时雄踞边地的豪杰引为争胜的凭恃。三国后期，中原人口剧减，魏晋朝廷不断"招抚五胡"内附。

晋惠帝永兴元年，匈奴左贤王刘渊见晋朝诸王内讧，四方鼎沸，荆、扬大乱，便乘机在左国城（单于王庭所在，今山西离石北）建国，自以汉朝皇室外甥，以兄终弟及为由，称汉王，拉开了五胡建国的序幕。永嘉四年（310年），刘渊去世，其子刘和即位。同年，刘聪篡位。永嘉五年，刘聪俘杀太尉王衍，攻破洛阳，俘虏怀帝，史称"永嘉之乱"。之后，骑兵四出，扫荡河南、河北富庶之地，摧毁了晋朝的战争潜力。永嘉七年（313年），怀帝被毒死，其侄司马业在长安登基，是为愍帝。建兴四年（316年），刘曜攻克长安，愍帝出降，西晋灭亡。刘聪昏淫无道，死后太子刘粲即位，比其父有过之无不及，大将军靳准发难，在东市将刘氏一族杀死，无论老幼。刘曜自长安发兵，十月即位，第二年改国号赵，史称"前赵"。咸和四年（329年）为石勒所灭。

石勒，羯族，小时曾被卖为奴，太兴二年（319年）称赵王，史称"后赵"。灭前赵后，统一北方，咸和八年（333年）去世，其子石宏即位，第二年，石虎篡位，迁都邺城，其时兵力强盛，尽有北方之地，隐隐有统一全国之势。死后不到一年，宗亲内乱，相互屠戮，被冉闵所灭。而冉闵则被燕所灭。

慕容儁，鲜卑人，乘势崛起辽东，定都和龙（今辽宁朝阳），因石虎阻隔，不能南下进图中原。后乘石氏之乱，挥军南下，灭亡冉闵。死后，帝位只传一代，不到十年，被苻坚所灭，史称"前燕"。

苻坚，氐族，崛起于三秦之地，升平元年（357年）篡位自立，为人宽宏大度，善于驾驭豪杰，用王猛为相，内修政治，外吞强邻，相继灭亡前燕、前凉及代，统一北方，后大举伐晋，败于淝水，国家崩溃，为姚苌所杀。

姚苌，羌人，曾降于前秦，因兵败，畏罪出逃渭北，集合羌人，自称"万年秦王"，坐观苻坚和慕容泓争斗，趁苻坚战败逃往五将山（今陕西岐山东北）之际，将其抓住并处死。姚苌攻克长安后称帝，史称"后秦"。死后，诸孙内讧，刘裕趁机举兵北伐，攻克长安，灭亡后秦。

慕容垂，趁前秦淝水战败后恢复燕国，太元十一年（386年），定都中山，即帝位，史称"后燕"。曾发兵灭亡西燕，一度恢复前燕疆域。死后第二年，即位的慕容宝遭北魏大举进犯，其内部又相继叛乱。隆安二年（398年），慕容宝被杀，国亡。之后，慕容家族陆续建立了北燕、西燕、南燕，但立国都不长久。

赫连勃勃，匈奴人，刘卫辰第三子，北魏杀死刘卫辰之后出逃，受后秦主姚苌之子姚兴赏识，镇守朔方。后秦与北魏讲和，因世仇之故，赫连勃勃大怒，叛反后秦，称"大夏天王"。自知不敌姚兴，便游击西部，忽东忽西。义熙九年（413年），建都统万城（今陕西横山东北），后攻克刘裕之子刘义真镇守的长安。死后，其国屡遭北魏太武帝征伐，国主为吐谷浑所擒，送给北魏，被杀。其国灭亡。

其间，西秦、前凉、后凉、南凉、北凉、西凉、后魏也陆续建立政权。

北魏在道武帝、明元帝及太武帝的经营下逐步壮大。

北魏先祖，是鲜卑的一支。因北方有大鲜卑山，故其族得名。其后，拓跋氏迁居匈奴故地，逐步南移。曹魏时期逐步壮大，成为鲜卑势力较大的部落。

晋怀帝永嘉元年（307年），猗卢统领拓跋三部，因帮助刘琨征伐晋阳（今山西太原，后同）、抵御刘渊进攻，被封代王。于是，猗卢自云中进入雁门，索取楼烦等五县，晋北之地尽归拓跋氏。猗卢去世后，其势力逐步衰退。

猗卢五世孙什翼健，雄武有谋略，统一北方草原后，设百官，拥众数十万，国势再次强大，但因慕容儁、苻坚相继据有中原，什翼健没有南下机会。

什翼健和铁弗刘氏世代相争。太元元年（376年），刘卫辰被代人所逼，向前秦求救，苻坚发兵大举攻打代国，打败什翼健。时值什翼健染病，不能领兵迎战，便率部躲到阴山之北，属下高车部全部背叛。什翼健只得返回云中，为长子所杀。前秦兵乘势围逼，代人大乱，苻坚把代地一分二，灭亡了代国。

其时，什翼健的孙子拓跋珪年仅六岁，和母亲贺氏依附于刘库仁。九年后，刘库仁去世，其子刘显想杀了拓跋珪，拓跋珪逃到贺兰部，追随舅舅贺讷。由于前秦苻坚在淝水战败，国内大乱，后燕、后秦相继建国。太元十一年（386年）正月，拓跋珪在牛川（今河北归绥）即代王位，不久，改国号为魏。数年之间，平定内患，拓地开疆，与后燕、后秦成鼎立之势。

太元十六年（391年），魏、燕绝交。太元二十年（395年），后燕太子慕容宝举兵伐魏，战败，第二年，慕容垂亲自率兵伐魏，病重不治，慕容宝继位，民心颇失，拓跋珪举兵反攻后燕，数月之间，大败燕军，夺取晋阳，攻城略地，灭亡后燕。隆安二年（398年），拓跋珪回到代地即位，是为道武帝。

北魏灭亡后燕后，北方柔然时有入侵，周边还有关中姚兴、江南刘裕、凉州蒙逊、辽西冯跋，各国国势方兴，都不可轻取。

不久，道武帝开始服食寒食散，药物发挥作用后，性格暴躁异常。义阳五年（409年），道武帝被儿子清河王拓跋绍杀死，拓跋嗣即位，是为明元帝。明元帝曾趁刘裕去世南下伐宋，占领洛阳等地，但由于也步道武帝后尘，服用寒食散，于景平三年（423年）病逝。

拓跋焘即位，是为太武帝。拓跋焘异常雄武，在智谋超绝的崔浩辅佐下，北破柔然，南下江淮，西灭大夏、北凉，统一中原，反攻刘宋，中国历史至此正式进入南北朝时期。太武帝明察政事，不受欺罔，决事果断，严明赏罚，曾强力打击佛教。在位二十八年后，于太平真君十三年（元嘉二十九年，452年）被中常侍杀害。

皇孙拓跋濬即位，是为文成帝。文成帝对外很少征伐，国力日强。四年后，文成帝去世，太子拓跋弘少年即位，是为献文帝，因诛杀冯太后的情夫李奕，在冯太后的逼迫下，禅位于太子拓跋宏（孝文帝）。拓跋弘自称"太上皇"，仍旧总理国政。承明元年（472年），二十四岁的拓跋弘被冯太后鸩杀。冯太后再次临朝听政。冯太后虽杀子制孙，但其聪明果断，通晓政治谋略，外掌征伐，内理国政，尊崇儒家礼仪，重用汉族人士，制定官阶，设立三长，颁行均田，置设太平仓，北魏朝廷日益富强。

太和十四年（490年），冯太后去世，孝文帝亲政。孝文帝生长于高度汉化的北魏宫廷，擅长中国文学，仰慕中原文化，和李冲、刘芳、李彪等人交往甚密，汉化思想十分浓厚。孝文帝性格刚毅果断，善于统驭群臣。

太和十七年（493年），孝文帝借南征齐朝的名义，率众南迁，定都洛阳。孝文帝重定官制，彻底汉化，以谋求统一江南。北魏鼎盛，以孝文帝时期为最。不过，北魏汉化之后，沾染西晋宫廷政治习气，日趋奢侈文弱。留在北方的六镇鲜卑贵族不愿南迁，逐渐不受洛阳朝廷重视而失势，使得北魏内部分裂成鲜卑化与汉化两大集团。

太和二十三年（499年），在位二十九年的孝文帝在伐齐返国的途中去世，国政已呈衰乱之势。太子元恪即位，是为宣武帝。

宣武帝喜好佛法，废除子贵母死制度。因忌惮各位叔父势强，专任舅舅高肇，正始四年（507年），册立高肇侄女为后，宠幸异常。担任尚书令的高肇专制一切政务，诬陷并杀掉北魏最贤明的宣武帝之叔彭城王元勰，朝廷上下，十分愤怨。宣武帝在位十七年，贵族竞相奢侈，朝政日益紊乱。

延昌四年（515年），宣武帝去世，太子元翊即位，是为孝明帝。高肇被杀，高太后削发为尼。孝明帝生母胡贵嫔被尊为太后，临朝称制。拥立孝明帝即位大臣于忠开始专权，不久被刘腾、元义矫诏外放，刘、元两人囚禁胡太后，共秉朝政。三年后，北方六镇起义爆发。孝昌元年（525年），太后再次听政，北魏政局乱象已成。太后淫乱后宫，迷信佛教，相信佞臣郑俨、李神轨等人，朝政无可收拾。随着幼帝长大，太后唯恐秽行暴露，担心孝明帝左右泄露实情，所以，凡是孝明帝亲近之人，或者借机排挤，或者派人暗杀。于是，母子之间，嫌隙日益加深。

孝昌三年（527年），太后鸩杀孝明帝，尔朱荣以替孝明帝报仇为由，攻占洛阳，抓捕已经削发为尼的胡太后，胡太后再三恳求，并说自己怎么能杀死亲生儿子，都是外面谣传，是跳进黄河也洗不清。至此，一直一言不发的尔朱荣说不试试怎么知道，便将三岁幼主和胡太后沉入黄河溺毙，改立孝庄帝，在河阴（治今河南孟津）又杀死大臣两千人，酿成"河阴之变"。尔朱荣回到晋阳遥控朝政，后孝庄帝愤为傀儡，借觐见之机杀死尔朱荣。尔朱荣侄子尔朱兆拥立长广王元晔为帝，攻下洛阳，杀死孝庄帝，改立节闵帝。高欢立即起兵反对尔朱集团。自此，北魏局势大乱，不可收拾。高欢讨平尔朱氏，拥立元廓为孝武帝，朝政归于高氏。孝武帝为其所制，有意联合关中镇将贺拔岳，高欢先发制人，暗杀贺拔岳，随后孝武帝任宇文泰代贺拔岳统御关中诸将。

永熙三年（534年），孝武帝与高欢决裂，从洛阳西奔长安，投奔宇文泰，并任宇文泰为大将军，进位丞相辅政，是为西魏。高欢进入洛阳，拥立孝文帝曾孙、高阳王元亶之子元善见为帝，是为孝静帝，此为东魏。

东魏、西魏分立，标志着历十三主、享国一百五十七年的北魏已亡。

东、西魏政权分别把持于高欢和宇文泰之手，二人借元氏之名号令天下。

先说东魏。高欢认为洛阳邻近南朝梁地，又受西魏逼迫，不久迁都邺城，自称大丞相，驻跸晋阳，执掌朝政。第二年，派长子高澄为尚书令，兼领军事，入邺城辅政。高欢南与梁朝言和，北与柔然和亲，把黄河以南划归侯景治理，自己则专心练兵，以与西魏争锋。

高欢控制的东魏，由鲜卑化的六镇流民及河北世族组成，高欢本人也是鲜卑化汉人，其在政治上比较倚重鲜卑族。北齐皇帝也都有意保持鲜卑习俗。

东魏孝静帝武定四年（546年），高欢再率十万大军西征，被守城的西魏将领韦孝宽阻于玉壁（今山西稷山西南）。高欢始终无法攻克玉壁，死伤七万余人，无奈退兵。

东、西魏相互攻伐十多年，经过两次邙山大会战，两国边境维持在宣阳（北魏正平郡下辖县，今山西运城新绛附近）、玉壁（今山西稷山西南）一线。

武定五年（547年），高欢在晋阳病逝，长子高澄继承霸业。侯景发动叛乱，被高澄打败后跑到寿阳，不久，渡江祸乱江南。高澄乘机夺取梁朝江淮二十三州。两年后，正在积极准备代魏自立的高澄被归降之人刺死，职位被其弟高洋取代。东魏孝静帝武定八年（550年），高洋篡位，改元天保，是为北齐文宣帝。东魏亡国，仅历一帝、十七年。

文宣帝深沉稳重，留心政治，坦诚简靖，军国戎机，乾纲独断，众人也竭忠尽力。北齐先后击败库莫奚、契丹、柔然等族，攻取南朝梁淮南地区。每次带兵打仗，都亲冒矢石。因而文治武功，盛于一时。北齐国力，胜过北周及南朝。然而，文宣帝后期，渐渐骄矜自大，贪杯好酒，荒淫残暴，屠杀汉人世族。到永定三年，即天宝十年（559年）去世，北齐国势渐趋衰落。

文宣帝之子高殷即位，其叔父高演杀掉杨愔等辅政大臣，废帝自立，是为北齐孝昭帝。孝昭帝在位两年，国力渐渐恢复，去世后，由其弟长广王高湛继立，是为武成帝。武成帝昏庸好色，委政佞臣，国政渐衰，不久去世，由后主高纬继立。高纬同其父一样昏庸好色，忠奸不辨，诛杀名将斛律光。承光元年（577年），北齐为北周武帝所灭，传三世，历二十八年而亡。

再说西魏。永熙三年，北魏孝武帝西奔关中不久，即被宇文泰毒杀。宇文泰改立南阳王元宝炬为帝，是为西魏文帝，定都长安。

西魏国力不如东魏，但宇文泰任人唯贤，令苏绰等人改革官制，调和胡汉矛盾，实施关中本位政策，设置府兵，西魏国力渐强。北周立国时，鲜卑军不如北齐多，后来形成团结的贵族关陇集团后，汉族成为北周军队主力。

宇文泰趁南朝梁侯景之乱后宗室诸王内斗，先后攻下蜀地、江陵。

西魏恭帝三年（齐天宝七年，梁太平元年，556年）十月，宇文泰北巡病重，找来侄子宇文护交代后事，不久去世。世子宇文觉年仅十五岁，关陇贵族各图执政。宇文护为安定人心，第二年拥立宇文觉即天王位，国号周，是为孝闵帝。宇文护把控朝政，关陇集团元老赵贵、独孤信怏怏不服，被其所杀。

宇文护专权日久，态度骄恣，孝闵帝十分不满，想联合亲信诛杀权臣，事泄被废。宇文护改立宇文泰庶长子宇文毓为帝，是为北周明帝。宇文毓有胆有识，宇文护十分忌惮。第二年，对明帝施毒，明帝觉察后，口授遗诏，传位于弟弟宇文邕，是为北周武帝。北周武帝深自韬晦，任凭宇文护专政十一年，于建德元年（572年），成功杀死宇文护及其子弟党羽，亲掌朝政。北周武帝亲政之后，注重法律威刑，虽是至亲骨肉，违法必惩，无所宽贷。建德六年（577年），北周武帝灭掉北齐。第二年准备征陈之际，得病去世，太子宇文赟即位，是为北周宣帝。宇文赟昏庸暴虐，诛杀大臣宇文宪，强制诸王就藩，第二年，传位太子宇文阐，自称天元皇帝，第三年突发暴病去世，刘昉、郑译矫诏，以宣帝岳父、北周十二大将军杨忠之子杨坚为大丞相入朝辅政，杨坚消灭尉迟迥等"三总管"叛乱，大定元年（581年）代周为帝，是为隋文帝。北周历三世、二十五年而亡。

开皇七年（587年），文帝废西梁后主萧琮，西梁亡。

开皇八年（588年），文帝发动灭陈之战，以杨广、杨素为行军元帅，率名将贺若弼、韩擒虎等发兵攻陈。第二年，隋军攻陷建康，南朝陈灭亡。

自西晋末南北分裂三百余年的中国再度统一，南北朝正式退出历史舞台。

2. 衣冠南渡，王室数易

西晋怀帝永嘉元年（307年），琅琊王司马睿率士族王导、王敦等中原汉族臣民，从京师洛阳南渡长江，前往建业。史称"永嘉之乱，衣冠南渡"。

衣冠南渡，出自唐朝史学家刘知几《史通》"邑里"篇，指西晋末年天下大乱，中原士族相随南逃，中原政权南迁，中国的文化中心开始向江南转移。

建兴四年（316年），刘曜攻陷长安，愍帝出降。

第二年，司马睿在建康（建业改称，今江苏南京，后同）即晋王位。

王导依赖南渡的北方士族，团结江东豪强，于太兴元年（318年），协助司马睿在建康定都，是为晋元帝，史称"东晋"。

东晋立国，门阀制度依旧存在，"世重高门，人轻寒族，以姓望所出，邑里相矜。"南迁的北方士族和民众并谓"侨人"，为维护其政治、经济利益，缓和南北士族矛盾，元帝采纳王导意见，在南方士族势力较弱之地，安置侨人，"皆取旧壤之名，侨立郡县"，即后世所谓"侨寄之法"。

东晋历时七十多年，内外祸乱频仍，几无安宁年岁。

东晋十一位皇帝，无一英主，致使藩镇专权。

东晋偏安江左，制度承继西晋，晋元帝时，有大将军、都督、四镇、四征、四平之号。不过，朝廷调兵不出三吴，出兵不过三万。京畿士兵微弱，每当征伐，多用奴兵。哀帝兴宁二年（364年），朝廷改七军为六军，左卫、右卫、骁骑之号依旧，改左军为游击，裁撤有官无兵的前军、后军、右军，改为领军、护军，合称"六军"。东晋以扬州为京畿重地，财货费用全赖其地。朝廷又以荆、江两州为朝廷重镇（三州户口，居江南之半），军队驻地都在此地，常派大将镇守，竟成尾大不掉之势。于是藩镇横夺，军民刑政，全归掌握。

东晋西北、东北边疆，则变化不定。

东晋初立，有实郡九十六个，侨郡五个，实有扬、江、荆、湘、交、广、宁、徐八州全部，及梁、豫、益三州一部分。西起汉中、成都、南阳，东至琅琊，北边以黄河、淮河为界。

东晋疆域最大时，有实郡一百八十六，在上述十一州之外，增加设置北徐、兖、青、司、雍等十六州。当时设九个都督管辖区域：

扬州区，扬州都督移镇建康，拱卫京师，初期兼统豫州，或江州，或兖州。

荆州区，荆州都督移镇江陵，上游重镇，统辖荆、湘、益、宁州，有时加上雍、梁两州，有时兼统江、广两州，都督六或八州。

江州区，江州都督，初镇武昌（今湖北鄂州，东汉以前为鄂邑、鄂郡、鄂县，吴王孙权在此建都、称帝，取"以武而昌"之义，改鄂县为武昌，后同），后移镇寻阳（今江西九江，后同），中游重镇，兼统荆州的汉东各郡与豫州的西北各郡。

徐州区，初镇淮阴，后来退镇广陵（今江苏扬州），在后进据下邳，南朝宋设南徐州，镇京口（刘裕生在徐州，起家北府兵多为徐州人，出于政治考虑和乡土情怀，宋文帝特于距建康较近的战略要地京口，安置北方徐州流民）。

豫州区，常镇历阳（今安徽和县，后同）、芜湖，有时镇马头（今安徽蚌埠西郊，后同）、寿春（今安徽寿县，后同），东晋常以淮水南北为北方重要防线。

会稽区，东南财富之区，苏峻作乱后，常置浙东五郡都督（会稽、临海、东阳、永嘉、新安），军府常镇山阴（今浙江绍兴）。

襄阳区，荆州都督南移江陵后，于襄阳设置都督，统辖南阳、

— 11 —

新野、义阳、义成等郡，归荆州节制。

益州区，距江陵遥远，在成都设置都督，兼督梁、宁，也归荆州节制。

广州区，五岭以南，自成一区，在广州设置都督，兼都交、宁，镇安南方。

在谋取削藩以巩固帝国权力的政策下，朝廷与方镇屡起抗争，先有王敦、苏峻、陶侃、桓温，后有王恭、殷仲堪、桓玄等人。

淝水战后，东晋相继克复青、徐、兖、司各州，显现中兴气象。

东晋晚期，孝武帝和弟弟会稽王司马道子崇佛嗜酒，穷奢极欲。左右僧尼，干预国政。张贵人乘孝武帝醉卧，蒙被将其杀死。太子司马德宗即位，是为晋安帝。安帝年幼不聪，天生痴儿，口不能言，不辨冷热饥饱，依赖同母弟弟琅琊王司马德文服侍。大权落入司马道子和其子司马元显之手。

出镇江陵（今湖北荆州，后同）的荆州刺史王恭和殷仲堪商量讨伐司马道子心腹王国宝，在桓玄的怂恿下，二人起兵，司马道子杀死王国宝，一场内乱始告暂息。此时的桓玄，因朝廷疑惧，郁郁不得志，曾登高望远，叹息道："父为九州伯，儿为五湖长。"中领军扬州刺史元显征发东部各郡免奴为客之人，移置京师，充实兵役，引发孙恩之乱。桓玄乘机厉兵秣马，训练士兵，建牙聚众，发兵东下，占有荆、扬，权势足与其父桓温比肩。凭借宗强势大和世家威望，加上利用朝廷和方镇之间的矛盾，桓玄攻破建康，逼迫安帝禅位。桓玄称帝，建国大楚，其诏令纷纭，更张过度，滋扰太甚，奏事不堪其苛，民众不堪其扰。

一次，北府军将领刘裕跟着桓修入朝，桓玄对司徒王谧说：

　　裕风骨不常，盖人杰也。（《资治通鉴·晋纪·卷

三十五》）

刘裕，字德兴，小名寄奴，汉高祖刘邦之弟刘交后代，原籍彭城（今江苏徐州，后同），移家京口。刘裕小时家贫，但心怀大志，对继母孝顺谨慎。参军后，为冠军将军孙无终司马，足智多谋，用兵多奇计，时时能以少击众。

隆安三年（399年）十一月，刘裕随刘牢之参与平定孙恩之乱，出力极大，成为一时名将。当时平乱诸将，士兵暴掠成性，百姓怨苦，只有刘裕所部，秋毫无犯。

当初桓玄举兵东下，朝廷派遣刘牢之出兵迎战，刘裕参与军事作战。桓玄攻占建邺。刘牢之在新洲自杀，他的外甥何无忌对刘裕说："我将何去何从？"刘裕说："可跟随我回到京口。桓玄如果谨守臣节，我和你将与之共事；否则，和你一起除掉他。"

桓玄篡位后，对刘裕赏赐甚厚。桓玄的妻子刘氏，聪明会识人，说：

> 刘裕龙行虎步，视瞻不凡，恐终不人下，不如早除之。（同上）

桓玄说："我正要平定中原，非刘裕不可，等到关、陇平定后再议吧。"

元兴三年，刘裕和何无忌同船回到京口（今江苏镇江，晋之北府，后同），发兵讨伐桓玄，复兴晋室。桓玄战败，放弃建康，携带安帝，在石头（今江苏南京西，石头山下，后同）乘船退保寻阳。桓玄本性轻躁，缺乏远略，在建康篡权之时，就有失败退还的准备，后北上江陵被杀。

义熙元年（北魏天赐二年，405年）春天，安帝回到建康。

刘裕平定桓玄之乱后掌握朝政，对内平定卢循、刘毅之乱，对外两次北伐，灭亡南燕、后秦，收复青、徐、兖、司、雍等六州，开东晋疆域最大版图。国势大壮，北朝各国为之戒惧。其间，刘裕杀死晋安帝，改立晋恭帝。

恭帝元熙二年（北魏泰常五年，420年），刘裕践位，定国号宋，改元永初，是为宋武帝，史称刘宋。

恭帝禅位刘裕，拿笔之时，对左右说："桓玄那个时候，天命已经移易，晋祚因刘公再次延长将近二十年。今日之事，我心甘情愿。"东晋至此灭亡。

宋武帝曾在丹徒（今江苏镇江丹徒，后同）耕田，为人清简寡欲，处事严整有法度，暮年受禅，力行节俭，财帛都在外府，内庭没有私藏，朝廷不备音乐，一时政风甚佳。宋武帝时常犯热病，患有金创，晚年病情严重，坐卧时常需要冷敷，有人进献石床，睡在上面，效果非常好，但他却心生感慨，说："木床费用很高，何况石床。"立即下令销毁石床。公主出嫁，嫁妆不过二十万，更无锦绣金玉。宋武帝为人朴素，常穿着连齿木屐，走出神武门，在附近散步，只有十多人跟随。当时徐羡之住在西州，有时想念徐羡之，便步行走出西掖门，等到宫廷羽仪在后追赶，宋武帝已经走出西明门了。宋武帝察觉当时世族权势盛重，君主威权移坠，故坚持用寒族掌握机要，军事重镇则托付皇族宗室。不过，由于戎马倥偬，军机繁重，对皇室教育重视不够，以致所托非人。

两年后宋武帝去世，时年六十。少帝刘义符即位，嬉戏失德，品行不端。北魏军队乘宋朝国丧，发兵南下。辅政大臣徐羡之、傅亮、谢晦等人认为外有强敌入侵，内有皇帝昏恶，便废杀少帝，迎立武帝第三子刘义隆，是为宋文帝。

文帝聪明仁厚，刚毅果断，勤于政事，孜孜不倦，多得贤臣辅佐，与北府名将檀道济铲除把持国政的徐羡之等人，在位三十年，士族和寒人共同参与朝政，宗室、士族、寒门相互制衡，政治清明，朝野悦服，史称"元嘉之治"。

南朝宋元嘉十六年（北魏太延五年，439年），北魏统一北方，与刘宋成南北对峙之势。文帝屡次北伐，由于准备不足，再加上错误指挥，以致"兵荒财单"，国力大减。名将檀道济因军功被文帝猜忌而被杀，刘宋自毁长城，失去能与北魏抗衡的军事人才。当北魏发生盖吴起事时，没能即时北伐。元嘉二十一年（445年），北魏趁北方劲敌柔然衰落，多次南征，双方于淮南来回拉锯，北魏军队甚至一度逼近长江。此后，刘宋无力再举。

宋元嘉三十年（北魏中兴二年，453年），宋文帝被太子刘劭所杀，时年四十七，文帝第三子刘骏趁机发兵夺取帝位，是为宋孝武帝。

孝武帝雄决爱武，长于骑射，在位前期，推行政治、经济、军制、户籍、礼制、税制等领域改革。政治上，施行"寒人掌机要"，废除总录尚书（宰相），吏部设尚书两人。军事上，青州之战（治今山东东阳，后同）"四战四捷"，于梁州（治今陕西汉中）北阴平地区再次击退北魏。一时"民户繁育，将曩时一矣"。孝武帝末年，一改前期风格，开始倨傲自满，大修宫苑，倾竭府库，嗜酒刻薄，锐意屠戮，以致刘宋国势逐渐走向衰败。其间，发生两起宗室战事。民谣道：

遥望建康城，小江逆流萦，前见子杀父，后见弟杀兄。（《魏书·列传·卷八十五》）

宋大明八年（北魏和平五年，464年），孝武帝病逝，孝武帝长子、前废帝刘子业即位。刘子业大开杀戒，屠戮宗室，内外百官，朝不保夕。后为文帝第十一子湘东王刘彧所杀，时年十七。刘彧即位，是为宋明帝。

明帝与孝武帝之子晋安王刘子勋爆发大战，历时两年，国家损失惨重。明帝性情残忍，因宋室诸王大多依附刘子勋，便大开杀戒，孝武帝二十八子无一幸免。明帝晚年，奢费过度，因为政失误，造成淮河以北的青、冀、徐、兖四州及豫州（治今安徽寿阳，后同）的淮西六郡全面陷于北魏，国力衰退。明帝之子、后废帝刘昱即位后，政局动荡，屡有叛变，将军萧道成渐渐掌握军权。

刘宋王朝，由于起自寒微，便制裁世家，积极巩固皇权，防止权臣废立，因而涌现少年凶暴之君。宋武帝之后，有少帝刘义符；文帝之后，有太子刘劭（铭）逆行；孝武帝之后，有前废帝刘子业；明帝之后，有后废帝刘昱。八位皇帝，竟有四位凶暴。每遇暴君，必有废立；每有废立，必有斗争。政局变化，国力消耗，人才伤残，法律败坏。

南朝承继东晋。宋（420—479年）是其中疆域最大、最强、存在时间最久的一个朝代，历四代八帝，共六十年。

宋后废帝去世，萧道成拥立顺帝刘准，独揽朝政，于宋升明三年（北魏太和三年，479年），消灭政敌袁粲、沈攸后篡位，国号大齐，改元建元，史称齐高帝，南朝宋亡。

萧道成，本籍兰陵郡（今山东滕州，后同），五世祖萧整渡江后居于晋陵武进县，后改为南兰陵（今江苏武进西北，后同）。父亲萧承之，宋汉中太守。

高帝年少之时即有度量，喜怒不形于色，稳重严肃，博学，擅长文章，精通草书、隶书，对弈水平第二品。高帝性格宽厚，曾经和直合将军周覆、给事中褚思庄一起下棋，连下数局也不疲倦，周覆按住高帝的手，不许离开。

高帝废除刘宋弊政，平时克勤克俭，希望能以身作则，移风易俗。经常说：

　　使我临天下十年，当使黄金与土同价。（《南齐书·本纪·卷二》）

齐建元四年（北魏太和六年，482年），高帝去世，萧赜即位，是为武帝。

齐武帝为政清明，刚毅决断，积极推行富国之策。朝廷有王俭、萧子良辅佐，内无叛乱，外无战事，十多年间，国家安定富强，史称"永明之治"。

齐永明十一年（北魏太和十七年，493年），齐武帝去世，由于太子先已去世，皇太孙萧昭业即位。萧昭业小时容貌俊美，喜好隶书，齐武帝十分钟爱。萧昭业父亲从得病到去世，萧昭业在陪侍及服丧期间，痛哭异常；等到回到房间，就欢笑畅饮，好酒好菜。齐武帝去世前病情转危，萧昭业和巫婆何氏写字，纸中央写一个大"喜"字，再写三十六小"喜"字围绕；齐武帝病情转好，就愁容惨淡，泪如雨下。齐武帝说到社稷存亡，就哽咽不停。齐武帝临死前拉着萧昭业手说：

　　阿奴，若忆翁，当好作。（同上）

齐武帝说了好几遍才咽气。

萧昭业昏庸荒戏，齐武帝下葬后便找来宫中歌伎，备乐演奏。萧昭业赏赐左右极其随意，动则百数十万钱。每次看到钱就说："我以前渴望你们一个不得，现在得用你们没？"即位未满一年，国库已经花出过半；到被废时，府库已空。

萧昭业不学无术，朝事都由西昌侯萧鸾决策。萧鸾杀死萧昭业，改立文惠太子第二子新安王萧昭文。萧鸾谋夺帝位，齐武帝儿子年长的都派去地方。萧鸾用典签之法，监察宗室诸王，除掉武帝子孙。不久废帝自立，是为齐明帝。

明帝即位，刻苦自立，勤于政务，推崇简政。因有意识地集中权力，纲条繁密，决策均出自皇帝，须取得诏令后施行，因而耽误很多事。齐永泰元年（魏太和二十二年，498年），明帝病重，派萧遥之尽数诛杀高帝、武帝子孙封王的十多人。明帝还想杀掉未封王的，未等施行就去世了。

太子萧宝卷继立，是为东昏侯。萧宝卷昏庸残暴，诛杀顾命大臣，激起各地方镇叛乱。乱事平定后，又杀掉平乱有功的雍州（治今湖北襄阳，后同）刺史萧懿。齐永元三年（北魏景明二年，501年），萧懿之弟萧衍举兵，在江陵立萧宝融为帝，是为齐和帝。萧衍攻入建康，东昏侯被将军王珍国所杀。南朝齐亡。

齐中兴二年（梁天监元年，北魏景明三年，502年），萧衍篡位。

南朝齐（479—502年）在南朝四朝中存在时间最短，只有二十四年，但因争杀频繁，竟历三代七帝，平均三年一帝，是中国历史上帝王更换极快的一朝。

3. 梁武雅颂，崇佛专听

萧衍（464—549年），字叔达，小字练儿，是南北朝时期南朝梁的开国皇帝，出身兰陵萧氏，西汉相国萧何二十五世孙，父萧顺之，母张尚柔。502—549年在位，年号有天监、普通、大通、中大通、大同、中大同、太清，谥号武皇帝，庙号高祖，葬于修陵。

萧衍先祖与南齐王朝萧氏同出自西晋淮阴县令萧整。萧整生子萧辖，为济阴郡太守，数世之后，传至萧顺之，为齐高帝萧道成族弟。

萧顺之少年时英气逼人，与萧道成要好，两人曾共登金牛山，看到山道枯骨纵横，萧道成对萧顺之说："要是仁德的周文王复生，应当会掩埋这些无名枯骨！"萧顺之由此知道萧道成胸有帝王大志，便经常跟他一起出入。

萧道成后来做了刘宋王朝大将军，每次出兵打仗，萧顺之都是他的副将。萧道成与叛将薛索儿大战，夜间在军营遭遇薛索儿派出的武林高手行刺，刺客提刀冲至萧道成床边，被萧顺之突然杀出斩首。萧道成立即晋升萧顺之镇军司马、长史。当时宋废帝刘昱凶狠残暴，萧道成一心想外出镇边避祸，萧顺之认为，一旦外出做边帅，反而更加危不可测，不如顺其所欲，伺机行伊尹、霍光之事。萧道成觉得有理，就没有出镇地方。

吴郡（今江苏苏州，后同）名士张绪曾说："天下英雄豪杰，文武兼备，有德有行者，只敬萧顺之一人！"萧顺之听后惊惧不已，赶紧叫他不要再这样说了。

当时刘宋顾命大臣袁粲占据重镇石头，与名将黄回合谋对付中领军、齐国公萧道成。萧顺之带着武装家丁冲到建康皇宫外的朱雀桥，抵挡袁粲部队。袁军斥候看到之后回去报告："朱雀桥南有一个长者，英武威严，坐于胡床之上，面朝我军！"黄回吓了一跳，"此萧顺之也！"于是，不敢带兵冲杀过去。

萧道成压服刘宋王朝君臣，建立南齐，说道：

> 手创皇业，推锋决胜，莫不垂拱仰成，此皆族弟之功！（《南史·本纪·卷六》）

建元末年，齐高帝萧道成对萧顺之说："帝位传给太子萧赜，而寡人喜爱的次子阿玉还在扬州，等他解印归来，寡人就把扬州的地盘交给你，千万不要让他们兄弟相互残杀！"阿玉就是萧道成次子豫章郡王萧嶷。

太子萧赜即位，是为齐武帝，指着萧顺之对二弟说："要不是这个老头，恐怕寡人也不能有今日，你我兄弟恐怕早为了皇位反目成仇！"

萧顺之害怕被齐武帝猜忌，主动辞去宰辅和将帅之位。由于他两次参与佐命从龙，被封临湘县侯，后为侍中、卫尉、太子詹事、领军将军、丹阳府尹，谥号为懿。这恐怕也是齐武帝认为他这个族叔最有可能成为第二个司马懿，而做的春秋笔法，画龙点睛，概括其一生。

宋大明八年（北魏和平五年，464 年），萧衍生于南兰陵秣陵县同夏里三桥宅。兰陵本郡在山东，因西晋末年中原陆沉，天下大乱，兰陵士族逃往江淮，朝廷为安置北方士民，设立与中原州府郡县同名的侨郡州县，就有了南兖州（治广陵，后同）、南徐州（治京口，后同）、南豫州（治历阳，后同）等侨州。

萧衍生性淳孝。六岁时母亲去世，三天浆水不食，哭泣悲苦之情，超过成人，家族内外对此十分敬佩。父亲去世，萧衍正随齐随王萧子隆在荆镇，听到消息后，立即不吃不睡，昼夜兼程回家。萧衍本来身体健壮，等到回到京都，形销骨毁，亲戚朋友都不认识，一哭就吐血数升。服丧期间，粒米不吃，只吃大麦，每天二镒（古代容量单位，一又二十四分之一升一镒，后同）。

萧衍小时聪明，喜欢读书，博学多才，好筹略，文学方面很有天赋。据说萧衍右手天生有一"武"字掌纹，还"身映日无影"，即在太阳底下居然没有影子。

凭借家族背景，萧衍刚出仕便任南齐开国功臣、卫将军王俭幕僚。王俭初见萧衍，便对庐江名士何宪说：

> 此萧郎三十内当作侍中，出此则贵不可言。（《陈书·本纪一》）

言外之意，萧衍三十岁之前会成为侍中大臣，三十岁之后前途不可限量。

南齐竟陵王萧子良建了一座西邸，招揽文人雅士，萧衍和当时名士沈约、谢朓、王融、萧琛、范云、任昉、陆倕成为王府贵宾，天下号"八友"。王融识鉴过人，特别看重萧衍，常对好友们说："宰制天下，必在此人！"

因萧衍办事果断机敏，和同事及上司关系融洽，又升职为随王萧子隆镇西咨议参军。为父亲守丧期满，萧衍复官后升任太子庶子、给事黄门侍郎。

宋永明十一年（北魏太和十七年，493年）四月，齐武帝萧赜病重，大臣王融想拥立萧子良，事情败露，被下狱赐死。当初王融邀请萧衍一起拥立，萧衍说："拥立天子是非常之事，必待非常之人，你王融没有姜子牙之才，最后只能眼睁睁失败！"王融的结局，萧衍看得清清楚楚，范云由此对他异常敬佩。

萧赜去世，皇太孙萧昭业即位为帝。萧鸾在萧衍的帮助下，废黜萧昭业，改立萧昭文；十月，又废萧昭文，自立为帝，改元建武，是为齐明帝。明帝任萧衍为中书侍郎，后升黄门侍郎。萧衍地位开始显赫。

齐建武二年（北魏太和十九年，495年），北魏派刘昶等进攻司州（治义阳，今河南信阳，后同），萧鸾派萧衍随江州（治寻阳，今江西九江，后同）刺史王广前往救援，魏军战败撤退。齐军缴获北魏二将箱中皇帝敕书，上面写道：

> 闻萧衍善用兵，勿与争锋，待吾至；若能擒此人，则江东吾有也。（《南史·本纪·卷六》）

被著名的北魏孝文帝如此看重，全军为之震惊。萧衍的威名与日俱增，齐明帝召他回朝。几天后，又觉得萧衍在身边不舒服，外放其出镇石头。

见齐明帝如此猜忌，萧衍内心也惊惧不安。为了避嫌，萧衍解散麾下全部兵将，个人穿着平民穿的布衣，坐着小牛车出门买菜，和普通百姓无异。齐明帝听说后，非常高兴，下诏夸他清俭，并要朝臣们都向萧衍学习。

两年后，北魏孝文帝亲征南齐，直逼雍州。齐明帝令萧衍率军赴援，兵至襄阳，又令左民尚书崔慧景总督诸军，萧衍及雍州刺史曹虎一同受其节制。

齐永泰元年（北魏太和二十二年，498 年）三月，萧衍和崔慧景领兵与北魏作战，在雍州西北的邓城（今湖北襄阳樊城区西北罩口川、麈战岗到团山铺一带，为关羽水淹七军古战场）北被北魏数十万铁骑包围。崔慧景胆怯，不听萧衍劝阻，率众撤退，被魏军所乘，伤亡惨重。唯有萧衍率所部坚持战斗，全师而退。不久，朝廷令萧衍主政雍州。其时，雍州士民口耳相传，樊城之地有王气。七月，齐明帝萧鸾病逝，其子萧宝卷（即东昏侯）即位。遗诏以萧衍为天下兵马大都督，兼领雍州刺史。当时扬州刺史始安王萧遥光、尚书令徐孝嗣、右仆射江祐、右将军萧坦之、侍中大臣江祀、卫尉刘暄同时辅政，在内省轮流当值，六人各行其是，诏令分日发布。在雍州的萧衍听说后，对舅舅张弘策说：

政出多门，乱其阶矣。《诗》云："一国三公，吾谁适从？"况今有六，而可得乎！嫌隙若成，方相诛灭，当今避祸，唯有此地。（同上）

萧衍把弟弟萧伟、萧憺叫到襄阳，然后暗中打造武器，砍伐大量竹子和树木，沉到檀溪，秘密储备建造舟船物资。

萧宝卷为人暴虐，即位后擅杀大臣，朝野惊恐，人心离散。

齐永元二年（北魏景明元年，500年）二月，萧宝卷以萧寅为司州刺史、萧懿为豫州（时治寿春，今安徽寿县）刺史，征讨寿春。三月，又令崔慧景率众军讨伐寿春，崔慧景于广陵举兵进攻京师，王莹战败。萧衍兄长萧懿进京勤王。四月，崔慧景战败被杀，以萧懿为尚书令。十月，萧宝卷诛杀萧懿。萧衍得到消息，气得痛哭捶胸，密召长史王茂、中兵吕僧珍、别驾柳庆远、功曹史吉士瞻等人商量造反。十一月，萧衍召集将士，以"纣可伐"举兵反齐，集合甲士一万余人，马一千余匹，船三千艘，把檀溪竹木全部打捞装船。十二月，在襄阳出兵。

先前萧宝卷任刘山阳为巴西太守，配精兵三千，让其过荆州（今湖北荆州）就和行事萧颖胄袭击襄阳。萧衍洞悉了这个计划，派参军王天虎到江陵，写信告知所辖州府。等到刘山阳西上，萧衍对诸将说："荆州本来畏惧襄阳人，加上唇亡齿寒，自有惊弓之鸟恐怕弦伤的危机感，怎会不暗中支持我的主张？我若统帅荆、雍将士，扫定东夏，即使韩信、白起再次出山，也无计可施。何况是胸无大略的昏庸皇帝，指挥的那群带刀近侍传旨之徒？我一定让刘山阳到了荆州便被砍头，各位试看如何。"等到刘山阳到了巴陵，萧衍再次派王天虎致信萧颖胄兄弟。人走后，萧衍对张弘策说："用兵之道，攻心为上，攻城次之；心战为上，兵战次之，今日就是如此。前日派王天虎去往州府,人人都有书信。今日乘驿火急,只有两封书信交与行事兄弟,说"王天虎当面口述";州府问到王天虎,王天虎却没有什么可说的,行事不知详情,也不敢随便编排。王天虎是行事的心腹,对方一定认为行事与王天虎一起隐瞒其事,则人人生疑。刘山阳被众人所闻迷惑,心生猜疑,那么行事进退无以自明,必中我算计。这是送两空函而定一州。

刘山阳到了江安,听说之后,果然猜疑而不敢进军。萧颖胄担忧,便杀掉王天虎,首级送给刘山阳。刘山阳不再怀疑,带几十人骑马入城,被萧颖胄埋伏甲兵所杀,首级送给萧衍。萧颖胄把尊南康王为帝的打算告诉萧衍说:"时间气候不好,应等到明年二月;贸然进兵,恐非庙堂胜算。"萧衍回答:"现在拥兵十万,粮草军需很快耗尽,我军出师凭借的是道义之名,一时骁猛勇锐,事事相接,还唯恐迟疑懈怠;如果屯兵百日,将士定生悔意,心生异议,大事不可成。现太白星出自西方,仗义而动,天时人谋,有何不利之处?谋划已定,怎可中途停止?当年武王伐纣,行动悖逆太岁,也都没再等待什么吉时良日?"

有人提出迎立南康王以"挟天子以令诸侯"之议,萧衍没有采纳,并说:

> 若使前途大事不捷,故自兰艾同焚;若功业克建,威慑四海,号令天下,谁敢不从!岂是碌碌受人处分?待至石城,当面晓王茂、曹景宗也。(同上)

齐永元三年(北魏景明二年,501年)二月,萧衍从襄阳起兵。南康王萧宝融即帝位于江陵,改永元三年为中兴元年,遥废萧宝卷涪陵王。四月,萧衍出沔北,命王茂、萧颖达等进军逼近郢城。五月,萧宝卷派出军队救援郢州(治夏口,今湖北武汉武昌,后同),

进据巴口，被萧衍击败。九月，萧宝融下诏，若萧衍平定京城，可自行决断处置，不必上奏请旨。十月，萧衍到达石头，命令六军围住建康六门，东昏侯点火焚烧宫殿，自称要学商纣王火烧鹿台摘星楼。他还将营署、官府将吏集中起来，城内有人二十万左右。青州刺史桓和骗东昏侯说，自己愿意出城与萧衍决战，结果，一出城就投降萧衍。在南齐，称欺君秘密叛变为"和欺"，意思是不明着叛逆，东昏侯手下说："今天桓和这样做，可不就是和欺吗！"十二月，卫尉张稷和王珍国等人诛杀萧宝卷，把首级用黄油浸泡后用布裹住，送给萧衍。萧衍命吕僧珍连夜率兵封存府库及图籍。参照汉朝霍光封废帝海昏侯的旧例，宣德皇后下令废黜涪陵王东昏侯，任命萧衍为中书监、都督扬、南徐二州诸军事、大司马、录尚书、骠骑大将军、扬州刺史，封建安郡公，食邑万户，给班剑四十人，黄钺、侍中、征讨诸军事并如故。

齐中兴二年（北魏景明三年，502年）正月，宣德太后入居内殿临朝称制，任命萧衍为大司马，令其都督中外诸军事，剑履上殿，入朝不趋，赞拜不名，总摄朝廷一切政务。二月，萧衍将东昏侯六十二种淫奢异服在建康街市当众焚烧。朝廷下诏，晋封梁公萧衍梁王。三月，萧宝融禅位梁王，被封巴陵王，南朝齐灭亡。四月，皇太后退居外宫，下旨"敬禅神器于梁王，未亡人便归于别宫"，年仅十五岁的萧宝融被杀，追尊为齐和帝，葬于恭安陵。八月，萧衍置建康三官，令中书监王莹等八人参定律令。十一月，册立皇长子萧统为皇太子。因萧衍封地在古梁郡，故定国号"梁"。萧衍称帝时年三十八岁，恰好应验当年预言。

萧衍称帝后，虽军国事务万机，仍旧手不释卷，燃烛侧光，常常深夜。编撰《制旨孝经义》《文言》《乐社义》《毛诗答问》

《春秋答问》《尚书大义》《中庸讲疏》《孔子正言》《老子讲疏》《周易讲疏》及六十四卦，一共二百多卷。朝臣有所质疑，梁武帝都亲自解释。一时趋学之风，云集京师。

萧衍笃信佛法，特别擅长解释佛经，编制《涅盘》《大品》《净名》《三慧》诸经义记几百卷。萧衍不但在寺院讲经，流连忘返，而且"舍身"寺院，由朝廷公卿用大量财物赎回。萧衍曾四次出家，普通八年（527年）三月八日舍身同泰寺，三天后还俗，大赦天下，改元大通；大通三年（529年）九月十五日，第二次舍身同泰寺，十六日，讲解《大般涅槃经》，二十五日，公卿以下群臣凑钱一亿万奉赎，二十七日，还俗，改元中大通；大同十二年（546年）四月十日，已经82岁高龄的萧衍第三次出家，于同泰寺解讲，召开法会，大赦天下，改元中大同，群臣用两亿钱将其赎回；太清元年（547年）三月三日，萧衍第四次出家同泰寺，长达三十七天，群臣以钱一亿万奉赎。群臣奏表上书都称萧衍为"皇帝菩萨"。当时，佛教蓬勃发展，仅建康城有寺庙500多座，境内寺庙多达2800多座，僧尼数以十万计。

萧衍多才多艺，草隶尺牍，骑射弓马，莫不精通。他勤于政务，孜孜无怠。每到冬天，四更刚过，即点起蜡烛视事，天气寒冷，以致接触笔杆的手指都被冻得皲裂。他生活俭素，每天吃一顿饭，没有鲜蔬肥肉，只是豆浆粗食，赶上事务繁多，过了中午就把漱口当做吃饭。身穿布衣，木棉黑帐，一个帽子戴三年，一床被子盖两年。萧衍棋艺超群，不饮酒，不听音乐，除非祭祀，否则不作乐。性格方正，在偏殿暗室，也正襟危坐，衣冠严肃，即使盛夏酷暑，也不袒露身体。容止不正，不与人相见，即使是身边服侍之人，也礼貌周全，如见贵宾。史称"古昔帝王人君，恭俭庄敬，艺能博学，罕或有焉"。

梁武帝四十八年的政治作为，使得梁朝前期开创盛世，国力胜过逐渐混乱的北魏，鉴于宋齐宗室互相屠杀，梁武帝对宗室十分宽容，即使犯罪也不追究。他提倡学术发展，使得南朝教育发达，文化发展繁荣，自魏、晋以后，"于斯盛、未或有焉"，但是，到了梁武帝后期，由于崇佛，僧侣不缴赋税，以致近一半的户口记名其下，朝廷财政蒙受重大损失，宗室及官员也贪财奢侈，沉陷在纸醉金迷中，尤其是朱异用事三十年，其"可恸哭者"：

及乎耄年，委事群幸。然朱异之徒，作威作福，挟朋树党，政以贿成，服冕乘轩，由其掌握，是以朝经混乱，赏罚无章。

（同上）

"小人道长"的后果极其严重，间接导致了萧梁王朝被一个生于天监二年（503年）的平民子弟，乘侯景乱梁，取而代之。

4. 拔起里司，赫然投袂

陈武帝，名霸先，字兴国，小名法生，汉太丘县令陈实的后代。

陈家世居颍川许县（今河南许昌东）。家族谱系如下：晋朝太尉陈準，是东汉晚期太丘县令陈实的玄孙，生子陈匡，陈匡生子陈达。陈达在西晋永嘉之乱时，随王室渡江南下，官拜丞相掾、太子冼马，外放作长城（今浙江长兴）县令，因其十分喜爱山清水秀的长城县，便在此定居。陈达曾经对家人说：

此地山川秀丽，当有王者兴，二百年后，我子孙必钟斯运。

（《陈书·本纪·卷一》）

陈达生子陈康，再次作了丞相掾。陈康生子盱眙太守陈英，陈英生子尚书郎陈公弼，陈公弼生子步兵校尉鼎，陈鼎生子散骑侍郎陈高，陈高生子怀安令陈咏，陈咏生子安成太守陈猛，陈猛生子太常卿陈道巨，陈道巨生子，就是陈霸先的父亲陈文赞。

梁天监二年（503年），陈霸先出生于吴兴长城下若里（今浙江长兴下箬寺乡）。在今下箬寺，尚存有"圣井"，传说陈霸先降生，取此井水清洗血污。

吴兴，治今浙江湖州。三国吴甘露二年（266年），吴主孙皓取"吴国兴盛"之意，析吴郡九县为吴兴郡，治乌程，辖地相当于今湖州全境，及钱塘（今浙江杭州）、阳羡（今江苏宜兴），这是湖州立郡之始。诏书说：

> 今吴郡：阳羡，永安，余杭，临水及丹阳，故鄣，安吉，原乡，于潜诸县地势水流之便，悉注乌程。既宜立郡，于镇山越，且以藩卫明陵，奉承大祭。不亦可乎。其亟分此九县为吴兴郡，治乌程。

南朝时，吴兴为三吴之一，辖乌程、东迁、武康、长城、原乡、故鄣、安吉、余杭、临安、于潜十县。三吴，东晋、南朝时地理范围名词，指吴郡、吴兴、会稽三郡。由于这三郡都是从会稽郡中析置，因此三郡之地被合称"三吴"。

少年时期，陈霸先倜傥不群，胸怀大志，不治生产。长大后，爱读兵书，精通武艺，性格明达果断，为当时乡人所推重钦服。

陈霸先身高七尺五寸，额头中央隆起，有帝王之相，垂手能伸过膝盖。

陈霸先出生时，家道已经寒微，便做了乡间里司。

一日，陈霸先前往义兴游历。

义兴，今江苏宜兴,西晋太安二年（303年）至永嘉四年（310年），阳羡县（今江苏宜兴东部，治今宜兴新街街道百合村）人周处长子周玘三兴义兵，朝廷为表彰其功，置义兴郡，下辖阳羡、国山、临津、义乡四县，短暂管辖过永世、平陵（析自永世县）两县三年，后增加绥安县，合七县。南朝宋泰始四年（468年），义兴郡属南徐州。

陈霸先一路风餐露宿。不远处村落上空飘荡的袅袅炊烟里，几只衔泥做窝的燕子如流星般飒沓而落。

陈霸先少年热血，见此美景不由得放声高歌。光唱歌还不够尽兴，他还用手中铁剑打出节拍给自己助兴。他击剑出声并不是单纯为了助兴，而是用兵器特殊的声音告诫山野间心怀不轨的草莽贼匪，他虽然孤身一人，却也不是好惹的。

到了义兴，陈霸先又累又饿，向许氏的行馆递上拜帖。

夜深人静，陈霸先进入幽绵的梦乡。忽然间，天空裂开了数丈，飞来四个穿红衣的仙人。他们一起托着一个红彤彤的太阳来到了陈霸先的面前，让他张开嘴将这太阳吞下。梦到此处，陈霸先醒了，觉得腹腔里依旧温热。仿佛这并不是一个虚幻的梦，而是真实发生的事情。

梦中吞日，这是王者之兆。此时正值南朝萧梁鼎盛时期。陈霸先并没有产生不臣之心，但这个梦坚定了陈霸先认为自己并非池中之物的自信。

陈霸先回去之后，加倍努力地苦练武艺。虽然只是一个小小的里正，但他处事果敢通达，在十里八乡博得了一片好名声。

"七世举秀才、五代有文集"的南朝文学家庾信，自幼随父亲中书令庾肩吾出入萧梁宫廷。侯景之乱，庾信逃往江陵。后来奉命出使西魏，抵达长安后不久，西魏攻克江陵，杀死梁元帝萧绎，庾信因而留居长安。

陈朝建立，与北周（时北周已经取代西魏）通好，流落在外的南北人士，允许归还故国，喜好文学的北周武帝宇文邕却留住庾信、王褒不放。

陈霸先代梁建立陈朝，庾信写过一篇著名的《哀江南赋》，描写了自己的乡关之思和亡国之痛，或许因自己处境悲苦，或许出于政治需要，庾信对陈霸先十分不屑，其中有一句话，也从侧面佐证了陈霸先出身寒微：

> 头会箕敛者，合从缔交；锄耰棘矜者，因利乘便。（庾信·《哀江南赋》）

大意就是，陈霸先出身平民，只做过按人头摊税、拿簸箕派粮的低俗之事。

可见，当时门阀的观念至深，即使陈霸先取梁而代，贵为皇帝。

中国古代官宦人家的大门外有两根柱子，左边的称"阀"，右边的叫"阅"，用来张贴功状。后人就把世代做官人家叫作"门阀"或者"阀阅""士族""世族""高门""望族""右姓"等，后统称门阀士族。

在士族时代，门阀士族以外的平民家庭被称"庶族""寒门""寒族"，因其没有特权，需要向国家缴纳赋税并承担各种劳役和兵役。

西汉武帝以后，崇尚儒学，官僚多以经术起家。他们授徒讲学，门生故吏遍布天下，形成一种社会力量，其子孙继承家学，继续做官。久而久之，到东汉中叶，出现了世代为官的大姓豪族，其本质是一种身份性阶级固化。

三国时期，曹魏正式确立九品官人法，按照士人门第品评人才，加速了门阀士族的形成。五品之后，专门属于寒族出身的寒人；五品以上，多为王朝士族门阀所掌控。由此，也就形成了士族和寒族的分明界限。

东晋是我国历史上典型的门阀统治时期，有时候皇帝也不得不受控于地主、豪强。士族在国家的经济、政治中占据统治地位，形成"上品无寒门，下品无世族"的森严等级制度，也出现了"王与马，共天下"的谚语。

所谓的南朝"士庶之分"，"士"指士人，"庶"指寒人。区分二者的重要标志为是否拥有士籍。寒族并非指那些没有背景的官员，而是指那些地位低下的人，他们可以是农民、军人、商人、手工业者，也可以是富商、地方豪强等。

南朝的士人地位主要取决于其所属家族在魏晋时的政治地位。

南朝宋以后，皇权恢复了自身权威，士族遭到刘裕等人的大肆屠杀，很多比较大的门阀家族被清洗殆尽。但在朝廷的统治中，门阀制度依旧盛行，士族仍旧拥有很大的政治优势和经济优势。政治上把持中央和地方政权，仅凭门第就可做官，世代控制高级官职。经济上兼并土地，经营庄园，逐渐成为名门大族。累世相传的庄园经济，正是以士族垄断政治特权为背景而长期存在的。

以累世文官和儒宗作为主体的世家大族，成为特权阶层。长时间的不劳而获导致其不思进取，也不屑于政务军务。对此，取代东魏的北齐颜之推说：

> 梁世士大夫，皆尚褒衣博带，大冠高履，出则车舆，入则扶侍，郊郭之内，无乘马者。周弘正宣城王所爱，给一果下马，常服御旨，举朝以放达。至乃尚书郎乘马，则纠劾之。及侯景

之乱，肤脆骨柔，不堪行步，体羸气弱，不耐寒暑，坐死仓猝者，往往而然。建康令王复性既儒雅，未尝乘骑，见马嘶喷陆梁，莫不震慑，乃谓人说："正是虎，何故名马乎？"其风俗至此。

（《颜氏家训·训务第十一》）

但是，经历南朝皇权政治的打击，寒人典签的制度设计，加上战乱频发、局势动荡，门阀逐渐丧失实权。到梁朝时，特别是历经侯景之乱后，无论是侨姓门阀或吴姓门阀，从社会声望到自身政治影响力、人才实力已经一落千丈，虽仍然保持着强大的社会力量，始终掣肘中央朝廷，但具体到军政实权，已经日渐式微。寒族出身的江南人陈霸先就是在这个时代背景下登上了历史舞台。

陈霸先一生都要感谢一个人，就是新喻侯萧映。

萧映，梁朝宗室，父亲萧憺是萧顺之第十一子，和梁武帝萧衍是异母弟。

萧憺，字僧达。梁武帝起兵，萧憺奉命与异母兄萧伟留守雍州，萧颖胄猝逝后，南下接管荆州事务。天监年间，萧憺主政荆州，勤于政务，广开屯田，减省力役，抚恤兵死之家，深受官民爱戴。母亲陈太妃去世，他六天水浆不入。同母兄萧秀死于赴任雍州路上，萧憺听到丧信后，自投于地，席间哭泣，数天不吃不喝，倾财相赠，天下称悌（顺爱兄长）。天监九年（510年），萧憺调任益州，在蜀地时，尊崇学官，学风为之一变；又派兵抵御北魏进攻，稳固边境。天监十四年（515年），第二次出镇荆州。天监十八年（519年），卸任回朝。普通三年（522年），萧憺去世，时年四十五岁，梁武帝七次亲临拜祭。荆州百姓听说萧憺去世，都在街巷哭祭，丧期家中有嫁娶婚事的，都改了日子。

萧映，字文明，萧憺次子。十二岁那年，成为国子监的学生，虽然年少，但聪颖之名已经传遍朝野。

天监十七年（518年），梁武帝诏令国子监学生进宫策论，宗室子弟不用奉诏，只有一人例外，就是萧映。梁武帝知道萧映聪明睿智，特指名令其进宫策试，又当庭策问。萧映不负期望，在梁武帝和众位同窗面前侃侃而谈。萧衍圣心大悦，指着他对一旁的国子监祭酒袁昂说：

吾家千里驹也。（《南史·列传·卷五十二》）

萧映虽然是朝野上下有名的温润如玉的翩翩佳公子，但也有犯倔的时候。

天监十七年，萧映被任命为淮南（治今江苏扬州）太守，其时，他的兄长都没有官职。对于梁武帝的偏爱，萧映心中十分感激，但长幼尊卑有序，他不肯越过几位兄长率先去做官，毅然决定抗旨相让。

萧映父亲萧憺为人至孝，友爱兄长，并身体力行，如此家风，成为萧映学习的典范。萧憺嘴上说儿子倔强，但心中无疑是十分赞赏和支持的。不知道萧映的做法是否会让梁武帝心中不悦。

事实是，梁武帝并没有对抗旨不尊的萧映做出惩罚。

有鉴于南朝齐的兄弟残杀，梁武帝的宽厚仁慈是出了名的，他自然乐意看见宗室兄友弟恭。萧映的友爱孝悌得到了回报，普通二年（521年），萧映被封广信县侯。这一年，萧映十五岁。

县侯，爵名。东汉官制，列侯之中，疆域大的食邑县，小的食邑乡、亭。

三国曹魏废二十等爵、武功爵等赐爵。魏文帝定爵制九等：王、公、侯、伯、子、男、县侯、乡侯、关内侯。王爵至男爵皆有国号、封地，县侯以下无封地而有租税。九等爵之外，曹操创立的名号侯、关中侯、关外侯、五大夫侯作为赐爵保留，仍无封无食。魏制：皇子封王，王之庶子封乡公，嗣王（非始封王者）的庶子封乡侯，公的庶子封亭伯；王国大者为郡、小者为县。

两晋爵位非常繁复，设置了王、公、侯、伯、子、男、开国郡公、开国县公、开国郡侯、开国县侯、开国侯、开国伯、开国子、开国男、乡侯、亭侯、关内侯、关外侯共十八级。王爵非皇子不封，两晋和南朝，仅禅代前期的异姓篡代者封国为王，如刘裕封宋王，萧道成封齐王，陈霸先封陈王，一般情况下，皇子才能封郡王（亦分大、次、小三级）；公（郡公、县公）、侯（郡侯、县侯）、伯、子、男五等爵专封宗室；功臣封爵为"开国"诸爵及乡侯、亭侯、关内侯、关外侯。自先秦以来沿用的赐爵制度正式废止。诸王儿子中除继承王位的嗣子为王外，依次按公、侯、伯、子、男递降世袭。

南朝各代封爵沿袭东晋，唯封君对封国再失治权。

南朝封爵后，采取"分食制"，即按一定食租率提取食邑户租税，西晋诸侯三分食一，东晋南朝九分食一。

萧映弱冠之年就享有食邑租税，他知道绝不仅仅因自己的品性才华，还有父亲萧憺从龙之功的加持。

普通三年，噩耗传来，萧映父亲萧憺病逝。

十六岁的萧映悲痛欲绝。自古丁忧以自苦为孝，萧映悲痛之余，便"隆冬席地""不尝谷粒，唯饮冷水"，看着父亲灵位，每每哭不绝声。这种行为，彰显了萧映的至诚孝顺，但也因此留下了病根，成为后来于广州病逝的隐祸。

梁武帝下诏，因萧憺曾经帮助梁朝于艰难中创建王业，令萧映嗣国。因弟弟们失去了父亲萧憺的庇护，还没有食邑，萧映认为自己独得圣眷，于心不安，便陈表辞拒嗣王。萧映拒不为王的请求未被允许，只好恳请梁武帝，把食邑颁给自己的兄弟。梁武帝下诏同意，改封萧映为新渝县侯。

新渝，今江西省新余市，三国吴宝鼎二年（267年）分宜春置新渝，因境内有渝水得名。南朝因之。后几经废立，唐天宝元年（742年），县名因传写之误将"渝"改为"喻"，以后相承作"喻"。1957年五月，新喻改名"新余"。

《陈书》及《资治通鉴》均为唐人所做，故均称"新渝"为"新喻"。本书依两书，以下均为新喻。

此时，又逢祖母太妃去世，孝顺的萧映又忧伤咯血。

这期间，因一个十分巧合的机会，辞去里司的陈霸先到了建邺（西晋太康三年改建业为建邺，今江苏南京），当了一个管油库的小吏。

后来，陈霸先换了工作，成为负责新喻侯萧映的传令吏。

"传令吏"这个官职，实在微乎其微，小得不能再小了。但是，"千里之行，始于足下"，陈霸先勤于职事，工作负责，萧映对他十分欣赏。

大同元年（534年），三年服丧期满，二十四岁的萧映走马上任，被梁武帝派去做了吴兴太守。

南朝时期，江南地区，以扬州（治建康）、会稽（今浙江绍兴）、江州、郢州、荆州（治江陵）等地人口最多、资财最富、兵势最强，所以若有战争，各方势力必争夺此地。因其位置非常重要，朝廷常派宗室心腹镇守，方可放心。

在吴兴任上，萧映执政极为宽仁，常用车装着粮食和帛（充作货币）在郡内巡游，遇到生活困苦的百姓，便立即派发车上的粮、帛接济。郡中连年荒年，庄稼歉收，中大通三年（531年），武康长出野谷，一共二十二处，自此全郡丰穰。萧映欣喜之余，洋洋洒洒写下一篇嘉谷颂，上表颂扬梁武帝。

在吴兴任上，萧映更加器重陈霸先，曾经看着陈霸先对手下幕僚说：

此人方将远大。（《陈书·本纪·高祖》）

历史证明了萧映眼光的独到，自此，陈霸先开启了自己波澜壮阔的一生。

5. 始佐宗藩，英谟雄算

陈霸先一直在萧映府中担任幕僚。

大同六年（540年），萧映任广州刺史，三十二岁的陈霸先作为中直兵参军随同前往。陈霸先担任的这个官职究竟是干什么的？

到这里，简要介绍一下梁朝官制。

天监七年（508年），梁武帝更定官制，自丞相、太宰等至车府令，分成十八个等级，称"十八班"，取代东晋以来的九品官制。官职以班多者贵，同班者则以班序先后分高下。十八班只授予乡品二品的士族，乡品三品以下的寒士只能担任流外七班及流外三品蕴位、三品勋位中的官职，很难升入十八班中的官职。

第十八班

丞相，领导百官，辅助国君管理军政要务；太宰、太傅、太保，用作赠官，名义尊荣，无职掌，多安置元老勋旧；大司马、大将军，南朝不常授，多用作赠官；太尉、司空，大臣加官，无职掌；司徒，实授，或录尚书事，管理民政。

第十七班

诸将军开府仪同三司，意指与三司即太尉、司徒、司空礼制、待遇相同，允许开设府署，自辟僚属；左、右光禄大夫开府仪同三司，作为在朝显职的加官，以示优崇，或授予年老有病者致仕之官，亦常用卒后赠官，无职掌。

第十六班

尚书令，最高政务长官，出纳王命，敷奏万机；太子太傅，不领官属庶务；左右光禄大夫，多由散骑常侍兼。

第十五班

尚书左仆射，梁、陈常缺尚书令，以左仆射为尚书省主官；太子少傅，置詹事，不领官属庶务；尚书右仆射，因执掌宗庙祭祀和礼乐的祠部尚书多不置，常由右仆射负责；尚书仆射，左、右仆射并阙，则置尚书仆射以掌；中书监，中书省长官，掌出纳帝命；特进，加官名号，用以安置闲退大臣；领军将军，掌禁卫军及京都诸军；护军将军，与领军将军同掌禁军，出征时督护诸将，皇帝出行则护驾，属官有长史、司马、功曹、五官、主簿、录事及诸曹参军。

第十四班

中领军，较领军职务低，执掌同领军；中护军，较护军低，掌督护京师以外地方诸军，属官有长史、司马、功曹、五官、主簿，受命出征则置参军；吏部尚书，尚书省吏部曹长官，主管官吏铨选考课奖惩，实权甚至超过尚书仆射；太子詹事，掌管皇后和太子家事；金紫光禄大夫，禄赐、班位、冠帻、车服、佩玉，置吏卒及羽林卒，诸所赐给与特进相同；太常卿，掌宗庙、祭祀、礼乐、宾客、车舆、天文、学校、陵园等事。

第十三班

中书令,掌纳奏、拟诏、出令,然权归中书舍人,监、令名为长官,品秩升高,多重臣加官;列曹尚书,分掌尚书省诸曹,不直接向皇帝奏事;国子祭酒,总领国子学、太学,隶太常卿;宗正卿,掌皇族外戚属籍;太府卿,掌金帛府帑,统左右藏令、上库丞,掌太仓、南北市令和关津等;光禄大夫,授予年老有病的致仕官员,无具体职掌。

第十二班

侍中,门下省长官,掌侍从左右,摈相威仪,尽规献纳,纠正违缺等,兼掌出纳、玺封诏奏,有封驳权,参与机密政务,上亲皇帝,下接百官,官显职重;散骑常侍,掌侍从左右,献纳得失及转呈文书奏事等;左、右卫将军,六军之一,掌禁军,皇帝亲信之人担任;司徒左长史,司徒府僚属之长,佐司徒总管府内诸曹,有时也参预政务;卫尉卿,掌宫门宿卫屯兵。

第十一班

御史中丞,御史台长官,掌督司百官;尚书吏部郎,尚书省掌管吏部曹事之官;秘书监,秘书省长官,掌图书经籍;通直散骑常侍,职同散骑常侍;太子左、右卫率,宿卫东宫;左、右骁骑将军,掌管宿卫事务,领朱衣直阁,并给仪从,多由侍中、散骑常侍等文职清官兼领;左、右游击将军,与骁骑分领宫中虎贲,掌宿卫之任;太中大夫,与卿相近,多用安置老疾退免的九卿大臣;皇弟皇子师,皇帝皇子府官之首;司农卿,掌农事、仓储、市易和宫廷百官禄廪供应;少府卿,职掌宫廷日常用品供应和财宝保管等杂务;廷尉卿,分掌刑狱;太子中庶子,掌东宫管记;光禄卿,掌宫殿门户。

第十班

给事黄门侍郎,门下省次官,职掌与侍中略同;员外散骑侍郎,职同散骑侍郎;太仆卿,管理车舆马政;太子家令,掌东宫刑狱、仓储、饮食、奴婢;率更令、仆,掌庶子、舍人更值宿卫;扬州别驾,秩轻职重,有"其任居刺史之半"之说,位居州吏之右,事无不统;司徒右长史,位次左长史,佐司徒总管府内诸曹,南朝或不设司徒,其府则常置,管理州郡农桑户籍、官吏考课;大匠卿,掌土木之工。此外,还有皇弟皇子府长史、司马、中散大夫、云骑、游骑、朱衣直阁将军。

第九班

尚书左丞,尚书省佐官,位次尚书,与右丞共掌尚书都省庶务,率诸都令史监督稽核诸尚书曹、郎曹政务,督录近道文书章奏,监察纠弹尚书令、仆射、尚书等文武百官,号称"监司",职权甚重;鸿胪卿,掌朝会时赞导礼仪;中书侍郎,中书省官,草拟皇帝诏令,职任机要,地位不高,但颇清贵,宗室入仕阶梯;国子博士,教授生徒儒学;太舟卿,掌舟航堤渠;大长秋,主诸宦者,以司宫闱之职;太子庶子,太子亲近侍从官。此外还有扬州中从事,前、左、右、后四军(皇弟皇子、嗣王庶姓府属官略)。

第八班

秘书丞,管理和整理校定典籍图书;太子中舍人,与太子中庶子共掌东宫文翰;司徒左右掾,掾曹长、史、属副职;司徒属;散骑侍郎,掌侍卫左右、顾问应对、谏诤拾遗;尚书右丞,尚书省佐官,与左丞共掌尚书都省庶务,又掌本省库藏庐舍,督录远道州郡文书章奏,凡兵士百工名籍、内外库藏谷帛、刑狱诉讼、军械、田地、州郡租布、户籍、行政区划，州郡县长官免赠收捕等文书奏事皆属之；南徐州别驾（皇弟皇子、嗣王庶姓府属官略）。

第七班

五校；东宫三校；皇弟皇子之庶子府中录事、中记室、中直兵参军、谘议；南徐州中从事；蕃王府谘议。其中，中直兵参军为丞相府僚属，掌亲兵卫队。

第六班

太子洗马，太子詹事属官；通直散骑侍郎，职同散骑侍郎；司徒主簿，掌管文书的佐吏；尚书侍郎，掌作文书起草，初上台称守尚书郎，中岁满称尚书郎，三年称侍郎；著作郎，清要之官，掌国史，集注起居；五经博士，议政、制礼、藏书、顾问应对，教授儒家五经之学；录事参军，录事曹长官，掌总录众曹文簿，位在列曹参军上；记室参军，掌文疏表奏；南台治书侍御史，御史台属官，掌举劾官品第六以下；廷尉三官，廷尉正、廷尉监、廷尉平；谒者仆射，掌朝觐宾飨之事，或奉命出使；太子门大夫，掌远近表牒、关通内外（皇弟皇子、嗣王庶姓、太子等府属官略）。

第五班

尚书郎中；太子太傅丞、太子少傅丞；太常丞，太常副职；皇弟皇子湘、豫、司、益、广、青、衡七州别驾；皇弟皇子荆、江、雍、郢、南兖五州中从事；嗣王庶姓荆、江、雍、郢、南兖五州别驾；东宫二将（皇弟皇子、嗣王庶姓府属官略）。

第四班

给事中；中书舍人；建康三官；宗正、太府、卫尉、司农、少府、廷尉、太子詹事等丞；积射、强弩将军（皇弟皇子、嗣王庶姓、太子等府属官略）。

第三班

太子舍人，掌文章书记；员外散骑侍郎；公车令，掌受章表；正参军，朝廷任命的参军为正参军，本府自任的参军为板参军；武卫将军，掌宿卫禁军；光禄丞；中尉，职掌京城治安执法，管理中央武库，兼领左右京辅兵卒，戍卫京师；太仆丞；胄子律博士，由贵族子弟充任的律博士，教授法律和保管法律典籍。此外，还有司徒祭酒、北馆令、二卫司马（皇弟皇子等府属官略）。

第二班

太学博士，掌教授太学生，亦备咨询，参议礼仪；国子助教，协助博士教授生徒儒学；尚书五都令史，尚书省殿中、吏部、金部、左民、中兵五都令史合称，分监诸曹；材官将军，领郡国材官士（步兵）出征，师还则省；武骑常侍，皇帝近侍护卫之一，车驾游猎，常侍左右。此外，还有秘书郎，著作佐郎，奉朝请，扬、南徐州主簿，鸿胪丞，明堂二庙帝陵令（皇弟皇子等府属官略），

第一班

西曹负责府史署用，东曹负责二千石长吏迁除及军吏，户曹负责民户、祠祀、农桑，奏曹负责奏议事，辞曹负责辞讼事，法曹负责邮驿科程事，尉曹负责卒徒转运事，贼曹负责盗贼事，决曹负责罪法事，兵曹负责兵事，金曹负责货币、盐铁事，仓曹负责仓谷事；扬南徐州西曹祭酒从事，州府属吏，散职，地位尊显；扬南徐州议曹从事，州的佐吏，掌谋议；东宫通事舍人，掌宣传皇太子令旨、东宫内外启奏；南台侍御史，掌知其事，纠察不法；太舟丞；汝阴、巴陵二国郎中令，王国属官；太官令，掌宫廷饮食；太乐令，掌大祭祀及大飨时之乐舞；太市令，掌管市场事宜；太史令，专掌天时、星历、国祭、丧、娶奏良日及时节禁忌；太

医令，掌宫廷医药；太祝令，职掌大祭祀时宣读祝文和迎神、送神等；东西冶令，掌工徒鼓铸，属少府；左右尚方令，主造皇室用刀剑玩好之物；南北武库令，出征时负责武库、领兵器；车府，掌管皇帝车舆（皇弟皇子庶子、嗣王、藩王属官略）。

以上可知，陈霸先已位列朝官第七班，作为萧映府中僚属，掌管亲兵卫队。

萧映出镇的广州，位于岭南地区。

秦朝三征岭南，开其地，设南海、桂林、象郡三郡。汉武帝灭南越，在今越南北部区域增设交趾、九真、日南三郡。汉初在岭南共立九郡，后汉立七郡。

汉承秦制，在地方行政管理上实施郡、县两级体制。汉武帝元封五年（公元前106年），朝廷将京城长安七郡之外的全国各郡划分十三个监察区域，也称"十三州"，每州派刺史一名监察。此时，州尚未成为一级地方行政管理建制。东汉末，汉灵帝镇压地方起义，将刺史改成了州牧长官。此后，地方行政管理体系逐渐变成州、郡、县三级体制，州正式成为中央和郡之间的行政建制。

三国吴黄武五年（226年），孙权采纳交州（治赢娄，元封五年移治苍梧广信，建安十五年移治番禺）刺史吕岱建议，分交州七郡（交州原有九郡：南海郡、苍梧郡、郁林郡、合浦郡、交趾郡、九真郡、日南郡、儋耳郡、珠崖郡；后儋耳郡和珠崖郡合并珠崖郡，被废）中的"海南三郡"（即交趾郡、九真郡、日南郡）为交州，析"海东四郡"（南海郡、苍梧郡、郁林郡、合浦郡）为广州：

> 权以交趾县远，乃分合浦以北广州，吕岱刺史；交趾以南交州，戴良刺史。又遣陈时代燮交趾太守。（《三国志·吴书·士燮传》）

两州以今广西北海合浦为界，广州治番禺，交州治龙编（今越南河内东天德江北）。两州分治引起原交趾太守之子士徽叛乱，平叛后广州重新并入交州。

东吴永安六年（263年），交趾郡吏吕兴联合九真郡、日南郡叛吴并联合曹魏，但被镇压。由于曹魏占领的南中地区与"海南三郡"互通，可进而控制交州，东吴为便于治理，重新拆分交州，另置广州，广州治番禺，交州治桂州：

> 永安六年，复分交州置广州，分合浦立合浦北部，以都尉领之。（《晋书·地理志》）

西晋继承曹魏之后，通过益州、南中，派杨稷等领兵到交州，大破吴军。东吴建衡三年（271年），东吴从西晋手中夺回交州，增设新昌郡、武平郡、九德郡；在广州增设桂林郡。吴亡后，岭南区划建制为两晋、南朝所沿袭。

广州濒临大海，两晋以来，"蛮胡贾人，舶交海中"，非常富饶，

> 南海交趾，各一都会也。并所处近海，多犀象、玳瑁、珠玑，奇异珍玮，故商贾至者，多取富焉。《隋书·地理志》

到南朝时，国外船舶到港口交易，多受刺史欺凌，每年船舶停靠，不过三艘之数。天监年间，梁武帝派宗室萧劢任广州刺史。萧劢纤豪不犯，贸易大增，每年十多艘船停靠。当地少数民族俚人不服管理，多为海盗，萧劢发兵征讨，所获财物和奴隶，除赏赐军队外，都送到建康。前后几任广州刺史都中饱私囊，很少向朝廷贡献方物。自从萧劢镇守广州，一年几次向朝廷进贡，军国所需物资，陆续送达，不绝于道。梁武帝感慨说道："朝廷从此，才真正辖有广州。"

萧劢认为南江地理形势险要，建议朝廷在高凉郡建州，朝廷

定其名"高州"。

再说，萧映到任广州刺史后，命陈霸先招募军队，得兵一千多人。

不久，萧映任命表现出色的陈霸先暂时监管宋隆郡（南朝宋改宋熙郡置，今广东高要东南）。宋隆郡辖下安、化两县不服管理，被陈霸先领军征服。

不久，陈霸先又出任西江督护、高要郡（梁大同中，于西江入广州之要津设高要郡，今广东肇庆）太守。

> 南朝时所谓"西江"即郁水，具体包括今右江、邕江、郁江、浔江和西江段。（《中国历史地理论丛》·2019年·第2辑）

西江是南朝时期贯通岭南东西部的水运交通干线，由番禺顺西江而上可达郁林，继而转合浦至交州。当时岭南西部、南部诸地至广州都须途经高要。

督护是两晋南朝时期常见官职，职责是军事征讨、驻防。

西江督护，南朝宋、齐、梁置于广州，是南朝岭南地区的重要统治机构之一，主要职责是镇抚俚僚族群和控制西江河运交通的关键地域：

> 西南二江，川源深远，别置督护，专征讨之。（《南齐书·州郡志》）

由此可见，出任西江督护、高要郡守的陈霸先已经得到萧映的信任与重用。

大同八年（542年）的一天，在高要的陈霸先突然收到紧急军报，说广州被围，形势已经危如累卵。

第二章　广州城初露峥嵘

1. 孙卢冤死，越貊成灾

岭南，得名于五岭以南，所谓五岭，即华南地区大庾、骑田、都庞、萌渚、越城五座山岭。后岭南泛指五岭以南广大地区，包括今广东、广西及越南北部。因该地部落支系众多，秦汉时又被中原称为"百越"。

岭南地处南方边陲，距中原遥远，在当时的交通条件下，"使必数月而后能至。"不仅瘴疠流行，自然条件恶劣，而且土俗殊异，各少数民族交错而居。

　　五岭之南，人杂夷僚，不知礼义，以富雄。(《通典·古南越风俗》)

俚人也作"里人"，史书有时称"狸獠"(通僚)。从地域、风俗、语言等推断，俚人是从百越演变而来。到唐朝时，岭南地区的俚、獠等少数民族尚未开化。

　　岭外诸州居人，与夷獠同俗。火耕水耨，昼乏暮饥。(《唐大诏令集·卷八十一》)

从唐宣宗《禁岭南货卖男女敕》的诏令中可以看出，在大唐盛世的时代背景下，社会生产力发展水平尚且如此低下，可以推断，在南北朝的乱世当中，岭南地区政治开化应该较晚，农业发展水平较低。

但是，岭南襟山带海，珍异确有所出。明珠、大贝、文犀、象牙、玳瑁、沉香等，自汉以后，北方都视为稀世之珍，百计搜罗。一些来广州就职的官吏，多乘机"作法兴利以致富"，凡是到广州任职过的，莫不捆载而返。

> 处近海，多犀象、玳瑁、珠玑、银铜、果布之凑，中国往商贾者多取富焉。番禺其一都会也。（《汉书·地理志》）

南朝以后，无论宋、齐、梁、陈各朝，对岭南都没有制定严格的赋税制度，赋税征收也无明确的时间和数额，对"蛮"户除输谷数斛之外，其余全无杂调。（《蛮书·夷蛮传》）

到了隋朝，所谓"征赋"，实质上类似"土贡"。

> 随土所出，临时折课市取，乃无恒定法令……其任土所出以征赋。（《隋书·食货志》）

直到唐朝，岭南诸州征税还与中原地方不同，只交纳一半。

> 若夷獠之户，皆从半输。（《旧唐书·食货上》）

不过，东晋以后，岭南地区一直存在着买卖"生口"和掠人为奴婢的行为。

梁朝萧劢曾在征伐岭南过程中俘获过"生口"，可见，在南北朝时期，岭南地区买卖奴婢是合法的，同买卖马牛田宅一样，按照标准市税：

> 晋自过江，凡货买奴婢、马牛、田宅，有文卷，率钱一万输估四百入官，卖者三百买者一百；无文卷者随物所堪，亦

百分收四,名曰散估。历宋、齐、梁、陈如此以常。(《隋书·食货志》)

南北朝时期,岭南地区还是一个相对独立的地理存在,时人称"五岭者,天地所以隔内外"。因此,在当时,很多中原汉人被朝廷任命到岭南为官,就会逐渐修好与岭南土著俚人之间的关系,对家财富裕的土著世族豪右,举荐为官,接受俚人成为一方豪强,通过"俚人治俚",自行实现"本土化"。土著世族豪右子孙,在当地绵延不息:

岭外督帅用'生口'、翡翠、明珠、犀象之饶,雄于乡曲者,朝廷多因而署之,以利其利。(同上)

魏晋南北朝是中国门阀士风最盛时期。在门阀制度盛行的南朝,中原人士是看不起岭南地区少数民族的。

交趾有个人名叫"并韶",文辞华丽,善写文章,参加朝廷选拔,想谋求个一官半职,吏部尚书蔡撙认为并姓家族并没出过有名的大人物,便任其为广阳门郎,看守城门的末流小官。经此一事,并韶内心无比羞愧、深以为耻。

岭南地区的豪族酋帅即使进入仕途,也被限制在岭南地区,并不会被中央朝廷重用。这些世家大族、豪绅子弟吸收了先进的汉文化,自然也会滋生想要进入朝廷权力中枢的欲望。他们有钱、有权、有兵,也为中原王朝的政治稳定和财政输血做出了巨大贡献,但是却得不到朝廷的身份认同,久而久之,自然产生了强烈的离心倾向和不满情绪。前文提到的并韶虽有才干,但无法在政治上融入南朝的统治阶级上层,即是典型事例。

朝廷派遣宗室皇族、文武大臣到岭南地区任职。倘其廉洁守法,为民谋福利,必然取得治绩;若遇贪墨之徒,违法乱纪,贪财黩货,盘剥当地土著，搜刮珍奇贵重物产，为蛮夷所患，就会招致土人怨恶，屡起叛乱。

梁武帝任命武林侯萧谘为交州刺史，就是所任非人。

萧谘，字世恭，萧顺之第十子萧恢的第七子，萧恢是梁武帝的异母弟。

萧恢早前追随萧衍，梁朝建立后，曾五次出镇南徐、郢、荆、益四州，两任荆州刺史，在朝中任护军将军、宗正卿、领军将军等职。

萧恢抚治州郡，除害兴利，颇著声绩。官至使持节、散骑常侍、骠骑大将军、开府仪同三司、荆州刺史，都督八州诸军事。

普通七年（526年），萧恢去世，享年五十一岁。谥号忠烈。

萧谘的哥哥鄱阳王萧范虽无父亲萧恢的才华和能力，但为人和善、工作勤勉，胸有筹略。鄱阳王萧范初任太子洗马、秘书郎，历任黄门郎、卫尉卿。在益州（治成都，今四川成都）刺史任上，开通剑道，收复华阳（今四川梓潼东北）。奉诏回到建康后，任领军将军、侍中。大同五年（539年）为中书令。鄱阳王萧范交友广泛，昭明太子英年早逝后，他作为皇侄曾有觊觎皇位的嫌疑，遭到了梁武帝的厌弃。

担任交州刺史的萧谘，为政苛刻，性格暴虐，"以哀刻失众心"，成为李贲之乱的导火索。

李贲，龙兴太平（今属越南）人，出身于南方俚族（黎族）权势家庭，七世祖来自中原，因西汉末年战乱而避难交州。

自此，李贲世代为岭南交趾的地方豪门大族，但入仕之途却一直不如意。

大同七年（541年）十二月，时任南朝梁的德州（治今越南义安荣市，后同）监官李贲联合受到羞辱的并韶、赵光复等数州世家豪强，在交趾起兵反叛。

交趾是岭南地区"海南三郡"之一，大致在今越南北部红河流域。汉武帝平定南越，在今越南北部区域设交趾等三郡实施直接管辖，交趾郡治交趾县即位于今越南河内。南朝时，交趾郡隶属交州。

交州、德州等地土地疏阔，政府管控薄弱，给当地土著族群提供了造反的群众基础。李贲在德州登高一呼，顷刻间诸蛮响应，声势浩大。

萧谘舍弃大量钱财，贿赂李贲，才寻得生机，捡回了自己一条性命。

> 输贿于贲，奔还广州。（《资治通鉴·梁纪·梁纪十四》）

眼看叛乱局势愈发紧张，大同八年（542年），梁武帝下令，派遣高州刺史孙冏、新州（今广东新兴）刺史卢子雄带兵讨伐李贲。

然而，接到朝廷诏令时，交州地界春草已经萌芽，瘴疠开始流行，这种气候条件非常不利于行军打仗，所以卢子雄就上书请求等到秋后再去征讨，但新喻侯广州刺史萧映没有采纳这个建议，逃出来的交州刺史萧谘又屡次催促出兵。卢子雄等人万般无奈之下，不得已立刻动身，率领部队南征李贲。

孙冏和卢子雄为什么要听萧映和萧谘的？

因二人毕竟是宗室皇族，背后是梁武帝。

部队到达合浦（今广西合浦东北），士兵已经因瘴疠死亡十之六七。部队减员大半，兵将情绪低落，其余士兵也都因为害怕而四处溃散，军法已经失去作用，卢子雄等人无法约束部属，没有办法，只能率领剩余士兵撤退回师。

这事怪孙冏、卢子雄吗？不怪！

但是，萧咨、萧映却指责孙㑩、卢子雄故意勾结叛贼、拖延时间不肯进讨。

梁武帝放过他俩了吗？没有！

梁武帝当然相信皇族宗亲所奏，即令在广州赐死新州刺史卢子雄、高州刺史孙㑩两将。

也不知道一世英名的梁武帝老了以后到底怎么了，那些弑君未遂的、贪赃枉法的、通敌卖国的都放过了。这两个实际上没什么错的武将却非杀不可。

貌似严明了朝廷纲纪，却惹来了一场兵变。

卢子雄、孙㑩的冤死，激怒了卢子雄的弟弟卢子略、卢子烈，主帅杜天合以及他的弟弟杜僧明，还有周文育等人。这支部队不久就哗变了。

大同年间，卢安兴被梁武帝任命为专掌南江流域征伐的南江督护，赴任前，卢安兴邀请杜僧明、杜天合、周文育三人同行。可以说，卢安兴的眼光很准，这三个人的忠心及能力都是没有问题的。

卢安兴到南江督护府就任之后，接连平定地方土著叛乱，杜僧明因"频征俚獠有功"而被任命为新州助防，其兄杜天合因有才干而参与四处征伐。

卢安兴在任上去世，其子卢子雄成为新州刺史，杜僧明担任卢子雄的副职。

周文育，原名项猛奴，天监八年（509年）出生在新安寿昌县，小时候家庭贫困，性格孤僻，不爱言语。虽然吃不饱穿不暖，但天生勇猛有力气，十一岁时就能在水里仰泳好几里远，跳起来高达五六尺。一起嬉戏玩耍的伙伴们，没有人能超过他。

优越的运动天赋弥补了家境贫寒的不足，项猛奴不仅不受欺负，还收获了同伴羡慕的目光。

同为义兴老乡的周荟，时任寿昌浦口驻军戍守主官，出身武将世家。

周荟在京城有两个非常有出息的堂侄，周弘正和周弘让。周弘正是梁朝著名国子监博士，以博学和直谏著称，在萧纲被立太子前就任其主簿；周弘让是梁朝著名的大儒和书法家。

有一天，周荟偶然看到项猛奴身有异质，十分惊奇，就叫来问话。项猛奴小小年纪，见了部队将官却不怯场，简单介绍了家中情况：母亲老迈，家中贫苦，哥哥姐姐虽已长大，却因交不起赋税徭役而陷于困境。

周荟听后，心生怜惜，就跟着造访其家，请求项母同意其收项猛奴为义子。

等到周荟任官期满，带项猛奴到了建康，见到叔叔太子詹事周舍，请其给猛奴取名，周舍当即给项猛奴取名"周文育"。

从此，寿昌项家的贫苦孩子成了朝廷世家贵族的名门子弟。

周荟让侄子周弘让教周文育写字和算数。擅长隶书的周弘让专门给义侄抄写了蔡邕的《劝学》和几篇古诗，以此勉励周文育努力学习经史子集。

周文育学不明白或者不想学，对这位大儒义兄说："学这些啰里啰嗦的东西有什么用？求取功名富贵，只能靠手中的长槊！"周弘让不以为忤，十分赞许周文育的豪迈气概，改教周文育骑马射箭这些打仗用的武艺，周文育极为高兴。

周文育在周荟、周弘让的呵护、培养下茁壮成长。周荟和司州刺史陈庆之同郡，平常交往密切，陈庆之荐举周荟为自己统率部队的前军军主。

周文育自然跟随义父同去赴任。

陈庆之派周荟带五百士兵去慰劳白水蛮（古代乌蛮的一支），其首领称"鬼主"。白水蛮鬼主阴谋劫持周荟，向北魏邀功请赏。事情被发觉，周荟父子随即举兵拒敌。当时，蛮人贼徒很多，一天里激战几十回合。勇冠三军的周文育屡屡不畏生死、冲锋陷阵。最终，周荟阵亡，周文育悲愤交加，不顾性命，骑马冲进白水蛮阵地，奋勇抢下义父尸首，贼众不敢靠近。

到了晚上，双方各自引兵撤离战场。

周文育周身受九处重伤，伤势痊愈后，辞别陈庆之，请求回京都安葬周荟。

陈庆之赞赏周文育的节操，厚加馈赠，送他还都。

办完葬礼，周文育消沉了很长一段时间。

正赶上卢安兴准备前往广州，接任南江督护。卢安兴欣赏周文育的才干和能力，荐举周文育一同前往。卢安兴言辞恳切，态度和蔼，周文育很受感动，就听从卢安兴的建议去了岭南。

周文育浑身是胆，在征讨俚僚的战斗中屡立军功，被任命为南海令。

杜僧明和兄长杜天合以及周文育都为卢安兴所提携。

卢安兴的弟弟卢子略、卢子烈都是豪侠之人，家属就在南江。

卢安兴死后，众人开始辅佐卢安兴的儿子卢子雄。杜氏兄弟、周文育对接替父亲的卢子雄不仅有同袍之义，还有对卢安兴的报恩之情。

当众人知道卢子雄因萧谘的诬告而被冤杀，卢子雄弟弟卢子略和孙冏子侄及杜天合、杜僧明、周文育共同商议报仇事宜，决定聚众举兵。

卢氏宿将杜天合集合部众说道："卢公两代人对我等情深谊厚，如今卢子雄含冤而死，我们若是不为他报仇讨回公道，就不算顶天立地的大丈夫。我弟弟杜僧明勇猛无匹，万人之敌，如果围困广州城，号召四方百姓支持，谁敢不从。现在我们就去攻克广州，砍掉萧谘、萧映二侯的脑袋为孙大人和卢子雄祭吊。然后等待朝廷台使，捆绑双手面见廷尉，就算死了也胜过现在偷生。倘若不幸没能攻进广州城，也了无遗憾。"

杜天合一片赤子之心，天地可鉴，绝无半点私心。军队同袍听了无不感动。大家慷慨表示，这是大家共同的心愿，愿意听从杜天合的指挥。

周文育和杜天合、杜僧明兄弟俩带着大家发誓结盟，共推卢子雄的弟弟卢子略为盟主。哗变的军队抓住南江督护沈颙，浩浩荡荡进发，杀向刺史萧映镇守的广州，准备为卢子雄报仇。

一路上，部队敲锣打鼓，向百姓宣告朝廷的不公和卢子雄所蒙受的冤屈。

新州离广州不远，众人很快就包围了广州城。

卢子略驻扎在广州城南，杜天合驻扎在城北，杜僧明和周文育分别驻扎在城东和城西。

虽然一腔怨愤，但围攻广州城并非只靠一腔孤勇。他们训练有素，那些持观望态度的小官对他们也信心大增，便也加入了反叛的队伍。

城中的吏人百姓纷纷响应，一天时间里，人数达到数万。

叛军包围了广州城，昼夜苦攻。

广州城已岌岌可危。

2. 霸先解围，逆叛粉溃

广州城里的萧映没想到南蛮之地民众"轻王法"，敢于反抗。见事情闹大了，急忙命令关闭城门，并派人冲出包围，请求援兵。

陈霸先听说刺史萧映被杜僧明等人围困在广州城内，立刻带上人马火速赶往广州城。

陈霸先是一位知恩图报、豪侠仗义之人，时刻铭记着萧映的提携之恩，尽心报答。

陈霸先接到急报，当即率领三千精兵，日夜兼程，奔救广州。

陈霸先的心中有些矛盾，他的兵锋应该指向乱臣贼子、北方鲜卑。然而，这次要面对的是含冤而起的忠义赤诚的杜家兄弟和勇猛无双的周文育。

陈霸先自然知道卢子雄是冤死的。

杜僧明、周文育等人之所以哗变也是为卢子雄鸣不平。卢子雄的父亲卢安兴对他们有知遇之恩，他们觉得如果不为卢子雄报仇，必然愧对九泉之下的老恩公。他们造反只讨回公道，并无半点私心作祟。

杜天合的话说得明明白白，他们报了仇会向朝廷自首，生死无憾。

"卷甲兼行"的陈霸先又何尝不担心萧映？

卷甲，表明陈霸先招募的部队已经具备了很强的战斗力；兼行，表明陈霸先行军迅速，一方面是要尽快解决广州的军事危机，另一方面也是对这支部队素质的一次检验。

南朝的兵役制度是世兵制、征兵制和募兵制并用。

世兵称"军户",军户与普通民户分立户籍,其户籍由军府管辖,军户不经放免,要世代当兵。由于南朝朝代更迭频繁,加上与北方长期对峙,战争消耗较大,加上士兵逃亡、私家分割等原因,南朝世兵数量日渐减少。再加上军户身份卑贱,除了一部分罪犯及被征服者被充世兵外,没有人肯入世兵行列。因而,整个南朝,世兵制日趋衰落。

朝廷虽常以放免军户平民的办法来刺激世兵效力,但已无法满足战争和维护统治的需要。因此,南朝部队兵源不得不通过征兵、募兵方式补充。

征兵即征发民丁兵。

南朝曾多次征发民兵,如宋元嘉末北伐,曾以兵力不足,在南兖州征兵,即"三五民丁"。所谓"三五民丁",即户有三丁者,出一人兵;户有五丁者,出二人兵。所征民丁接到命令十日后,就要到指定地点集合。南齐时,齐武帝也曾征发扬、徐二州民丁兵。南朝的征兵,不是经常性的制度,仅在有重大战事时临时征发。征平民兵,常临战应急。战事结束后,被征民丁便解甲归田。因未经训练,军纪和战斗力极差,所以征兵制并不占主要地位。

募兵制因而成为南朝主要的集兵方式。募兵,即招募人丁自愿当兵。募兵可选择身强力壮、身负军事技艺的劲勇兵,因而募兵战斗力很强。募兵分公、私两种。所谓公,指朝廷诏令准许的募兵;私,则指将领或豪强私自募兵。

南朝募兵极盛行,宋、齐、梁、陈均是如此。南朝各代的军队,大体都靠募兵补充。如宋元嘉末与北魏大战前,招募"天下弩手,不问所从,若有马步众艺武力之士应科者,皆加厚赏";宋明帝即位,四方反叛,派黄回募江西楚人,得"快射手八百";永明年间,因北魏声言南下，齐武帝"广设招募"。齐高帝萧道成代宋后，立即下诏禁断私家募兵，但是，齐末梁武帝萧衍起兵时，愣是没听这一套，而是"颇招武猛，士庶向从，会者万余人"。

南朝方镇军队，大都由宗族或流亡农民组成。

通过招募，组建部队，是南朝部队补充兵源最重要、最流行的方式。所募之兵并非终身兵，在服役一定期限后，就可以免除当兵的义务，因而，百姓当兵积极性增加，士兵身份地位提高，战斗力也随之增强。

陈霸先跟随萧映来到广州，是没有随身率领军队的，但为了维持对岭南地区的统治，肯定朝廷是允许公开募兵的。

由于陈霸先有中直兵参军的历练，加上做事认真，所以，很快便招募了千人的部队。之后，陈霸先以平定侯景之乱起家，几经招募，终于组成一支颇具战斗力的精兵，凭此夺得帝位，建立陈朝，这都是后话了。

陈霸先在高要日夜练兵。

高要，今广东省肇庆市高要区。西汉元鼎六年（前111年）平定南越吕嘉之乱后始置，因县内西江羚羊峡居高扼要而得名"高要"，属苍梧郡。

南朝宋时，高要改属南海郡。

南朝梁天监六年（507年），置高要郡，并建西江督护府，辖高要、博林二县，郡治设在高要。

隋开皇九年（589年），废郡置端州，辖高要、端溪、乐城、平兴、新兴、博林、铜陵七县，州治高要。

宋绍圣三年（1096年），赵佶被封为端王，四年后即位，升端州为兴庆府，重和元年（1118年），改兴庆府为肇庆府。

明嘉靖四十三年（1564年），两广提督（后改为两广总督）驻地由梧州迁至肇庆，高要从此成为两广军事、政治、文化中心，时长达一百八十二年。

清朝仍承袭明制，1912年废府存县。

新中国成立后，江门专署改为肇庆专署，肇庆镇升格为肇庆市，与高要从此分治。后来，根据经济发展需要，撤销县级高要市，设为肇庆市高要区。

陈霸先接到广州被围的消息，便毫不犹豫，率领三千精兵，前来解围。

广州城近在眼前，陈霸先望见的是城外数万人的叛军。

城中苦无兵力，只能依靠坚城，闭门固守。

城外喊声一片，旌旗如云。

陈霸先发起冲锋，杜天合死在流箭之下。

杜天合是此次军队哗变的始作俑者，他一死，叛军立刻动摇。

见杜天合首先战死，陈霸先随后又发起猛烈攻势。叛军抵抗了几个回合，便清楚自己不是陈霸先的对手。

战场上，陈霸先亲见杜僧明和周文育两员猛将的卓绝风采，心中竟生出怜惜之情。当然，他也希望自己的亲戚钱道戢也能毫发无伤。

钱道戢，字子韬，吴兴长城人。

钱道戢小时以孝行闻名乡里，长大后，颇有才干。陈霸先未发达时，把堂妹嫁与钱道戢为妻。

此时，钱道戢正在军中，跟着陈霸先解围广州，后任滨江令。

陈霸先当上丞相，控制梁朝朝政后，钱道戢随陈蒨去会稽征伐张彪，因功拜东徐州（治今江苏邳州市，后同）刺史，封永安县侯。

天嘉初年，任为临海太守。随侯安都镇防梁山，任钱塘、余杭二县县令。侯安都讨伐留异，钱道戢率军出松阳以断敌后。留异平定后，因功升任衡州刺史，领始兴内史。太建二年，钱道戢又随昭达征伐江陵，后任郢州刺史，又镇守历阳，死于任上，谥号为肃。

为了更大程度地保障城中萧映的安全，陈霸先又率领部下猛攻了几波，随后就鸣金收兵。

最终，叛军没有打过陈霸先训练的精兵强将。

杜僧明、周文育一看大势已去，便率军投降了陈霸先。

陈霸先见识过杜僧明、周文育骁勇过人，并没有为难二人，将他们一一介绍给广州刺史萧映。

杜天合一直是领兵的大将，并且能够以新州军官的身份指挥新州和高州二州兵马，肯定是有本事的。陈霸先和他相比，属于战场新手。加上陈霸先远途奔袭，杜天合以逸待劳，体力上肯定有所亏欠，但是双方交锋，陈霸先大胜，事实证明了陈霸先的军事才能。

梁武帝坚持"用人殊重，简以才能，不限资地"，此战过后，陈霸先被授予直阁将军，封新安子，食邑三百户。

直阁将军，直阁，意指值勤于殿阁。南朝宋孝武帝始置，掌领兵宿卫宫殿。

在北齐的九品官级中：

> 振威、奋武将军，谏议大夫，尚书右丞，诸开府谘议参军，司州治中从事史，左右中郎将，步兵、越骑、射声、屯骑、长水校尉，硃衣直阁，直阁将军，太子骑官备身、内直备身等正都督，三等镇副将，散县子，为从第四品。（《隋书·志·卷二十二·百官中》）

梁、陈、北魏、北齐、北周、隋都设此官，隋炀帝继位后废止。南北朝时期，直阁将军的地位忽上忽下，因人而异：

> 直阁将军是门阀士族衰败、寒庶阶级兴起的产物。直阁的差遣性质导致它始终未能纳入禁卫武官的序列。（胡晓明·《南朝直阁将军再探讨》）

梁武帝还专门要求画师给陈霸先画一幅肖像，带回京城，他想看看这位崭露头角的"不是甲族"的寒门将才长什么模样。

那位武林侯交州刺史萧谘，回到了建康。

六年后，侯景攻占建康，梁武帝在台城愤怨离世。

简文帝即位，被侯景钳制，成为傀儡，侯景防卫严密，外人不可得见。只有文弱的萧谘及王克、殷不害得以出入简文帝卧室之内，早晚陪伴左右。

简文帝为了排遣时光，和他们几个讲论六艺，每日不断。南康王萧会理假意投靠侯景，私底下串联朋党，调遣军队，企图推翻侯景，匡扶梁室。不料事情败露，被侯景察觉，南康王萧会理被杀身亡。王克、殷不害害怕引祸上身，主动疏远简文帝。

萧谘不忍心离开简文帝，朝觐如常，每日都会去重兵把守的文德殿探望。侯景心中厌恶，终被惹怒，找来萧谘的仇人刁戌，刺杀萧谘于广莫门外。

这一次，陈霸先在外领兵，不能像当初广州城那样，再次卷甲来援，救助这位前交州刺史了。

值得庆幸的是，梁武帝赦免了所有人的罪过。

陈霸先任命杜僧明为麾下领兵主帅。

周文育则被广州监州王劢相中，任治狱参军，也称"长流参军"。长流参军，东晋始置，为军府及三公属官之一，掌捕捉盗贼及审理处罚。南朝沿置，为公府、将军府长流贼曹长官。

王劢，字公济，南朝梁名臣王通的弟弟。

王劢姿容俊美，博览群书，平素清净节俭。

王劢曾在国子学做学生，学习《周易》，成绩名列前茅。

王劢担任过秘书郎、太子舍人、宣惠武陵王主簿、河东王功曹史。河东王就是后来占据长沙的梁武帝之孙、昭明太子萧统之子河东王萧誉。

河东王出镇京口，王劢准备跟随就藩。范阳张缵（梁武帝女婿）负责选人擢才，王劢拜访张缵，禀明告别之意，张缵欣赏他的人物风采，便说：

王生才地，岂可游外府乎？（《陈书·列传第十一》）

大同末年，梁武帝去朝拜先王陵寝，路过王劢家所在地朱方（今江苏镇江丹徒东南，后同）。王劢按照惯例，出门迎候，梁武帝让他跟在御辇旁边，时有询问，王劢总能娓娓道来，并且所有答案都有典故出处。王劢又跟着梁武帝登上北顾楼，现场赋诗，文辞和诗义高洁典雅，受到梁武帝的赞许和赏识。

当时，河东王萧誉出为广州刺史，梁武帝任命王劢为冠军河东王长史、南海太守。河东王萧誉在岭南做下不少侵略掠夺的事情，因心虚害怕自己做得太过分而受到皇帝责罚，就称病返回建康。王劢被留在广州主持政务。

越地中部，物产饶沃，前后广州长官循例，多数贪污腐败，只有王劢清正廉洁，口碑极好。

受到广州临时长官的王劢器重，周文育内心颇为感动。

突然，王劢接到梁武帝旨意，奉调回朝，任为给事黄门侍郎。

周文育想要和王劢一同北下，走到大庾岭，碰到一个算命的。

卜人占卜后说："您如果北下，不过当个县令；如果南下，可当公侯。"

周文育说："有足够的钱财就可以了，谁还奢望公侯。"

卜人又说："您很快就能突然得到两千两银子，如果您不相信我方才的预言，这件事可以验证。"

当天晚上，周文育住在客店，有个商人非要和周文育赌钱，结果，周文育赢了商人两千两银子。

第二天一早，周文育就去辞别王劢，王劢问他什么原因，周文育把卜卦及赢钱的事据实相告，王劢就让他离开了。

陈霸先当时在高要，听说周文育回来，极为高兴，派人去接他，给了很多赏赐，并把周文育留在自己麾下队任职。

陈朝立国后，周文育官至散骑常侍、镇南将军、江州刺史、开府仪同三司，封寿昌县公。陈武帝永定三年（559年）遇害，追赠侍中、司空，谥号忠愍。

散骑常侍、侍中均为加官，和升职不同，即在原有官职外加领官衔，虽无实权，但官位提升，体现朝廷的重视。

两晋南北朝时期的主要"加官"有：特进，位次诸公，西晋等级最高，一朝只授八人，南北朝则可加官司空；光禄大夫：职能和特进差不多，荣誉官职；侍中，同上；散骑常侍，魏文帝曹丕取消中常侍并与散骑合并，称"散骑常侍"，掌规谏，不典事，常为显职。

生时显职，死后三公。卜人之言，验矣。

3. 萧映病亡，再伐交趾

梁大同十年（东魏武定二年，西魏大统十年，544年），对陈霸先而言，注定要写入史册。

陈霸先因为解广州之围，因功授直阁将军，封新安子爵，正式成为领兵将领，并且受到朝堂上梁武帝的重视。

正月，因武林侯萧谘为交州刺史，苛敛民财，失去民心，交州土豪李贲便联合数州豪杰同时反叛，创设百官，改元大德，在交趾建立"万春国"。

三月初十，梁武帝来到兰陵，拜谒建宁陵。

二十五日，梁武帝登上京口北固楼。

当初，京口城之西有一条旁岭直入长江，高达数十丈，其山壁陡峭，形势险固，犹如半岛伸入江中，三面临水，且北临长江，因名"北固"。山有前、中、后三峰。东吴孙权所建铁瓮城及南北朝以来的郡治都在前峰之下。后峰为北固山主峰，建有甘露古寺。东晋咸康年间，蔡谟担任南徐州刺史后，第一次在岭上建楼，用以存放军队器械和粮食。谢安也曾在此扎营修葺。后来，北固楼年久失修毁坏，不过，山顶还有一座小亭，因道路狭窄，行人登临十分不便。

梁武帝到达山顶，只能下辇步行。

平乐侯南徐州刺史萧正义便拓宽道路，在旁边修建栏杆。

第二天，梁武帝乘坐小轿通行登顶，心中十分高兴，登临远望很久，说：

此岭不足须固守，然于京口实乃壮观，可改曰北顾。（《南

史·列传·卷五十一》)

梁武帝亲笔题写"天下第一江山",又作《登北顾楼》诗一首:

歇驾止行警,回舆暂游识。清道巡丘壑,缓步肆登陟。
雁行上差池,羊肠转相逼。历览穷天步,瞩瞩尽地域。
南城连地险,北顾临水侧。深潭下无底,高岸长不测。
旧屿石若构,新洲花如织。

随行的梁武帝的太子萧纲,也做了《奉和登北顾楼》一诗:

春陵佳丽地,济水凤凰宫。况此徐方域,川岳迈周沣。
皇情爱历览,游涉拟崆峒。聊驱式道候,无劳襄野童。
雾崖开早日,晴天歇晚虹。去帆入云里,遥星出海中。

梁武帝还赐给萧正义束帛(捆为一束的五匹帛)。

萧正义,父亲萧宏,梁武帝萧衍的六弟。天监初年,封临川郡王,为扬州刺史,加都督。

天监四年(北魏正始二年,505年),梁武帝趁北魏用兵巴蜀、汉中(今陕西汉中,后同)之时,发兵北讨。当时梁军兵强马壮,声势浩大。魏人感叹梁人一百多年来未曾有此规模。而这场北伐战争的总指挥是谁?就是萧宏。

大军到达洛口,前军攻克梁城。诸将想乘胜深入,萧宏听说魏朝援军将近,畏懦不敢前进,找来诸将商议回师。吕僧珍说:"知难而退,不亦善乎。"萧宏十分赞同。柳惔说,大军横扫北面,何城不服,"难"在哪里?裴邃也说,这次行军,打的就是敌军,"何难之避"。马仙琕说:"大王怎么说亡国的话。皇帝把全国兵力交给大王,有前死一尺,无逃生一寸。"其他将领都说,想退自己退,大家应当前向取死。萧宏不敢违背众人意见,停军不前。北魏知其懦弱,送来女人头巾。九月,梁军在洛口溃败,萧宏弃众而自己逃走。当夜有暴风雨,诸将找不到萧宏,众将散兵而回,百万之师,一朝崩溃。

即使如此,萧宏没有受到任何惩罚,两年后,担任司徒,四年后为司空、扬州刺史,后又当上了太尉、中书监、骠骑大将军。

萧宏自洛口打了败仗之后,常怀愧愤。天监十七年(518年),梁武帝想去光宅寺,有武士在骠骑航埋伏,等待皇帝晚上夜出。梁武帝突然之间心中警觉,便改道朱雀航。事发之后,该人称为萧宏指使。梁武帝哭着对萧宏说:"我的文才本事胜你百倍,侥幸得到皇位,还每天担心怕被人颠覆,你有啥作为啊。我不是不能效法周公和汉文帝,只是顾念你愚昧无知,才加以怜悯。如今你不仅不感恩戴德,反作非分之想,对得起我吗?"萧宏低头说:"无是,无是。"因此免官。却骄纵不懂得节制,奢侈过度,房子比同皇宫,后庭有好几千名妃子。喜欢吃鲟鱼头,日进三百,珍馐佳肴,厨房吃不了,都扔到路上。

萧宏以皇弟之尊,横征暴敛。内堂之后,有百间库室,门锁甚严。有人怀疑是铠甲武器,密报朝廷。梁武帝心中不高兴,故意去萧宏府中吃饭,半醉后执意要求去看萧宏府中后房,萧宏害怕皇帝看见他受贿所得财物,脸色惨白害怕,梁武帝更加相信是武器装备,开门检视,一看三十多间都是钱物,百万一堆,标一黄牌;千万一库,挂一紫标。梁武帝掐指一算,差不多三亿多,其余屋子储藏的都是布绢、丝绵、漆蜜、纻蜡、朱砂、黄屑等物,但见满库,不知多少。梁武帝方始知道不是武器,极为高兴,说:"阿六,你这生活真行啊。"回头接着举杯痛饮,喝得更加酣畅淋漓,直到晚上要点蜡烛时才回去,兄弟感情更加深厚。

萧宏都下有数十个店铺做悬钱立券(物抵押贷款的文券)营生,

百姓每每用田宅邸店抵押，萧宏到期便驱赶券主，强夺抵押物，都下东土百姓大多失业破产无家可归。东晋时有文章叫"钱神论"，豫章王萧综认为萧宏贪财悭吝，便写了"钱愚论"，梁武帝知道是讥讽萧宏，下旨告诉萧综："天下文章没有限制，怎么忽然写这个？"虽然下令紧急销毁，但流播已远，萧宏心中忌讳，聚敛行为稍稍收敛。

萧宏又和梁武帝女儿永兴公主私通，因而计划弑君，承诺事成之后让永兴公主做皇后，不料事情败露，梁武帝秘而不宣，用漆车拉着公主出宫。永兴公主在宫外羞愧自尽，萧宏担惊受怕再加上上了岁数，一病不起，梁武帝竟探望七次。

萧宏还有个比他更加不堪的儿子，名叫萧正德。

萧衍在南朝齐一直做到大司马，齐建武中期，一直没生儿子，为安定人心，就把萧宏第三子萧正德过继为子。

等到攻克建康，萧衍三十八岁时，昭明太子萧统出生，萧正德归宗。

天监初年，萧正德封西丰县侯，升任吴郡太守。萧正德自己以为应居东宫，心中怏怏不乐，常常形于言表。梁武帝后来又继续给他升官，从黄门侍郎到轻车将军，还允许他设置佐史。普通三年（北魏正光三年，522年），萧正德失望之余，北投魏国。离开梁朝时作诗一首，放在灯笼里：

> 桢干屈曲尽，兰麝氛氲销。欲知怀炭日，正是履冰朝。

到了北魏，萧正德竟说自己是被废太子，时南朝被萧衍篡位的萧齐宗世萧宝寅已经先投北魏，萧宝寅和南朝萧梁皇室既是同宗又是不共戴天的死敌，便向北魏孝明帝元诩上表说："岂有伯父为天子，父亲当政扬州，而抛弃至亲骨肉，远投他国的？这样的忘恩负义之人,与其让他活着,不如杀掉。"

北魏不待见萧正德,萧正德就杀死一个小孩,对外宣称是自己儿子,埋在北魏,魏人自此不再怀疑。萧正德在北魏不受待见,想来想去,又逃归南方,在文德殿见到皇帝大伯,当庭磕头。梁武帝哭着教训他一番,官复原职。

萧正德恶行不改,常公开剥掠百姓。时东府城有萧正德及乐山侯萧正则;潮沟有董当门儿子董暹,世称"董世子";南岸有夏侯夔世子夏侯洪。这四个凶人,混在一起为非作歹,招揽亡命之徒,多在黄昏时在路上杀人,称"打稽"。当时功臣豪门子弟多放纵不法,以杀人抢劫、奸人妻女为业,父辈管束不住,执法官吏也制止不了。其驾车的牛马,号称"西丰骆马""乐山乌牛"。后来萧正则因杀害僧人,被流放岭南而死;夏侯洪被父亲告发,死于徒刑;董暹因和永阳王妃王氏通奸被杀。只剩下萧正德一人死不悔改,梁武帝又让他当了给事黄门侍郎。

萧正德过了两年这种无恶不作的日子后,梁武帝又派他跟随豫章王萧综北伐。萧正德吃不了行军打仗的苦,没两天就逃回建康城,被揭发而下狱。梁武帝下诏免官削爵,流放到临海郡。从训斥萧正德的诏书内容来看,侄子萧正德做的那些龌龊事,梁武帝竟然完全知道,然而,萧正德未到流放地,梁武帝又于中途下诏赦免。两年后,萧正德再次封爵。

萧正德北还之后,请托结交朱异。梁武帝既封昭明诸子,朱异也说萧正德失职。中大通四年(北魏永熙元年,532年),特封其为临贺郡王。后为丹阳尹,因州境劫盗频发,被弹劾去职。出为南兖州,在任苛刻,人不堪命。广陵土地肥沃,却因他而田地荒芜,以致人相互食。萧正德既然累试无能,从此黜废。萧正德转而愈发愤恨，便阴养死士，常常希望国家边境有事。萧正德储藏粮食，住宅内有五十间屋子，都作为仓库。自征房亭到方山，萧正德全都夺来作为别墅。萧正德又蓄养数百奴僮，脸上全都刻字。

其后，梁室倾覆，既由萧正德为内奸，百姓连听到临贺郡名都不想说。童谣说："宁逢五虎入市，不欲见临贺父子。" 百姓厌恶萧正德已到了如此地步。

梁武帝在历史上还算不得昏君，但他对宗室的纵容包庇，却毫无原则可言。

自梁武帝登北固楼说了那番话后，北固楼正式改名为"北顾楼"。

二十六日，梁武帝又来到回宾亭，宴请家乡父老乡亲及所经郡县前来迎接的百姓，男女老少多达几千人。梁武帝赏给每人两千铜钱。

二十八日，东魏任命高澄为大将军、领中书监，元弼为录尚书事，左仆射司马子如为尚书令，侍中高洋为左仆射。

丞相高欢大多时候待在晋阳，孙腾、司马子如、高岳、高隆之，都是高欢亲党。高欢委以朝政，邺中称为"四贵"，其权势熏灼里外，大多专权骄恣贪婪。高欢想削减其权力，所以任命高澄为大将军、领中书监，将门下省要事总归中书省，文武赏罚之事都要禀明高澄。

七月，西魏改革度量衡制度，尚书苏绰受命，在原来的二十四条制度基础上，酌定增补为三十六条制度，定为五卷，在全国颁布实行。西魏朝廷又寻求挑选贤能的人才担任牧、守、令、长等地方官，都是按照新的制度派遣。几年之后，百姓都从中得到了好处。

到了冬天，三十七岁的广州刺史新喻侯萧映于广州任上去世。

行伍之人本应看惯生死，但是，得悉萧映去世的消息，心里已经有些准备的陈霸先还是哭得不能自已。

接到萧映的死讯，梁武帝改任在衡州（治今广东英德西北洺洸镇）颇有政绩的兰钦为散骑常侍、安南将军、广州刺史，命兰钦带兵征讨叛乱的交州土豪李贲。

兰钦性格果决，智勇双全，且有统驭之才，能让部下尽效死力。兰钦曾数度率兵北伐，攻克北魏萧城（今山东冠县）、厥固（今安徽萧县）等地，并成功收复汉中，兰钦还在高桥城（今陕西汉中城固沙河营镇官井村西文川河东岸）击破魏都督董绍、张献，乘胜追击败兵进入斜谷（在今陕西终南山）。百日内两破魏军，兰钦一时威名大振。

兰钦多次奉命征讨南中、衡州各地的少数民族叛乱，并在攻打西江俚帅陈文彻一役中大获全胜，颇有斩获，为巩固梁朝在岭南的统治立有功勋。

为此，梁武帝再次派兰钦南下广州，意图十分明显。

但是，代行广州事的南安侯萧恬却心中不快，因为，他一直惦记着刺史的位子，暗中谋夺刺史之位。

萧恬听说兰钦一行人已过五岭，便重贿厨师，令其在刀上涂毒，然后，用刀切瓜送给兰钦食用。

兰钦中毒而死，时年四十二岁；随行的兰钦爱妾也因食用毒瓜，同日死去。

梁武帝听说兰钦被萧恬毒死，极为生气，派槛车收押萧恬，削除爵位；同时，下诏追赠兰钦侍中、中卫将军，赐鼓吹一部。

兰钦死后，他的少年挚友欧阳頠奏请护送灵柩前往建康，再到临贺就职。

临贺，西汉元鼎六年（前111年），汉武帝平南越始置，以邑内有临水、贺水为名，属苍梧郡，县治位于今广西贺州东南贺街镇。

三国吴黄武五年（226年），孙权置临贺郡，郡治为临贺县。临贺郡属荆州，下辖冯乘、富川、临贺、封阳、建兴五县。

南朝宋因晋制，至泰始六年（470年），宋明帝改临贺郡为临庆国，治临贺县，追封文帝第十六子东平王刘休倩为临庆王。

齐建元二年（480年），齐高帝复置临贺郡，属湘州（治今湖南长沙，后同），领临贺、封阳、兴安、荡山等县，治于临贺。

梁、陈因之。

大同十一年（545年）正月，陈霸先决定亲自扶柩回京，让萧映入土为安。

纸钱随风纷飞，唢呐声催人断肠。

队伍到达大庾岭，突然传来一阵急速的马蹄声。

大庾岭位于今江西大余县和广东南雄市交界处，五岭之一，因岭上多梅花，也称"梅岭"。相传汉武帝时，有庾姓将军筑要塞于此，因名"庾岭"。

从驿马上飞身下来的朝廷驿使宣布梁武帝诏令：任陈霸先为交州司马，兼武平（在今越南永安附近）太守，随新任刺史杨𥉰前往交州剿平李贲。

武平郡，位于今越南境内，辖境大约包括今越南永安、太原、北泮等地。

东吴建衡三年（271年），交州刺史陶璜击败晋军，收复交州。不久，发兵讨伐扶严夷，以其地置武平、新兴二郡，其中，武平郡领封溪、平道、武兴、进山、根宁、安武、扶安七县，治于封溪县。

西晋灭吴，沿用孙吴置制，置武平郡，领武宁、武兴、进山、根宁、安武、扶安、封溪七县。

宋、齐、梁因之。

王命不可违。四十二岁的陈霸先便和新任上级、交州刺史杨瞟返回广州。

陈霸先一到广州，紧急扩军。新喻侯萧映刚到广州担任刺史时，招募兵马的任务一直由陈霸先承担，并且完成得十分出色。这一次，陈霸先重点招募了一些勇敢之士。

不仅如此，陈霸先还更新全军装备，命人制造了一批精良的军械武器。

在交州刺史杨瞟的领导下，陈霸先能否成功完成梁武帝交给他们的任务？

4. 李贲传首，平戎屈獠

由于孙炯、卢子略出师征讨李贲半途而溃，大同八年（542年）三月，梁武帝曾命越州刺史陈侯、罗州刺史宁巨、安州刺史李智、爱州刺史史阮汉，外加附属国林邑，一起前往交州，攻打李贲，没有成功。

李贲知道，梁朝是不会善罢甘休的，肯定会再派部队。因而，组织三万军队抵抗。

交州地形复杂。李贲将主要兵力部署在交州北部，准备沿途阻击梁军。出其不意才是王道。

大同十一年（545年）夏天，交州刺史杨㬓带着司马陈霸先，率兵从广州番禺出发，到正西江，见到梁朝宗室定州刺史萧勃。

萧勃知道部下不愿远征，私底下指使士兵散布远征之苦，用花言巧语说服杨㬓。杨㬓召集众将商量对策，陈霸先说道：

"交趾发生叛乱，主要的罪魁祸首在于宗室暴虐，致使数州祸乱不止，百姓流离失所，长达数年之久。现在，定州刺史大人只想苟且偷安于眼前，不顾及朝廷大局。您奉皇帝之命讨伐罪臣，应当置生死于不顾，全力以赴，怎可畏惧王室宗亲的权势，逗留不进，轻视朝廷政令？现在如果长敌人志气，而令众人沮丧失望，何必去交州征讨叛贼？问罪之师，回朝后就会受到千夫所指。"

说完，陈霸先所部全军擂鼓，率先出发。

大同十一年（545年）六月，依靠南朝先进的战船航行技术，梁朝的平叛部队绕道交州东部的朱鸢（今越南境内），经水路抵达交州地界。大军上岸后，两军第一次交锋，梁军就打败了李贲。

首战告捷，陈霸先大军继续追击，一路势如破竹，锐不可当。

李贲收拢部下，又想依靠地利天险抵抗，在苏历江（流经今河内市内）口岸筑起栅栏，抵抗梁军。不过，防卫最终失败，李贲只好且战且退。

中大同元年（546年），李贲退到嘉宁城（今越南越池对面），被梁军团团包围。正月初十，杨㬓等人发起进攻，攻克嘉宁城，李贲逃奔新昌（今越南境内）的獠人地区。九月，李贲重新集结两万人，大造舰船，屯兵典澈湖。

当陈霸先和杨㬓的部队赶到典澈湖边时，梁军十分吃惊，只见辽阔的湖面上有许多俚人的船舰，原本一望无际的水面也显得十分拥堵。

此时的梁军已经劳师远征足足一年，退兵的声音又悄然在军中蔓延开来。

陈霸先见状，觉得必须在军心彻底涣散之前让将士们重拾信心，他召集将士，开口说道："我军长途跋涉，又刚经历苏历江一役，自然十分疲惫。"

众将士一听，这位陈将军也主张退兵呢，于是纷纷应和。

没想到陈霸先接下却说道："我军出征已久，将士疲惫不堪，此时孤军南下奋战，没有援助，如果接下来的这一仗打输了，如何能指望活着回去？现在，我们应该趁着李贲多次失利、人心不稳而鼓舞士气，竭尽全军之力，一举打败李贲。如果士兵情绪低落，我军无所作为地停留在湖口，就要失去得胜的机会！最后，咱们都得死在这蛮荒之地。"

当时形势，正如陈霸先所说，此时梁军已经深入蛮夷之地，若不一鼓作气打败李贲叛军，无功而返，李贲等叛军有可能就会在后袭击，就算不被偷袭，也有可能因此地特有的烟瘴而中毒。与其那样，还不如趁机一搏。

陈霸先又趁热打铁说："李贲这些蛮族叛军被我们打垮了一次，此时正惶恐不安。他们与此地的屈獠人感情并不深厚，驻守此地的都是一些乌合之众。只要我们振奋精神，鼓舞士气，勇猛进攻，绝没有不能打败蛮夷的道理！"

众人听了，都默不作声，无人响应。

六月的岭南，热气整天不曾散去。这晚，漆黑的夜空略微透出一点儿亮色，乌云压得非常低，仿佛快要落在了典澈湖面上。一丝凉风从闷热到快要凝固的空气中穿行而过。突然，一道接一道白亮的闪电,撕裂了漆黑的夜空,一刹那,雷声和雨声几乎同时而至。借着道道雷电,可以清楚地看见洪水自上游呼啸而至,江水暴涨,足有七丈。大水灌入湖中,典澈湖波大浪急,李贲的舰船乱作一团,有些撞在一起,已经倾覆。

梁军发起攻击,鼓声"咚咚咚咚",在雷雨交加的夜里格外雄浑。将士们仿佛感受到了上天的感召,胸中热血沸腾,一个个奋勇争先,以置之绝地而后生的信念,杀向对方。李贲率领部众仓皇应对,再一次惨败。

借着地形熟悉的有利条件,李贲再次侥幸逃脱,和少量亲随躲进屈獠山洞。

当时,越地有许多少数民族长期生活在错综迷杂的山洞。

李贲在屈獠洞躲着,不敢出来。但更憋屈的还属这个屈獠部落。本来他们的日子虽然过得不痛快,但还能凑合活着。如今脑袋一热,收留了这位"万春国"皇帝,好处没捞到,还被强大的梁军堵着洞口。

当时的状态是,外面的打不进去,里面的也待得不好。

陈霸先若是召集部队发起强攻,虽然能打进山洞,但里面的叛军会顺着错综复杂的山洞逃脱。表面上打赢了,但又无法将叛军斩草除根,代价也极惨重。

而屈獠人被堵了门,训练有术的梁军大兵压境,长期驻防不走。当地蛮夷土著也只能在潮湿的山洞里过着暗无天日的生活,即使有储备的粮食,暂时凭借山洞地形保护身家安全。但是,部落都躲进山洞,耕作、贸易无法进行。然后,只能是坐吃山空,困坐愁"洞"。最终,弹尽粮绝,被活活困死。

太清二年(548年)三月,在强大的武力震慑和层层围困下,有些绝望的屈獠人,在坚持两年后,终于献上李贲人头。

李贲的哥哥李天宝逃到九真郡，由于对覆灭的万春霸业不死心，就勾结当地豪强李绍隆，纠集残部，约有两万人马，杀进德州城，杀死刺史陈文戒。

得手之后，李天宝又率领部下围攻爱州。

得到消息的陈霸先，带领梁军，再次平定李天宝之众。

经过三年苦战，梁朝终于除掉了以李贲为首的地方割据势力，收复交、爱、德、利、明等数州。

李贲的首级送达建康，梁武帝下诏，任命陈霸先为西江督护、高要太守、督七郡诸军事。

然而，上个月，统治梁朝四十六年、已达八十四岁高龄的梁武帝在建康刚刚收到一封来信，就是这封伪称北朝侍中高澄的来信，导致了梁朝覆亡；也还是这封书信，让在岭南苦战三年、初露峥嵘、四十四岁的陈霸先走上历史舞台，东征西讨，称霸江南，最终建立陈朝，成为九五之尊。

从陈霸先西江南下，到克复交州，这三年究竟发生了哪些事？

事情得从北魏的六镇起义说起。

自南朝齐隆昌元年（北魏太和十八年，494年）孝文帝迁都洛阳后，北魏朝廷对国防便采取重南轻北政策，原在六镇的精兵悍将日益失意。到南朝齐永元元年（北魏太和二十三年，499年）孝文帝去世，皇帝、大臣奢靡成风，朝政渐渐紊乱，风气日坏；加上宣武帝以来，唯佛是举，大兴土木，百姓疲于工役，府库日趋枯竭，当此之时，皇帝年幼，临朝称制的胡太后淫乱后庭，大臣竞相奢靡，朝政日坏。执掌禁兵的元叉和刘腾发动政变，囚禁胡太后，杀死宗室元怿。宗室元熙和弟弟元颢起兵报仇，被打败，逃到南朝。

这时，在北魏的后燕燕郡太守高湖之孙高欢，开始散去家财，结交社会人士。有人问其缘故，高欢说，北魏政局已乱，留着钱没有用了。高欢和司马子如、刘贵、贾显智、孙腾、侯景、蔡隽等人结友交往，一时称雄乡里。

元叉和刘腾除掉政敌，在朝中作威作福，贪残更甚。他们卖官敛财，家财累积巨万。对北方，又盘剥六镇（沃野镇、怀朔镇、武川镇、抚冥镇、柔玄镇、怀荒镇）。此时，北魏百姓困苦，朝野上下，人人思乱。

拓跋鲜卑初建北魏之时，不设州郡，以镇、戍领民，名为镇民，立国初期，以鲜卑人为主的部落兵地位很高。迁都洛阳后，部落兵地位发生变化，迁入河南的羽林、虎贲，勋贵与士族同列，迅速汉化；世守边陲六镇的，仍旧维持鲜卑旧制，但已由"国之肺腑"沦落为镇户、府户。六镇鲜卑身份低下，待遇、升迁远不如洛阳鲜卑为贵，愤怨不满的情绪逐渐蔓延六镇。

梁普通四年（北魏正光四年，523年），怀荒镇率先叛乱，沃野镇随之起义，逐渐遍及六镇，北方局势一片糜烂。北魏朝廷历时三年多，才告平定。当此之时，南朝梁也乘乱举兵北伐。

其间，胡太后杀死元叉，再次临朝听政，但委用非人，赏罚乖舛，自身淫乱日甚一日。孝明帝年龄渐长，帝后矛盾渐起。

梁大通二年（北魏武泰元年，528年），北魏第九位皇帝孝明帝元诩不满胡太后专权，密诏岳父尔朱荣（契胡族）进京勤王，由于密诏不慎外泄，被胡太后鸩杀，年仅十九岁。尔朱荣闻讯率军南下，攻克洛阳，杀死胡太后、幼帝和宗室大臣，随后，还师晋阳，遥控朝政。

同年九月，尔朱荣率七千精骑，东出滏口（今河北磁县西北）。

尔朱荣指挥部队偷偷埋伏在山谷，里外合击，大破葛荣数十万部队。之前投靠尔朱荣的怀朔镇人侯景作为先锋，随军参战，活捉葛荣，以军功升任定州刺史、大行台，封濮阳郡公。

侯景，怀朔镇（今宁夏固阳百灵淖乡城库伦村）人。少年时，放荡不羁。侯景天生瘸腿，右脚稍短，并不擅长骑马射箭，但很有智谋机略。当初，侯景向尔朱荣部将慕容绍宗求教兵法。没过多久，慕容绍宗有事反倒向侯景咨询。侯景治军严厉，每次破敌之后掠取的财物，分文不取，按级别赏赐全军将士。因此，将士都愿为他效命，凡有攻战，多能获胜。

次年闰六月，尔朱荣击败扶助降梁的北海王元颢北伐的梁朝将军陈庆之。

梁中大通二年（北魏永安三年，530年）四月到七月，尔朱荣派朱天光率领贺拔岳、侯莫陈悦镇压了持续七年之久的关陇万俟丑奴起义。然而，丧失警惕的尔朱荣被孝庄帝所杀，尔朱氏再无领军人物，但尔朱势力仍遍及四方。尔朱世隆占据洛阳，尔朱天光占据关中，尔朱兆占据晋阳，尔朱仲达占据滑台。

梁中大通三年（北魏普泰元年，531年），高欢审时度势，在晋阳骗得尔朱兆十多万六镇余部，得高乾之力，据有冀州，此后，起兵讨伐尔朱余党。

第二年，高欢进入洛阳，废黜尔朱氏拥立的节闵帝元恭，立孝文帝之孙、平阳王元修为帝，是为北魏孝武帝。从此，专政北魏朝廷。

尔朱氏败亡之后，侯景以同为怀朔镇镇兵旧谊之故，率众投奔高欢。高欢十分器重侯景，封司徒，仍兼定州刺史。

梁中大通五年（北魏永熙二年，533年），魏孝武帝和高欢矛盾已成，高欢也有图谋洛阳之意。不过，高欢十分担忧势力强大的雍州刺史贺拔岳（敕勒族，起家怀朔镇）。贺拔岳派特使冯景和高欢盟誓，又派府司马宇文泰到晋阳观察高欢行事为人。宇文泰回到长安，建议贺拔岳笼络关陇各族、控扼高欢，随即，宇文泰受贺拔岳所派，去洛阳向孝武帝汇报。孝武帝密令贺拔岳除掉高欢，又刺破自己心前皮肉，挤出鲜血，派使者送给贺拔岳。贺拔岳移防平、凉（今甘肃平凉西南），借以牧马之故，威逼拉拢周边军事力量，关陇集团初见雏形。

梁中大通六年（北魏永熙三年，534年），在大丞相高欢挑拨离间下，贺拔岳被侯莫陈悦暗害于河曲（今宁夏中宁）军营。同年，宇文泰奉孝武帝之命，经营长安。

七月，和高欢决裂的孝武帝西奔关中，投奔宇文泰。

十月，高欢以元修弃国逃跑为由，拥立十一岁的元善见为帝，是为孝静帝，并裹挟洛阳民众四十万户，迁都邺城。

十二月，因政见不和，孝武帝被宇文泰毒杀，时年二十五岁。宇文泰改立南阳王元宝矩，是为西魏文帝。

自此，以黄河为界，东、西魏分立。

梁大同元年（西魏大统元年，东魏太平二年，535年），宇文泰和高欢积极备战。高欢发兵西征，在潼关大战中失利退败；渭曲之战，再败。侯景建议乘宇文泰大胜之后骄不设防发动偷袭，高欢以"得黑獭（宇文泰）而失景，何利之有"而拒绝。之后，两魏爆发第一次邙山之战，宇文泰先胜后败，回到长安。

梁大同四年（西魏大统三年，东魏兴和元年，538年）九月，宇文泰再次东进，攻略河南地区。十二月，高欢以"四方多事，百姓躲避赋役，大多出家僧尼"之故，不准民间擅自修建寺院。

梁大同七年（西魏大统九年，东魏兴和三年，541年）九月，东魏朝廷下诏，群臣在麟趾阁议定法律，称之"麟趾格"，随即颁发一系列严肃法纪的措施。这一年，交州爆发李贲之乱。

宇文泰准备派间谍潜入虎牢，命守将魏广固守。侯景抓住了间谍，把书信内容改为"宜速去"才将间谍放入城中。魏广半夜出逃。侯景捕获高仲密的妻子儿女，送往邺城，北豫州和洛州再次为东魏所有。侯景因功被任命为司空。

三年后，大将军、中书监高澄（高欢之子）重拳打击贪腐，以太师咸阳王元坦贪黩无厌、尚书令司马子如意气自高及并州刺史可朱浑道元、太保孙腾、司徒高隆之、司空侯景尚书元羡等贪污之故，或免官，或下狱。

司马子如入狱，一宿头发全白。高欢写信给高澄："司马令是我的故旧，对他应该宽大一些。"高澄才下令释放。许久之后，高欢见到司马子如面目憔悴，心生怜悯，用自己的膝盖托住他的头，亲自为他捉虱子，又赏赐一百瓶酒，五百头羊，五百石米。

陈霸先到达交州攻打李贲那年的十二月，侯景任司徒。

陈霸先与李贲大战典澈湖之时，两魏爆发玉壁（今山西稷山西南）之战。

玉壁城是西魏抵御东魏的军事前沿重镇，由河东行台王思政始建于西魏大统四年（538年）。玉壁"城周八里，四面并临深谷"，进可突击，退可守险。

五十岁的高欢率兵十万，激烈攻城五十多天，没有攻克西魏韦孝宽镇守的玉壁城。军中爆发瘟疫，战死病亡七万人，被高欢下令埋于一个深坑当中。高欢智计和军力已穷，忧愤发病。当晚，流星坠入高欢大营，士兵又惊又怕。

十一月，高欢解围返回晋阳。

先前，高欢令侯景率兵直奔齐子岭。西魏建州刺史杨檦镇守车箱，担心侯景侵掠邵郡，便率领骑兵抵抗。侯景听说杨檦在前，急忙下令砍断树木，虽然阻断道路长达六十多里，心中还惊惧不宁，直到回到河阳。

高欢命令段韶跟随太原公高洋镇守邺城，诏令世子高澄来晋阳会面。

等魏军自玉壁返回后，军中讹传，韦孝宽已经使用定功弩射杀丞相高欢；西魏人听说后，便到处宣扬说："劲弩一发，凶身自陨。"高欢听闻消息，为稳定军心，勉强坐起来会见朝中权贵，又让帐下名将斛律金用鲜卑语作《敕勒歌》，歌词说："敕勒川，阴山下。天似穹庐，笼盖四野。天苍苍，野茫茫。风吹草低见牛羊。"高欢亲自和唱，感怀哀伤，众人禁不住互相抱头，痛哭流涕。

梁太清元年（东魏武定五年，西魏大统十三年，547年），高欢病重，问高澄说：

> 我虽病，汝面更有馀忧，何也？（《资治通鉴·梁纪·梁纪十五》）

面对病床上的父亲，高澄更担心的到底是什么呢？

第三章　江南地侯景乱梁

1. 河南之忧，侯景骄恣

高欢病重之时，东魏司徒、河南大将军、大行台侯景，正带兵十万，专制河南（指黄河以南地区，后同）之地，权势仿佛高欢。

高欢帐下高敖曹、彭乐等人，都是勇冠三军的大将，但是，侯景常轻视他们，认为他们勇而无谋，说："这几个人打起仗来就像狼奔豕突，横冲直撞，不懂得战略大势！"

侯景曾经和高欢说："愿让我统兵三万，横行天下，只要大军渡过长江，一定绑来老贼萧衍，让他当太平寺（在邺城）住持。"高欢果然让侯景专制河南。

侯景向来十分瞧不起高澄，曾经对司马子如说："高王活着，我不敢心有异志；丞相要是去世了，我不可能和这个鲜卑小儿共事！"司马子如急忙用手捂住侯景的嘴。

等到高欢病重，高澄以高欢名义伪造了一封书信，召还侯景。

先前，侯景和高欢相约，说："我现在握兵出征在外，路途遥远，是很容易被人使诈，请求您每次给我的赐敕文书，加上小点。"

高欢答应了。

侯景见到朝廷的文书没有小点,便托词不去;又听闻高欢病重,便采纳属下行台郎颍川王伟的主意,决定拥兵自保。

晋阳丞相府里,病中的高欢未等高澄回答,便说:"难道你忧虑侯景即将叛反么?"高澄回答说:"是的。"高欢说:"侯景专制河南十四年,常有飞扬跋扈之志,只有我能蓄养,不是你所能驾驭得了的。现在四方尚未平定,我死之后,不要立即发丧。鲜卑老将库狄干、敕勒老将斛律金,这两个人秉性耿直,一生都不会辜负你的。可朱浑道元和刘丰生二人,远道投奔于我,定无二心。潘相乐宅心和厚,你们兄弟一定能借上他的力量。韩轨年纪小,性格憨直,对他应该宽容厚待。彭乐,是个难得的心腹之人,应预先防护他。能够堪堪和侯景匹敌的人,只有慕容绍宗,我之所以不让他地位显贵,是留给你提拔他的机会,必须厚待其人,委以军国大事。"

高欢又说:"段孝先性格忠诚仁厚,智勇兼备,在高家亲戚之中,只有此人可用,军旅大事,应该和他一起参谋筹划。"

高欢接着说:"邙山之战,我没有采纳陈元康的意见,给你留下后患,死不瞑目!"

陈元康,字长猷,冀州广宗(今河北威县)人,其人颇涉文史,机敏干练。父亲陈终德,北魏镇南将军。

北魏正光年间,陈元康跟随尚书令李崇北伐。普泰年间,被任命为主书。天平年间,为朝廷修撰起居注,迁司徒府记室参军,特别被府公高敖曹信任,后出任瀛州开府司马。这些职务,陈元康干起来全都称职,高欢听说后,征召入府,稍加试用,就授予重任,担任相府功曹参军,内掌机密。相府主簿孙搴醉死后,高季式推荐陈元康出任大丞相机要,主管军国机要,深得高欢信任。

高欢图谋大业,军务繁忙,陈元康承传高欢意旨,处理政务又快又好。

陈元康性格温和谨慎,人情练达。一次,高欢不满世子高澄,当着家人面破口大骂,又加殴打,事后告诉陈元康。陈元康劝道:"教训世子,自有礼法规定,大王应该依照礼仪处置,不必动手动脚。"言辞恳切,甚至流泪。从此之后,高欢再也不对高澄动手打骂。即使忍无可忍,动了手,还要叮嘱旁人:"千万不要让陈元康知道。"高欢对陈元康敬重之意,由此可见一斑。

高仲密叛反,高欢知道是因为崔暹的缘故,想杀掉崔暹。高澄藏好崔暹,向高欢求情。高欢说:"看在你的面上,我饶他一命,但要狠揍一顿才好。"高澄放出崔暹,对陈元康说:"你若让崔暹挨打,我就再也不见你面。"崔暹走进军帐,脱下衣服,刚要受罚。陈元康快步进来,沿着台阶,边上边说:"大王刚要把天下托付给大将军,难道连一个崔暹也不能原谅?"高欢听后,宽宥了崔暹。

高澄入朝辅政,崔暹、崔季舒、崔昂等同受信任,虽然张亮、张徽纂等人也受礼遇,但其职位都在陈元康之下。时人评论说:"三崔二张,不如一康。"

北魏尚书仆射范阳卢道虔的女儿是右卫将军郭琼儿媳,郭琼因死罪没官,高欢启奏朝廷将范女赐给陈元康为妻,陈元康休掉发妻,世人对此颇有微议。

陈元康善于逢迎,会看脸色,事上谄媚,能揣摸心思,举荐之人很多。但性喜财货,受纳钱帛,不可计数算。他平时放债,遍于州郡,受到清议讥讽。

邙山之战，东魏大胜，诸将齐聚，大家商议进退之策。众人都认为野无青草、人马疲惫瘦弱，不可远追宇文泰。陈元康建议："两支劲旅交战，相持时间很长，现在我军大捷，便是天意，时不可失，必须乘胜追击西魏。"高欢说："如果遇到伏兵，该如何应对？"陈元康说："丞相您之前从沙苑撤军，对方都不知道设下伏兵，现在，宇文泰溃败如此，还能有什么深谋远虑。如果我军弃而不追，定成后患。"高欢最终没有采纳。高欢临终之际，对此还十分懊悔。

梁太清元年（东魏武定五年，西魏大统十三年，547年）正月初八，东魏渤海献武王高欢去世。

高欢性格深沉缜密，终日神情庄严，旁人不能揣测，机智权谋，变化若神。其制驭军旅，法令严格。听断明察，不可欺犯。擢人选士，注重才干，对徒有虚名、华而不实者，一律不用。高欢平时力行俭素，刀剑鞍勒不用金玉装饰。他年轻时饮酒海量，自从当政之后，饮酒不过三爵（盛酒礼器，形似雀）。高欢知人善任，结纳贤士，保全爱护属下旧臣；每次掠获敌国尽节之臣，多不治罪。因此，文人武将都愿意投奔高欢，为之效命出力。

虽然高欢已死，但世子高澄秘不发丧，只有行台左丞陈元康知道这件事。

四十五岁的侯景想到自己已和高澄生出隔阂，心中惶惶不安，最终决定在颍川（治长社，今河南长葛西，后同）造反。

由于高家和西魏宇文泰是死敌，为造反成功，侯景首选和西魏联手。

颍州（治今河南长葛西）刺史司马世云举城响应侯景。

侯景诱捕豫州（治汝南，今河南商水西北）刺史高元成、襄州（治今河南方城）刺史李密、广州（北魏所置，治今河南鲁山）刺史怀朔暴显等人。侯景又派二百名士兵，用车装载兵器，在黄昏时分进入西兖州（治今山东滋阳），乘机偷袭，被刺史邢子才发觉，二百人全被逮捕。邢子才随即传檄东部各州，要提高警惕，早为防备，直接导致侯景无法再夺取其他地区。此时，距高欢去世才五天。

东魏满朝文武，都认为是因崔暹的原因，才逼反侯景。

崔暹，博陵安平人。高欢之弟、赵郡公高琛镇守定州（北魏所设，治今河北定州）时，征为开府谘议。崔暹跟随高琛前往晋阳，高欢和其一番交谈之后，随即任为丞相长史。高欢起兵即将进入洛阳，留下崔暹辅佐高琛主持后方事务。高欢说："大丈夫相知，不在相识新旧。军旅固然事重，留守责任不轻。家弟年轻，处事不熟，后方政务，一体托付。"并和崔暹频频握手，多达三四次。

崔暹受到的信任与日俱增，也经常向朝廷推荐人才。

崔暹推荐邢邵，说其适合担任府僚，兼管机密。高澄任用邢邵之后，十分器重。言谈之间，邢邵却揭露崔暹短处。高澄不高兴，问崔暹说："你夸子才长处，子才专说你的短处，你真傻啊。"崔暹说："子才说暹的短处，暹说子才的长处，这都是事实，没有什么嫌隙。"

高澄想提高崔暹的威望。有一次，王公大臣聚饮一堂，便让崔暹两眼直视、慢步徐行，两人在旁拽着衣裾。高澄和崔暹当庭相互作揖。崔暹毫不谦让，直接落座，酒过两巡之后，立即告辞，离席而去。

崔暹执法严厉，违法必究，无论勋臣还是宗室。

崔暹先后上表弹劾侯景等当朝权贵，详尽罗列罪状，涉事大臣全被免官，其余还有被处死贬黜的。高欢给邺下的勋贵写信说：

"当初崔暹跟家弟在定州刺史任上办事,后来又做了我儿开府谘议,等到升任左丞吏部郎,我还不知道他的才能。如今刚居宪台(汉称御史所居官署宪台,掌纠察百官),就能如此纠劾。咸阳王、司马令都是我布衣之时对门老友,如果讲尊贵亲近,谁也不会超过二人,他们同时获罪,我也不能搭救,你们还是小心好。"

高欢到京师去,群官到京师郊野大路去迎接。高祖握着崔暹的手慰劳说:"以前朝廷岂无法官,而天下贪婪,无人肯去纠劾。中尉尽心为国,不怕豪强,使得朝纲远近肃清,诸臣遵奉法纪。冲锋陷阵,军中大有其人;居官严肃,现在开始见到。我们高欢父子两人,实在没有什么可以报答。"高欢随即赏赐崔暹一匹好马,让他骑上,自己跟在马后步行,两人边走边聊,崔暹下马拜谢,马受惊而跑,高欢拦住惊马,亲自把缰绳递给崔暹。

高欢去世,还没有发丧,高澄就任命崔暹为度支尚书,兼仆射,委以心腹,令其担当重任。崔暹以天下为己任,操劳国事犹如家事。高澄车舆礼服,逾矩过度,诛杀朝臣,喜怒无常,言谈举止,稍有过失,崔暹每每声色俱厉地极言规劝,高澄马上予以改正。

高澄去世,崔暹被司马子如等诬陷,被文宣帝高洋流放马城,又以谋反罪押送晋阳。后高洋发现崔暹无罪,官复原职。崔暹于天保十年(559年)去世。

得到侯景叛反的消息,面对曾经受过崔暹严肃处理的重臣发难,高澄不得已,想杀掉崔暹以向侯景谢罪。

陈元康劝道:"现在虽然四海未平,但是朝廷法律纲纪已经颁定;几个将军领兵在外,如果为了取悦他们而枉杀无辜,荒废法律刑典,这简直是上负苍天,以后,再拿什么下安百姓!西汉七国之乱时朝廷错杀晁错的教训,愿明公您慎重为之。再说,这些法纪，都是您和崔暹所定。"高澄不再坚持前议，派遣司空韩轨督率各军讨伐侯景。

西魏任命侯景为太傅、河南大行台、上谷公。

三月，侯景又派遣行台郎中丁和前往南朝梁，上表说："臣与高澄素有隔阂，请允许我率领函谷以东，瑕丘（今山东兖州东北）以西，豫、广、颍、荆、襄、兖、南兖、济、东豫、洛阳、北荆、北扬十三州归附，而青、徐数州，一封信就能归附一半。况且黄河以南，都由我管辖，归顺梁朝易如反掌。如果齐、宋之地平定，就可逐渐征服燕、赵。"侯景此举，实际是借梁朝以后援。

梁武帝召集群臣廷议。尚书仆射谢举等人都说："我朝刚刚和东魏讲和，边境平安无事，现在收留东魏叛臣，我们认为不合适。"梁武帝说："即使如此，得到侯景，则塞北可以廓清；机会难得，哪能固执拘泥、不知变通！"

当年正月十七，八十四岁的梁武帝梦到中原地区的刺史纷纷献地归降，举朝称庆。早上在武德阁遇见中书舍人朱异，告知梦中之事，还说："我平时很少做梦，如果做梦，梦中之事一定应验。"朱异说："这是天下一统的征兆啊。"等到丁和入朝，说侯景下决心归附那天正是正月十七，梁武帝认为十分神奇。

但是，梁武帝心中尚未下最后决心，他曾经自言自语说："我朝江山永固，无一伤缺，现在忽然接受侯景献地，难道真的适合这样做吗？如果引起纠纷，后悔也来不及啊？"朱异揣知梁武帝心思，回答说：

圣明御宇，南北归仰，正以事无机会，未达其心。今侯景分魏土之半以来，自非天诱其衷，人赞其谋，何以至此！若拒而不内（通纳），恐绝后来之望。此诚易见，愿陛下无疑。

（《资治通鉴·梁纪·卷十六》）

梁武帝听完，便决定接纳侯景归附，随即下诏任侯景为大将军，封河南王，都督河南南北诸军事、大行台，承制如邓禹故事，授其有权自行发号施令。

平西咨议参军周弘正，善于通过观察天象变化而预言吉凶，之前曾说："数年之后国家当有战争。"听说朝廷接纳侯景，说："祸乱之源就在此事！"

初九，梁武帝派遣司州刺史羊鸦仁督率兖州（治瑕丘）刺史桓和、仁州（南朝梁废赤坎戍置仁州，治赤坎城，今安徽固镇仁和集）刺史湛海珍等人，领兵三万，自义阳直奔悬瓠运送粮食，接应侯景。

悬瓠，上蔡县治，在今河南汝南，以城北汝水屈曲如垂瓠得名，历为州、郡、县治所在，其地既能北进汴洛，又可南下荆楚，历来是兵家必争之地。

高澄担心各州发生变乱，亲自外出巡抚各地。留下段韶镇守晋阳，委以军事；任命丞相功曹赵彦深为大行台都官郎中，又让陈元康预先写下以高欢名义发布的条教几十页，交给段韶、赵彦深，走后逐条次弟执行。临出发时，高澄紧握赵彦深的手，哭着说："我把母亲、弟弟托付给你，希望您明白我的心意！"

四月，高澄到邺城朝觐。东魏孝静帝设宴招待高澄，席间，喝到尽兴之时，高澄起身舞蹈。有见识的人认为高欢刚死，高澄就乐而忘哀，预知其难终天年。

回到邺城之后，五月初二，高澄派遣武卫将军元柱等人，率领数万士兵，昼夜兼行，奔袭侯景。元柱在颍川北遭遇侯景，大败而归。

侯景因梁朝援军羊鸦仁等人尚未到达，便退保颍川。

不久，高澄又派遣司徒韩轨等人，围住在颍川的侯景。

侯景见此，有点恐慌，便决定割让西魏东豫州（北魏所设，治新息，今河南信阳息县）、北荆州（治南陆浑，今河南洛阳嵩县）、鲁阳（今河南平顶山鲁山）、长社（颍州治所，今河南长葛）四城作为见面礼，以求得援兵。

不过，老谋深算的西魏尚书左仆射于谨表示反对，说："侯景少年带兵，奸诈难测，不如许以高爵厚禄，以观其变，先不能发兵。"但是，荆州刺史王思政听说后却认为："如不乘机进取，将追悔莫及。"便立即率领一万多荆州步兵、骑兵，从鲁阳关出发，奔向阳翟（颍川治所，今河南禹州）。执掌西魏朝政达十三年之久的丞相宇文泰知道情况后，一面封侯景为大将军兼尚书令，一面派太尉李弼、仪同三司赵贵率领一万士兵，前往颍川，解围侯景。

侯景求救于西魏，又恐怕梁朝责问自己脚踏两只船，便向梁朝上表说：

> 王旅未接，死亡交急，遂求援关中，自救目前。臣既不安于高氏，岂见容于宇文！但蝥手解腕，事不得已，本图为国，愿不赐咎！臣获其力，不容即弃，今以四州之地饵敌之资，已令宇文遣人入守。自豫州以东，齐海以西，悉臣控压；见有之地，尽归圣朝，悬瓠、项城、徐州、南兖，事须迎纳。愿陛下速敕境上，各置重兵，与臣影响，不使差互！（同上）

梁武帝回信安抚他说："大夫出境，尚且能自主做事；何况你始设奇谋、将建大业，理应实事求是，见机而为。您心系朝廷，诚心昭显，何须多言！"

待价而沽的侯景，玩火于三国之间，战局将要走向何方？

2. 寒山之败，贞阳怯懦

梁太清元年（东魏武定五年，西魏大统十三年，547年）六月，东魏韩轨等人包围颍川，得知西魏李弼、赵贵等人即将到来，便领兵返回邺城。

侯景想借着会面的机会抓住李弼和赵贵，夺取西魏军队；赵贵起了疑心，不来颍川相见。反过来，赵贵想诱使侯景进入军营实施逮捕，被李弼制止。李弼的意思是留着侯景，祸乱东魏，搅乱南北局势。

这时，羊鸦仁派遣长史邓鸿带兵到达汝水，李弼便率领部下返回长安。

此时，西魏荆州刺史王思政已经到达颍川治所阳翟。

王思政，太原祁人。体貌高大雄伟，有谋略。魏正光年间，任员外散骑侍郎。后随北海王元颢征讨关中万俟丑奴之乱，参与军务。元颢返朝后，平阳王元修征召王思政门客，礼遇优厚。元修被高欢拥立为帝，是为北魏孝武帝。孝武帝引王思政为心腹，转任安东将军，因拥立之功，封祁县侯。高欢密谋废立，孝武帝认为王思政可当大事，任中军大将军、大都督，统领宿卫军。

王思政力劝孝武帝西入关中，说："高欢之心，路人皆知。洛阳四面受敌，不是建功立业之地。关中有崤函之固，粮草丰饶，进可讨伐叛贼，退可固守关、河，夏州刺史宇文泰联合众人，愿为朝廷效力。如果听说您西去，一定会前来迎接。凭借那里丰饶的资产，依靠原有的根基，用一到两年的时间练兵积粮，修复长安旧都，何愁不能击败敌人。"孝武帝深表赞同。

后来，高欢出兵河北，王思政随孝武帝投奔关中，晋爵太原郡公。不久，孝武帝被杀，元宝炬即位，西魏建立。王思政虽仍有职务，但因不是宇文泰旧部，心中常不自安。朝廷令王思政招募精兵，随独孤信攻取并镇守洛阳。

王思政家中不事产业，一心报效朝廷，曾被赏赐一块园地，家人趁他出征后种上桑树。王思政回来后怒斥道："匈奴未灭，霍去病不肯成家；如今天下尚未平定，就经营产业，这难道是所谓的忧私忘公？"命人将树全部拔掉。

东魏、西魏爆发河桥之战。王思政作战时跳下战马，举起长槊，搏杀数人，由于深陷敌阵，随从全部战死，王思政寡不敌众，重伤后昏死战场。傍晚，东魏收兵，打扫战场，由于作战常穿破旧衣甲，昏死的王思政未被东魏士兵发现。

在两军激战的前沿阵地，王思政部将雷五安哭着寻找主帅，刚好此时，王思政从昏迷中苏醒，雷五安割下衣襟包扎伤口，扶他上马，返回营地已是深夜。

经此一战，宇文泰任命王思政镇守弘农（今河南灵宝）。王思政认为玉壁地处险要，提议并亲自规划建城，建成后率兵移镇玉壁，被任为并州刺史。

高欢率军进攻西魏，王思政奉命坚守玉壁，以拦阻东魏。高欢写信招降王思政："你如果投降，我就让你掌管并州。"王思政回复说："可朱浑元已经投降，怎么没有得到并州？"随后，高欢攻打玉壁多日，不能破城，只得撤军。王思政离开玉壁时，宇文泰让他举荐一人，王思政推荐部下韦孝宽。后来，高欢再次进攻玉壁，被韦孝宽所阻，无功而退。时人都称赞王思政知人善荐。

王思政由玉壁改镇弘农。入城之后，下令打开城门，解衣睡下，以此宽慰将士，表明虽然眼下时局危急，但不足惧。几日后，东魏大将刘丰到达城下，心有疑忌，不敢进攻，撤军而回。王思政便命人紧急修筑城池、建造楼橹、经营农田、囤积粮草。从此，弘农防御设施方始完备。

此后，王思政被加特进，检校左仆射、河南道行台、都督、荆州（北魏所置，治邓县，今河南邓州）刺史。荆州地势低洼潮湿，城墙壕堑多有毁坏。王思政出镇荆州后，都督蔺小欢督领工匠修缮城墙。役工掘出三十斤黄金，蔺小欢命人在夜里送到王思政处。次日一早，王思政唤来佐史，让他把黄金全部上交朝廷，并说："做臣子的不应该有私心。"

王思政听闻侯景在颍川反叛东魏，求援西魏，便力主接应，率军从荆州到达阳翟。此际，因东魏韩轨避开西魏李弼，回军邺城；李弼避开梁朝羊鸦仁，回军长安；侯景又对外宣称要外出抢地盘，出屯悬瓠。王思政便乘虚入据颍川。

侯景再次向西魏乞求援兵，丞相宇文泰派遣同轨防主（西魏置同轨防，城在今河南洛宁东北杨坡乡城头村）韦法保及都督贺兰愿德等率兵援助。大行台左丞王悦对宇文泰说："侯景和高欢两人之间，开始是深厚的同乡关系，最终是君臣默契。侯景位居上将，总制河南，权倾朝堂，地位显贵重于朝臣；现在高欢刚死，侯景骤反，是因这个人野心很大，终不能屈事别人而甘居人下的原因。并且，侯景能对高氏背信弃义，又岂能尽忠于朝廷！现在如果扩大他的势力，增强他的兵力，我私底下担心朝廷将被后人贻笑。"

于是，宇文泰决定征召侯景入朝，让他来长安一趟。

侯景暗中打算背叛西魏，计划正在施行，便企图收买韦法保等人，为自己效力，对外则公然展示彼此之间亲密无间的关系。

侯景每次往来各个军营之间，随身侍从很少，对于西魏军中名将，都亲自前去拜访。

同轨防长史裴宽对韦法保说："侯景奸诈狡猾，一定不肯应宇文丞相之召而入关，他肯定要通过您向朝廷讲情，应该不能相信他的话。如果设伏兵杀死侯景，这也是一世之功。如果你不想这样，我们就应该深为提防，不能轻信他的欺骗、引诱，以致悔之晚矣。"韦法保十分赞同裴宽之言，但是不敢草率杀掉侯景，只是加强自身防卫；不久，就找了个借口返回同轨防。

王思政也察觉侯景投降有诈，就秘密把贺兰愿德等人召回来，同时分别部署各路军队，占领了侯景管辖的七州、十二镇。侯景十几年苦心经营的家业，全部败光，实打实占到大便宜的，则是西魏的宇文泰。

侯景果然推辞，不肯入朝西魏，在给宇文泰的信中说："我耻于同高澄并行，又怎么能同大弟您比肩呢！"

宇文泰收到这封信后，便派行台郎中赵士宪悉数召回之前派去救援侯景的各路军队。又把以前所授侯景的使持节、太傅、大将军兼尚书令、河南大行台、都督河南诸军事的官职收回，统统改封王思政，王思政坚辞不要。宇文泰数次派人敦促王思政到任，最后，王思政只是接受了"都督河南诸军事"的职务。

至此，侯景下定决心，投降梁朝。西魏任约带领所属一千多将士投降侯景。

高澄将要去晋阳，便任命他的弟弟高洋为京畿大都督，留守邺城。

十二日，高澄回到晋阳，方才开始为高欢发丧。丧礼依照汉代霍光去世时的规格进行。东魏先在漳水之西虚葬高欢，又在成安县鼓山石窟佛寺旁秘密挖了一个墓穴，把高欢棺材放进后用巨石堵塞，然后，杀死全部工匠。等到北齐灭亡之后，一个工匠的儿子获悉安葬地点，撬开石板，取走黄金，潜逃他乡。

朝廷任命高澄使持节、大丞相、都督中外诸军、录尚书事、大行台、渤海王，高澄请求辞去封爵；朝廷令高洋摄理军政大事，又派宦官敦促高澄上任。高澄又到邺城朝觐孝静帝，坚辞大丞相；孝静帝令其任大将军，其他职务同前。

二十五日，梁将羊鸦仁进入悬瓠城。

七月，梁武帝改悬瓠为豫州，改寿春为南豫州，改合肥为合州。任命羊鸦仁为司、豫两州刺史，镇守悬瓠；任命西阳太守羊思达为殷州刺史，镇守项城。

八月初一，因得知高欢已死，梁武帝下诏大举北伐东魏，派南豫州刺史贞阳侯萧渊明（萧懿之子）、南兖州刺史南康王萧会理（萧续之子）督率诸将。

开始，梁武帝想让鄱阳王萧范担任元帅；朱异正在外面休假，听说后，急忙进朝对梁武帝说："鄱阳王虽然是英雄豪杰，盖世无双，能让人死命效劳。然而，鄱阳王萧范所到之处，行事残忍凶暴，不是爱惜百姓之人。况且陛下您往日登上北顾亭眺望远方，曾说长江西边地区有反叛之气，骨肉之亲领兵，常常导致战争，所以，今日由谁挂帅，尤其应该考虑周详、慎重挑选。"

梁武帝默然良久，又问："萧会理如何？"朱异回答说："陛下选对了。"

南康王萧会理是梁武帝四子萧绩的儿子，十一岁父亲去世，特为梁武帝所爱。但其性格怯懦，缺少谋略。这一次出征，南康王萧会理做了一乘抬轿，顶部如同木板屋子的形状，外面蒙着牛皮。

梁武帝听说之后，很不高兴。

镇守寿阳的贞阳侯萧渊明，多次向梁武帝请求带兵打仗，梁武帝同意了。

南康王萧会理自恃皇帝嫡孙，又担任都督，自萧渊明以下，一概不予理睬。萧渊明和军中诸将密告朱异，朱异派人追回南康王萧会理，改由萧渊明任都督。

有人告诉东魏大将军高澄侯景有北归之意。高澄还想和平解决侯景叛乱，侯景部将蔡道遵回到东魏也说"侯景十分懊悔"。因为侯景的母亲和妻子、儿女都在邺城，高澄便写信告诉侯景"全家安然无恙"，并承诺，如果侯景肯回到东魏，将终身担任豫州刺史，归还他的宠妻爱子，对侯景手下的文武官员更是既往不咎。

侯景指派王伟回信说："现在，我已经带领梁和西魏的军队，举旗北伐，军队士气高涨；恢复中原地区，我希望能亲力亲为，怎么能烦劳您！从前王陵归附刘邦，母亲被项羽抓去仍不肯回去；项羽囚禁刘邦父亲，威胁要杀掉，刘邦却坦然地向项羽讨要父亲肉汤，父母尚且如此，何况妻子儿女，更不介意！如果说杀掉我的妻子、儿女对你有利，我想阻止你也阻止不了；如果杀掉他们对我毫无损害，那么您杀戮他们也是徒然，反正我的家室全在您手中，如何处置，与我有什么关系！"侯景有五个儿子留在北齐，高澄把他长子的面皮剥下来然后用油锅烹了，其他四个小儿子都下蚕室割去生殖器，女儿入宫为奴。文宣帝高洋即位之后，梦见猕猴坐在御床，又把侯景的几个幼子全部下了油锅。

二十四日，梁武帝诏令委任侯景为录行台尚书事。

九月，梁武帝命令萧渊明在寒山（今江苏徐州铜山以南）一带筑堰截住泗水，打算水灌彭城，等到攻克彭城，与侯景成犄角之势，便发动进攻，夹击东魏，收复河南之地。初九，萧渊明到达寒山，在离彭城十八里远的地方修建大坝，截断泗水。五十三岁的侍中羊侃负责监督筑坝，只用了短短二十天。

东魏徐州刺史太原人王则，环城固守。

羊侃开闸放水，劝萧渊明趁水势攻打彭城，萧渊明根本不听。众将与萧渊明一起讨论军事，萧渊明从不拍板，只说"到时再根据情况采取相应措施"。

十一月，东魏大将军高澄派遣大都督高岳去援救彭城，并想让金门郡公潘乐担任高岳副手。陈元康说："潘乐随机应变慢，不如慕容绍宗；何况让慕容绍宗对付侯景，是先王命令。您只要真心对待慕容绍宗，侯景不足为虑。"

当时慕容绍宗正在外地，高澄想召见他，又怕他受惊起疑反叛；陈元康对高澄说："慕容绍宗知道我陈元康特别受您的照顾和优宠，最近他派人来馈赠我黄金；我为了让他安心，便接受了这些黄金，并在回信中厚谢了他。因此，我可以保证，慕容绍宗不会有别的想法。"听完陈元康的话，高澄便让慕容绍宗担任东南道行台，与高岳、潘乐一起救援彭城。

当初，侯景听说韩轨要来，便说："这个吃猪肠子的小子能干些什么！"听说高岳要来，又说："士兵还算精锐，领兵的一般。"东魏众将无不被侯景轻视。

但当侯景听说慕容绍宗领兵来时，便敲打着马鞍，脸上露出惧色，说："谁教高澄这个鲜卑小子派慕容绍宗前来！如此看来，丞相高欢一定没有死！"

高澄任命廷尉卿杜弼为军司，代理行台左丞。临出发时，高澄询问他一些政事要点和需要警惕注意的，并让他写出一两条来。

杜弼请求当面口述，并说："天下要务，没有比赏罚更重要的了。奖赏一人而使天下的人都高兴，惩罚一人而使天下的人都害怕。如果做到这两点，自然就会尽善尽美。"高澄听后非常高兴，说："话虽说得不多，道理却很重要。"

慕容绍宗率领十万人马，占据橐驼岘（今江苏徐州铜山县境），直奔彭城。

羊侃劝贞阳侯萧渊明趁着慕容绍宗远道而来、人困马乏之时发起进攻，萧渊明没有听从羊侃的劝告。第二天，羊侃又劝萧渊明出战，萧渊明仍旧不从。见此，羊侃十分失望，便率领部下离开寒山驻地，驻营坝上自保。

十三日，慕容绍宗军队来到城下，带领一万多名步兵和骑兵攻打潼州刺史郭凤军营，一时箭如雨下。萧渊明酒醉刚醒，不能起床，命令将领援救郭凤，没有人敢出战。北兖州刺史胡贵孙对谯州刺史赵伯超说："我们这些人带兵来这里，是来做什么的？现在遇到敌人，难道不去应战吗？"赵伯超无以对答。胡贵孙独自率领自己的军队与东魏作战，杀死二百人。赵伯超拥有几千人马却不敢前去救援，对部下说："敌军如此强大，迎战一定失败，不如保全军队早日回去。"手下人都说："好！"于是，赵伯超便率军离开战场，准备逃回南方。

当初，侯景常常告诫梁军说："追杀溃退的军队不要超过二里。"慕容绍宗将要出战，认为梁军轻巧灵活、作战勇敢，害怕部下支撑不住，便一一召见手下将士说："我假装败退，引诱吴儿前来追赶，你们从背后攻打他们。"交战中，东魏士兵果真败退逃跑，梁军没有听从侯景之言，乘胜深入追击。东魏将士都相信慕容绍宗的话，以为诱敌之计成功，争相从背后对梁军发起攻击。

梁军大败，贞阳侯萧渊明及胡贵孙等都成了俘虏，战亡数万士兵。

羊侃在泗水坝上严阵以待，阵脚不乱，全军缓缓撤退。

梁武帝正在睡午觉，宦官张僧胤向朱异禀告要启奏事情，梁武帝十分惊骇，马上来到文德殿。朱异说："寒山战事失利。"梁武帝听后，恍恍惚惚，摇摇晃晃，仿佛将要坠落床下。张僧胤急忙扶起梁武帝，然后落座。梁武帝感慨说："我难道也要落到江山被夷狄夺取的晋朝那样下场吗？"

郭凤退守潼州（今安徽泗县，后同），被慕容绍宗进兵包围。十二月初一，郭凤弃城而逃。

东魏派军司杜弼撰写伐梁檄文，文中写道：

……侯景竖子，自生猜贰，远托关、陇，依凭奸伪，逆主定君臣之分，伪相结兄弟之亲，岂曰无恩，终成难养，俄而易虑，亲寻干戈……获一人而失一国，见黄雀而忘深阱，智者所不为，仁者所不向……彼梁主者，操行无闻，轻险有素，射雀论功，荡舟称力，年既老矣，耄又及之，政散民流，礼崩乐坏。加以用舍乖方，废立失所，矫情动俗，饰智惊愚，毒螫满怀，妄敦戒业，躁竞盈胸，谬治清净……传险躁之风俗，任轻薄之子孙，朋党路开，兵权在外。必将祸生骨肉，衅起腹心，强弩冲城，长戈指阙……外崩中溃，今实其时，鹬蚌相持，我乘其弊。（《资治通鉴·梁纪·卷十六》）

其后梁室祸败，情况正如杜弼所说。

当时，侯景正包围彭城西面的谯城（北魏置，治今安徽亳州，后同），攻城无果，退攻城父（同上）得手。听闻梁军大败，侯景又心生一计，再派特使面见梁武帝。

梁武帝是否再次听信狡黠的侯景的主张呢？

3. 涡水之捷，慕容奋勇

梁太清元年（东魏武定五年，西魏大统十三年，547年）十二月初九，侯景的特使、行台左丞王伟等人到达建康。

侯景承诺献上的豫、广十三州并没有到手，颍川又被西魏夺去，梁朝只得到羊鸦仁驻守的悬瓠、项城两座孤城。以接应侯景为名出师北伐，怯懦无谋的萧渊明没有有效执行梁武帝水淹彭城的战略，成了俘虏，只有富有经验的东魏降将羊侃全师而退，梁武帝内心的惊惧油然而生。

见到王伟之前，该怎么处理梁朝与东魏的关系，梁武帝还没有更好的打算。

王伟游说梁武帝说："东魏邺城的文武百官谋划，召我与他们共同讨伐高澄，因为事情泄露，高澄在金墉城（今河南孟津县平乐镇翟泉）囚禁元善见，杀死元氏宗族六十多人。黄河以北的百姓，都思念魏朝旧帝，请求册封一名魏朝宗世为主。如果满足百姓的夙愿，这样一来，陛下有兴亡继绝的美名，侯景也有立功建勋的成就。黄河南北便成为像邾、莒那样的圣朝属国，国中男男女女，都将成为大梁的臣妾。"

梁武帝欣然同意，随即颁布诏书，封太子舍人元贞为咸阳王。梁武帝还襄助元贞军队，回到北方主持朝政，入主魏国。梁武帝告诉元贞，只要渡过长江，就可登上王位，并配备了仅次于皇帝的仪仗和卫士。

元贞是北魏献文帝拓跋弘的孙子，元树的儿子。

元贞请求随魏使崔长谦前往邺城，下葬父亲元树，回来后，拜太子舍人。

等到被俘的萧渊明到达邺城，东魏皇帝登上阊阖门接受受俘之礼，数落萧渊明一番后为其当场松绑，送往晋阳。大将军高澄对待萧渊明礼数更为周到。

慕容绍宗带领十万军队攻打侯景，侯景带着几千辆辎重和几千匹战马、四万名士兵，退守南兖州所管辖的涡阳（治今安徽蒙城）。

虽然双方兵力对比是四万对十万，但是，侯景还是幽默调侃了一下当初的军事启蒙老师。侯景派人对慕容绍宗说："诸位此番是想送侯景一程，还是想跟侯景一决雌雄？"面对挑衅，慕容绍宗回答说："想和你决一胜负。"于是，双方进入作战状态。

慕容绍宗顺着风向摆下阵势。好汉不吃眼前亏。侯景见此，知道自己处于劣势，便关闭营门，拒绝应战，坐等风停。

慕容绍宗知道侯景底细，和高岳等将领分析眼下形势时，叮嘱部下说："侯景诡计多端，喜欢从人的背后发动进攻。"便派人加强部队后方防务，结果，确如他所说的那样。

侯景精心策划了一次偷袭行动。

为方便行动，数千士兵全都身披短甲，手持短刀。

侯景率领这数千士兵从背后攻击东魏部队。行动开始后，士兵只是低头而视，专攻东魏部队下盘，对着士兵的小腿和马蹄一阵猛剁狠砍。落马的东魏士兵虽然身披重甲，但夺命的短刀和匕首却能刺向头盔与肩甲间的缝隙。

遭此一番冲击，东魏军队溃败，混乱中，慕容绍宗坠马，刘丰生被砍伤，显州刺史张遵业被活捉。慕容绍宗和刘丰生靠部下拼死抵挡，才逃往谯城。

侯景的打法，慕容绍宗确实很难抵挡。然而，却遭到了裨将斛律光、张恃显的挤兑讥诮。慕容绍宗看出两人心思，说："我身经百战，从来没有见到像侯景这样难以战胜的对手。你们不信，自己试着跟他去斗一斗！"

斛律光等人披上铠甲即将出战，慕容绍宗告诫说："千万不可冒进，无论如何不能渡过涡水。"

斛律光是斛律金的儿子。

斛律光年少时，精通骑马射箭，以武艺闻名于世。北魏末，跟随父亲斛律金西征。斛律光看见宇文泰丞相长史莫孝晖在行伍中，骑在奔马上一箭而中，将其活捉，时年十七岁。斛律光受到高欢的嘉奖，擢升为都督。

后来，高澄任命斛律光为亲信都督。

斛律光曾陪同高澄在洹桥狩猎，远远看见天空中有一只大鸟，展翅高飞，斛律光拿起弓，一箭就射下来，而且正中要害。这只鸟形状像车轮，在空中旋转着掉下，众人走近一看，是只大雕。高澄拿过雕端详很久，夸赞了斛律光半天。丞相属邢子高感叹说："真正的射雕手。"此后，时人都称斛律光为"落雕都督"。

斛律光与张恃显两人把军队驻扎在涡水北面。

侯景驻扎在涡水西南岸。

两军夹着涡水对峙。

涡水，今涡河，是淮河中游左岸一条支流，淮河第二大支流，呈西北—东南走向。发源于河南开封西部，向东南流经开封、通许、扶沟、太康、柘城、鹿邑和安徽省亳州、涡阳、蒙城，于蚌埠怀远县城附近注入淮河。战国时期开凿的"鸿沟"与涡河相通。涡河历来是豫、皖间水运要道。

三国曹植曾这样描述涡河：

  荫高树兮临曲涡，微风起兮水增波，鱼颉颃兮鸟逶迤，雌雄鸣兮声相和，萍藻生兮散茎柯，春水繁兮发丹华。（曹植·《临涡赋》）

耶律光轻骑来到阵前，"嗖嗖嗖"几箭射向侯景。

站在涡水边的侯景心中很不高兴，对斛律光说："你为功名而来，我因逃命而去。当年，我侯景是你父亲的朋友，你为什么用箭射我？你哪能懂得不可渡过涡水南来的道理，一定是慕容绍宗教你的。你以为躲在对岸就安全了吗？"

斛律光羞愧得无言以对，便驻马水边。

侯景转头叫来军中神箭手田迁，田迁一箭穿透了斛律光战马的胸膛。斛律光只得换乘另一匹马，躲在树后，又被田迁一箭射中。斛律光便退回军营。

耶律光带来的东魏士兵一看自己的神箭手主将败给敌方的神射手，士气自然就衰竭了。趁着对面人心惶惶，侯景果断发起冲锋。转眼间，侯景的部队就渡过涡水杀到耶律光的跟前。东魏军再次大败，情况十分狼狈。

斛律光跑回谯城。慕容绍宗说："今天你们交兵怎么样？你还责怪我不！"

跟随慕容绍宗前来的还有一员东魏名将段韶。

段韶母亲娄信相是高欢妻子娄昭君的姐姐，段韶父亲段荣是高欢创业时的重要将领，因此，段韶自小便得到姨夫高欢器重，授为亲信都督。

段韶曾随高欢参与广阿之战、邺城之战、韩陵之战，率兵消灭尔朱兆，在邙山之战、玉壁之战中也发挥重要作用。高欢临终时，令段韶随次子高洋镇守邺城，并嘱咐长子高澄加以重用。

段韶夹涡水筑营，看侯景的军队都集结在南岸，便在上风处偷偷地纵火。

侯景脑筋一转，就有了应对之法。侯景率领骑兵入河，然后回到岸上踩踏，草被打湿以后，火便不再燃烧。

前有射雕都督耶律光铩羽而归，后有东魏名将段韶火攻落空。在领教侯景厉害之后，现在，两人也都不再说什么了。慕容绍宗接下来的战术也很简单，就两个字：围、耗。

侯景与慕容绍宗相持数月，转眼到了第二年开春，因军中的粮食已经吃完，侯景再也坚持不住了。更为致命的是，第一个响应他的东魏颍州刺史司马世云也投降了慕容绍宗，还拉走了对侯景至关重要的五千骑兵。

太清二年（东魏武定六年，西魏大统十四年，548年）正月初七，慕容绍宗带领五千精锐骑兵，前后夹击侯景。

为鼓舞士气，侯景欺骗士兵们说："你们这些人的家属，已经被高澄杀掉了。"侯景手下的士兵全都信以为真。

慕容绍宗听到后，急忙从远处高喊："你们的家属都平安无事，如果你们回归，官职爵位一概不变。"

说完，慕容绍宗散开头发，面向北斗星发誓。这大概是鲜卑人最狠的誓言。

侯景手下都是北方人，内心本就不愿意去往南方。现在，又得到慕容绍宗的保证，就更不想跟随侯景南逃。再说，敌众我寡，突围也是九死一生。侯景这一番宣讲实在是搬起石头砸自己的脚。

侯景部下将领暴显等人，率所部投降了慕容绍宗。

慕容绍宗指挥东魏军趁机发起猛攻，侯景全面溃败。士兵抢渡涡水，相互踩踏，尸体塞满河道，河水被败兵阻塞，不再东流。

这一仗，侯景最后的家底全没了。侯景经营河南之地十四年，积攒的甲士与物资，以及十三州的土地，全都化为云烟。侯景和几个心腹之人，骑马从硖石渡过淮河。一路上，收集散兵，步兵加骑兵共有八百人。

侯景一路南行，经过一座小城时，有人登上城墙，透过女墙，对侯景谩骂道："跛脚的奴才！看你还想做什么！"

曾经的侯景，从一名边镇戍兵一步步地刀尖舔血，成为西魏的大司空，总制河南之地，昔日是何等的风光，何等的富贵。如今却仓皇逃窜，被人辱骂。侯景恼羞成怒，率兵攻破小城，杀了那人。

侯景昼夜兼行，在后追击的东魏军队却不敢过于逼近。

狼狈逃窜之际，侯景又以其狡诈，救了自己一命。

侯景派人对尾随而来的慕容绍宗说："侯景如果被活捉，您还有什么用？"

慕容绍宗听后默然良久，侯景就此才继续逃亡。

梁太清二年（东魏武定六年，西魏大统十四年，548年）三月二十日，一路逃亡的侯景来到寿阳城下。

寿阳，即寿春，今安徽寿县。寿阳控扼淮颍，襟带江沱。魏晋用兵，与江东争雄，无不事先经营寿春。东晋偏安江南，定都建康。从战略上看，淮西是建康的屏障，而寿阳又是淮西的根本。若寿阳丢失，则大军可出合肥，侵扰历阳，建康不得安宁。因而，

第三章 江南地侯景乱梁

— 103 —

南朝北伐，必先兵出寿阳；东魏攻打南朝，也一定先夺取寿阳。寿阳城池虽小，但城防坚固。从寿阳至琅琊（指南琅琊郡，治今江苏句容北），一百余里，一城见攻，众城必救。

南北朝时，因寿阳屡次易手，名称及行政区划也屡有变更。

南朝宋改寿阳为睢阳，为豫州治所，兼南朝梁郡治。南朝齐取代宋，复称寿阳，为豫州治所。北魏经略淮南，再称寿春，为扬州治所兼淮南郡治所。南朝梁克复寿春，再为南豫州治所兼南朝梁郡治所，并析寿春南部之地置安丰县。东魏占据淮南，寿春复为扬州治所。北齐代东魏，扬州刺史镇寿春。到了南朝陈，寿春易手，复以寿春为豫州治所。

此时，寿阳归属南朝梁，原来的刺史萧渊明已经成了俘虏，而朝廷新派的刺史鄱阳王萧范尚未到任。马头戍主刘神茂平素不被主持工作的寿阳监（代理，后同）州事韦黯所容，听说侯景来了，便前去迎候。

侯景问刘神茂："寿阳离此地路程不远，城池险要坚固。我想前往投靠，韦黯能接纳我吗？"刘神茂回答说："韦黯虽然占着寿阳城，不过是个监州官。如果您率兵到了寿阳近郊，韦黯一定会出来迎接，趁此机会逮捕他，事情可以成功。您占领寿阳后，再慢慢启奏皇上。朝廷对大王南归很高兴，一定不会责备。"

侯景听完，握住刘神茂的手说："真是天教我也。"

刘神茂请求率领一百名步兵和骑兵先去做向导。

侯景夜间来到寿阳城下。韦黯以为贼盗来了，披上铠甲，登上城墙。

侯景派手下人告诉韦黯说："河南王侯景战败，前来投奔此城，希望赶快打开城门！"韦黯说："因没有接到皇帝的圣旨，不敢听从你的命令。"

侯景对刘神茂说:"事情不妙了。"

刘神茂回答说:"韦黯懦弱并且缺少智谋,可以让人劝说他改变主意。"

正月二十,徐思玉奉侯景之命进入寿阳,说服韦黯打开城门。

因为梁武帝对待侯景态度时好时坏,还想与东魏和亲,加上侯景本身狡黠无信的性格,南朝即将成为乱世。

而此时的陈霸先,早已经平定了岭南交州之乱。

三月,建康城的梁武帝看到了李贲的脑袋,却丝毫不把寿阳的侯景放在心上。

4. 寿阳之反,北贼陵江

梁太清二年(东魏武定六年,西魏大统十四年,548年)四月十三日,东魏派遣太尉高岳、行台慕容绍宗、大都督刘丰生等人,率领十万步兵、骑兵去颍川攻打西魏王思政。

颍川,治阳翟(今河南禹州,战国时韩都城)。秦王嬴政十七年(公元前230年),秦国攻韩,尽纳其地,设为郡,以颍水得名,命名颍川。《后汉书》写道:"颍川,距洛阳东南五百里。辖十七城:阳翟、襄、襄城、昆阳、定陵、舞阳、郾、临颍、颍阳、颍阴、许、新汲、鄢陵、长社、阳城、父城、轮氏。"汉武帝时,颍川郡属豫州刺史部。东汉末,曹操迁汉献帝到郡内许县,称许都。曹丕代汉,改许都为许昌,成为颍川郡治。西晋时,颍川郡西南部分置襄城郡（包括今平顶山市）。南朝宋时，郡治南移阳翟城。元嘉末，其地为北魏占据，北魏置颍川郡。东魏侯景叛反，颍川空虚，被西魏王思政占据。

面对东魏大军，王思政下令部队放倒军旗、停止擂鼓，城中好像无人一样。高岳自恃人马众多，从四个方向一起攻城。王思政挑选骁勇善战的士兵，开城迎战，击退了高岳的进攻。高岳改变战术，在城外堆起一座土山，在山上日夜攻城。王思政也见招拆招，招募勇士，用绳索缒到城外，占领东魏军的两座土山，在上面建造楼堞岗楼和低矮的城墙，助防颍川。

五月，梁武帝派遣建康令谢挺、散骑常侍徐陵等人到东魏，恢复友好关系。

八月，高澄派辛术统率诸将，抢夺江、淮以北地区，占领二十三个州。

在梁朝做官的原北魏宗室元贞察觉侯景有异，多次请求返回南方。侯景又不傻，怎么可能放他回去报信？侯景说："黄河北边的事虽然没有成功，长江以南又何必担心失掉，何不稍稍忍耐一下！"元贞听后十分害怕，找个机会逃回建康，将侯景反状如实告知梁武帝。梁武帝任元贞为始兴内史，也没有深究侯景。

临贺王萧正德无论到哪里任职，都贪婪无能、不遵法纪，多次受到梁武帝治罪，便心怀愤恨，暗中豢养死士，储存粮食，积攒财物，希望朝廷发生意外。

侯景知道萧正德的心思，就把目标瞄准了萧正德，开始了统战工作。

萧正德在北方时与徐思玉相知，侯景便派其给萧正德送去一封信。信上说："现在天子上了岁数，奸臣乱国，依我看，梁朝不久就会大祸临头。王爷理应是皇位的继承人，中途却被废黜，四海之人无不扼腕痛惜。侯景虽不聪敏，心中想亲自为您效劳，希望王爷您答应百姓所请，皇天可鉴我的诚心！"

萧正德十分高兴："侯公的心愿，正好与我相同，这真是天授我啊！"回信说："朝廷形势，正如你所讲的那样。我有这个打算已很久了。现在，我在朝中，你在朝外，相互呼应，大事可成！事不宜迟，现在正是其时。"

在合肥的鄱阳王萧范也秘密向梁武帝报告侯景即将反叛朝廷的消息。

当时，梁武帝委托朱异处理朝廷日常政事，边境有什么动静都直报朱异。朱异坚持和谈，和他在判断上犯了轻敌的错误息息相关，即他一直认为侯景的八百降卒，是造不起反来的，所以，坚持认为鄱阳王萧范所说的肯定没有道理。

梁武帝回信给鄱阳王萧范说："侯景孤身一人，处境危险，寄身我朝。这好像是刚出生的婴儿，要依赖人的乳汁哺育一样。由此来看，他怎么能反叛呢！"

鄱阳王萧范再次向梁武帝陈述："如不及早剪除侯景，会祸害百姓。"

梁武帝说："朝廷对此自有处置，你不必再过多忧虑此事。"

鄱阳王萧范又请求梁武帝动用合肥的军队去讨伐侯景，梁武帝没有同意。

朱异对鄱阳王萧范的使者说："鄱阳王竟不允许朝廷养一个外客！"言下之意，好像鄱阳王是在无事生非和诬陷诽谤侯景。

从此以后，鄱阳王萧范给梁武帝的奏表，朱异便不再呈递。这个错误是致命的，它使梁朝对侯景几乎没有采取防范措施，结果，侯景的叛军很快就打到了建康。具有讽刺意味的是，侯景造反，打出的旗号，竟是以诛杀朱异为名！

朱异，字彦和，吴郡钱塘人。

朱异年少时喜欢聚众赌博，颇为乡里所患。成年后却锐意进取，折节从师，好学上进，遍治《五经》，兼通杂艺，博弈书算，全都擅长，为外祖父顾欢所欣赏。后到建康，尚书令沈约称其有才，时人称"年时尚少，德备老成，器宇弘深，神表峰峻"。朱异写过一篇文章，名为《田饮引》：

卜田宇兮京之阳，面清洛兮背修邙。

属风林之萧瑟，值寒野之苍茫。鹏纷纷而聚散，鸿冥冥而远翔。

酒沈兮俱发，云沸兮波扬。岂味薄于东鲁，鄙密甜于南湘。

于是客有不速，朋自远方。临清池而涤器，辟山牖而飞觞。

促膝兮道故，久要不兮忘。间谈希夷之理，或赋连翩之章。

梁武帝听他解说《孝经》《周易》，赞叹"朱异实异"！当时方镇换置、朝仪国典、诏诰敕书等繁重政务，朱异属辞落笔、机敏练达，应对自如。

大同年间，朱异在仪贤堂奉敕讲述梁武帝《老子义》，听众千人，成为一时盛事，从此深得朝野道俗赞誉。

共同的兴趣，使梁武帝和朱异这对君臣很快建立相当密切的关系。梁武帝任命朱异为中书通事舍人（中书省官，负责出纳王命），此后，朱异官运亨通，从员外散骑常侍做到侍中（门下省长官），四官都有珥貂（帽子上插貂尾饰）。

朱异好摆威风，极讲排场，自右卫率（领崇荣、永吉、崇和、细射等四营兵马）一路官至领军，四职并驱卤簿，即外出有仪仗队开路，南朝从来未有。朱异为人十分骄踞，连世家大族王公贵戚都不放在眼里。有人劝他改正，他说："我是寒士，好不容易达到现在的地位，如果不轻视他们，他们反会看不起我。"在朝之人莫不侧目，就连太子也不例外。

朱异生活奢侈，穷奢极欲，起宅东陂，穷乎美丽。朱异喜欢美食，极声色之娱，上朝之时，随车带上饴糖糕饼等食物。朱异生性吝啬，厨下珍馐常常腐烂，每月丢弃十多车，也不给儿子们。

梁武帝对朱异的宠信，几十年丝毫不衰。中书通事舍人是皇帝的高级秘书，朱异官职虽有多次升迁，但直到太清三年去世，一直担任此职，长达三十多年。

侯景邀请羊鸦仁一同叛梁，羊鸦仁拘捕了侯景派来劝反的信使，把这件事报告了朝廷。朱异说："侯景的反叛军队只有几百人，能有什么作为！"

梁武帝下令把侯景的信使送到建康的监狱里，不久，又释放遣送。

侯景更加无所忌惮，向梁武帝写信说："如果我的事是事实，应该受到国家法律的制裁。如果能承蒙您的关照和详察，请杀掉羊鸦仁！"

侯景又说："高澄为人狡猾，怎么可以完全相信他！陛下听信了他的谎言，力求两朝和好，我在私下里对这件事也感到可笑。我怎敢冒粉身碎骨的危险，投身我的仇人高澄呢？请求您将长江西部的一块地区划归我统辖。如果您不答应我这一要求，我就统率兵马，来到长江之上，杀向闽、越地区。这样，不仅朝廷蒙受耻辱，也会使三公大臣们顾不上吃饭。"

梁武帝让朱异替他回复侯景信使："一个贫寒的家庭蓄养十个、

五个食客,尚且使其满意;我只有一个客人,就招致这些愤慨的话,这也是我的过失!"

这之后,梁武帝对侯景的赏赐更多了,包括许多鲜艳华美的彩帛及钱币,信使往来不断,道路相望。

初十,侯景以诛杀中领军朱异、少府卿徐驎、太子右卫率陆验、制局监周石珍为名义,在寿阳起兵反梁。

朱异等四人因为奸诈、谄谀、骄奢、贪婪和欺骗皇帝、玩弄权术,被时人痛恨,因此,侯景以此作借口,起兵叛乱。徐驎、陆验是吴郡人,周石珍是丹阳人。徐驎与陆验曾轮流担任少府丞。因为做事苛刻,商人们都怨恨他们,朱异与他俩的关系尤其亲密,因此,世人都称其为"三蠹"。

司农卿傅岐,性格耿直,曾对朱异说:"你掌握朝政大权,得到的荣誉和受到的宠幸如此之多。但近来传闻都是些污秽、狼藉之事。如果让圣上发现以后明白过来,你能免于责罚吗!"朱异回答说:"外面对我的诽谤和玷污,我很久以前就知道了。如果我心中无愧,又何必担心别人说些什么!"

傅岐事后对别人说:"朱异快要完了。他仗着自己能巴结奉承来求得欢心,随意狡辩来拒绝别人的劝谏。朱异听说灾难降临而不怕,知道罪恶却不改,上天要惩罚他,他还能活得长么!"

此前,在梁朝都城建康流传一首童谣:青丝白马寿阳来。为了应对这句谶语,侯景叛军全部身穿着青衣青甲,而他自己则骑白马,用青丝缰绳。

侯景向西进攻马头(淮水南岸戍守要地,山形似马,后改名荆山),派遣属下将领宋子仙向东攻打木栅(在荆山西,今安徽怀远境内),捉住戍主等人。

梁武帝听后笑着说："这些人能干出什么！我折断一根木棍就能鞭打他。"

梁武帝发出赏格，能杀掉侯景的人，封三千户公并任徐州刺史之职。

十六日，梁武帝下诏，任命合州刺史鄱阳王萧范为南道都督，北徐州（南朝齐改徐州置，治燕县，今安徽凤阳东北，后同）刺史封山侯萧正表为北道都督，司州刺史柳仲礼为西道都督，通直散骑常侍裴之高为东道都督，侍中开府仪同三司、邵陵王萧纶（梁武帝第六子）持节，监督四路军队讨伐侯景。

萧正表是萧宏（梁武帝之弟）的儿子。柳仲礼是柳庆远（出身"河东柳氏"，南朝梁开国功臣，梁武帝霸府谋主）的孙子，裴之高是裴邃（出身"河东裴氏"，南朝梁名将）哥哥的儿子。柳庆远、裴邃，都是天监名臣。

九月，侯景听说梁军四面夹击寿阳，便向王伟询问应对之计。

王伟说："邵陵王的军队如果来了，对方人多，我们人少，一定会被包围。不如放弃淮南，专心向东，率轻骑兵直袭建康；临贺王萧正德在建康为内应，大王你在城外发动进攻，天下不难平定！兵贵神速，应马上出发。"王伟的对策是舍弃寿阳、直捣建康，联合萧正德内外夹攻。

侯景让表弟中军大都督王显贵守卫寿阳城。

二十五日，侯景诈称出外巡游、打猎，出了寿阳城，人们没有察觉。

十月初三，侯景扬言要到合肥，实际上却袭击谯州（梁置，治今安徽全椒，后同）。谯州助防董绍先开城投降，刺史丰城侯萧泰（鄱阳王萧范之弟）被俘。

萧泰是鄱阳王萧范的弟弟。曾任中书舍人，因花费大量钱财贿赂，破格提为谯州刺史。到任谯州后，萧泰到处征发民夫，胡作非为。因而，人们都希望天下大乱，等到侯景来到谯州，人人都没有作战的愿望。

十三日，梁武帝下诏，派遣宁远将军王质统率三千人马，沿长江巡防，阻止侯景进攻。

侯景进攻历阳。

历阳，今安徽马鞍山和县，地处长江下游北岸，因县南有历水得名。始皇二十六年（前221年）置县。汉王三年（公元前204年），范增被项羽封为历阳侯，在靠近长江西岸、历水以北的高埠建造新城。东汉属扬州，三国时为东吴重镇，晋属扬州淮南郡，永兴元年（304年），分淮南郡乌江、历阳、阜陵、龙亢四县置历阳郡，南朝宋属南豫州，至齐，辖历阳、龙亢、乌江三县。南朝梁绍泰元年（555年），陈霸先杀死王僧辩后和北齐高洋在历阳议和，改其名为和州以示纪念。项羽垓下兵败自刎于历阳乌江，刘禹锡于和州（历阳）作《陋室铭》。

整个南朝，历阳为京师建康门户，西北隔滁河与谯州毗邻，与姑孰一江之隔，可顺水直达建康，直线距离约为一百一十里。

历阳太守庄铁之弟庄钧带着几百人夜袭侯景，全部战死。庄铁在母亲劝说下，于二十日举城投降，侯景向庄铁之母行礼下拜，以示感谢。庄铁说："国家和平多年，人们已不习战事，听说大王起兵，朝廷内外震惊。我军应乘势迅速逼近建康，可兵不血刃，速建大功。如果朝廷渐有防备，内外稍安，只要派遣一千老弱士兵占据采石，大王虽有百万精锐，也于事无补。"于是，侯景留田英及郭骆守卫历阳，以庄铁为向导，带领军队来到长江边。

梁朝防卫长江的镇、戍守军相继把侯景反叛的消息上报朝廷。

梁武帝向都官尚书羊侃咨询对付侯景的计策。羊侃建议："派两千人马快速占据采石，指挥邵陵王出兵夺取寿阳；如此，则让侯景进不得前，退又失去巢穴。这帮乌合之众，自然也就土崩瓦解。"朱异却认为"侯景一定没有渡过长江"的打算，于是，没有采纳羊侃的建议。羊侃说道："现在梁朝就要败亡了。"

二十一日，蒙在鼓里的梁武帝委任内奸萧正德为平北将军、都督京师诸军事，驻军丹阳郡（郡治靠近江渚，今江苏南京西南，后同）。长江边上的萧正德借机派出几十艘大船，诈称运送芦苇，暗中却用来运送侯景的军队过江。

侯景将要渡江，担心遭到王质江防部队阻击，便派间谍去侦察王质动向。

正好这时，临川太守陈昕建议："采石急需重兵把守，王质水师力量薄弱，恐怕不能顶事。"梁武帝便派陈昕代替王质守卫采石，调王质任丹阳尹。

陈昕，是陈庆之第五子，十二岁随父入洛阳，精于骑射，骁勇善战。

陈庆之，梁朝名将，虽身体文弱，难开弓弩，不善骑马，但是有胆略，善抚士兵，带兵有方。陈庆之出身寒门，少为萧衍随从。大通年间，奉命护送降梁的魏北海王元颢北还，长驱直入，直达洛阳，历47战、平32城，所向披靡。后孤军兵败，只身潜返江南，于大同五年（539年）去世，时年五十六岁。

王质被调回京城任丹阳尹，可是，换防出现纰漏，王质没等交接就离开采石，而陈昕尚在路上，导致江边无兵。间谍告诉侯景："王质已经离开采石。"侯景让间谍折长江东岸的树枝为证。

如果有兵是上不了岸的，也拿不到树枝。间谍很快带着新折断的树枝返回。侯景非常高兴地说："我的事能成！"

二十二日，侯景从横江（今安徽和县西南，与长江南岸采石矶隔江相对，后同）渡过长江到达采石，一共才有几百匹马和八千士兵。

当夜，建康朝廷才开始下令戒严。

侯景分兵袭击姑孰城（今安徽当涂，后同），抓住了淮南太守文成侯萧宁。

姑孰城，在今安徽马鞍山当涂，位于长江东岸，东晋时置城戍守，因临姑孰溪得名，地当长江津要，"左天门，右牛渚，铁瓮直其东，石头枕其北"，为京师建康西南藩篱。历为豫州、南豫州治。

南津校尉江子一统率千余水师，想去历阳阻击侯景。不料家住江北的副将董桃生，率手下先行逃跑，江子一只好徒步回到建康。

侯景已经叛梁渡江，建康全城震动。

第四章 文居殿萧衍愤困

1. 寇入建康，奸起正德

太清二年（东魏武定六年，西魏大统十四年，548年）十月二十二日，侯景叛军渡过长江，兵锋直指建康。

侯景在寿阳起兵，梁武帝部署四路大军围剿。侯景用王伟之计，乘梁军尚未四面合围之际，钻隙乘虚，疾趋建康，并利用梁朝最大的弱点，诱梁朝宗室萧正德为内奸，又以诛杀朱异等奸佞为号召，师出有名，兵临京师。

太子萧纲见情况紧急，身穿戎装进入皇宫见梁武帝，领受指示，梁武帝说："这些是你自己的事，何必问我？朝廷内外的军政事务，全都交付于你。"

太子进驻中书省，指挥布置军事部署。人心惶惶不安，无人应募出征。朝廷还不知道萧正德已暗中投降侯景，仍命其驻兵把守朱雀门（建康正南门，后同），命宁国公萧大临（太子萧纲之子）驻守新亭（今江苏南京南山上，后同），大府卿韦黯率兵驻守六门，同时修缮皇宫城墙，做好抵御进攻的准备。

侯景到达慈湖。建康全城惊骇，御街行人抢掠，街道不能通行。朝廷赦免东西冶、尚方钱署以及建康城囚犯，命萧大器都督城内诸军事，由羊侃辅助。命南浦侯萧推（萧秀之子）守卫东府（今江苏南京东，临秦淮河，后同），命西丰公萧大春（太子萧纲之子）守卫石头（今江苏南京西石头山后，后同），命轻车长史谢禧、始兴太守元贞守卫白下（今江苏南京西北，后同），命韦黯与柳津（柳仲礼之父）分别守卫宫门及朝堂。

梁武帝把各官署仓库里贮藏的钱财聚集在德阳堂，补充军需。

二十三日，侯景到达阪桥（今江苏南京雨花台板桥镇，西临长江，现为板桥街道，后同），距建康西南三十里。

为刺探建康城中虚实，侯景派遣徐思玉前去拜见梁武帝。

梁武帝亲自召见徐思玉，并问了他一些事。徐思玉假称自己背叛侯景，请求单独向梁武帝报告情况。梁武帝刚要屏退左右，舍人高善宝说："徐思玉从叛贼那里来，真假难以推测，怎可让他单独留在大殿之上！"朱异正坐在梁武帝身边，说："难道徐思玉还是刺客不成！"徐思玉拿出了侯景短信，上面写道："朱异等人玩弄权术，我请求带兵入朝，除掉皇帝身边奸人。"朱异听后非常羞愧。

梁武帝也派中书舍人贺季、主书郭宝亮到阪桥慰劳侯景。贺季问侯景兴师动众前来到底想干什么。侯景直接回答："想当皇帝。"王伟赶紧遮掩，说："朱异等人误国乱政，我们只是要除掉奸臣。"侯景拘留贺季，打发郭宝亮返回皇宫。

建康城有六个城门，城南边是秦淮河，朱雀桥是河上最大的浮桥，桥北朱雀门是从南面进入建康城第一道门户，也是侯景进军必由之路。侯景来得突然，百姓们竞相入城，城内秩序十分混乱。

羊侃分区布防，皇室成员都在其间参与防卫事宜。有士兵争相进入武库，自取兵器、盔甲，武库官无法禁止，羊侃当场下令斩杀几名士兵，稳住了混乱的局面。

这年，是梁朝立国第四十七年，国内一直平安无事，公卿以及街坊居民很少见到兵器、铠甲。现在，叛贼突然到来，形势严峻，官员与百姓都很震惊。朝中已无老将，后起青年将领正在外面征战或防守边境，军队的指挥权，完全由羊侃一人决定。羊侃有胆有谋，太子深为仰仗。

二十四日，侯景到达朱雀桁（朱雀门外之桥，后同）浮桥南面。太子命萧正德把守宣阳门（建康南门），东宫学士庾信把守朱雀门，自己则统率宫中三千多名文武官员在朱雀桥北安营。

庾信，世称"庾开府"，南北朝时名臣、才子，擅长诗赋骈文，以"绮艳轻靡"著称，和徐陵一起为宫廷文学的代表，时称"徐庾体"。不过，在对敌方面，庾信却不像写写诗词歌赋那样游刃有余。

太子命令庾信开桁，即断开浮桥，以阻遏侯景部队过桥。萧正德却阻止说："百姓看到断开浮桥，一定会非常惊恐；应暂且安抚百姓情绪。"太子不再坚持。

须臾之间，侯景兵到。庾信令部下开桁，刚断掉一舳（大舟桥者），看到侯景士兵戴着铁面具，吓得后退，藏到门楼。庾信正在吃甘蔗，一支箭飞来射中门柱，庾信手中的甘蔗随着弓弦的响声坠落地上，庾信随即丢掉队伍逃走。

萧正德的南塘（建康西南秦淮水西）游军沈子睦趁机闭桁，侯景得以过桥。

太子赶紧派遣王质率领三千精兵增援庾信，王质没碰到庾信，却在领军府遭遇侯景军队，没有摆开阵势抵抗，就逃命而去。

— 117 —

负责防守建康第二道关键门户宣阳门（建康城正南门）的内奸萧正德，在张侯桥（建康城南）迎接侯景，二人在马上作揖打了招呼。进入宣阳门后，萧正德望阙叩拜三次，哽咽流泪，便跟随侯景，渡过秦淮河。

侯景部队都穿青色战袍，萧正德部队的士兵穿红色战袍，里子是青绿色的。与侯景会合后，萧正德命令手下士兵，全部反穿战袍。

侯景乘胜进军，来到台城城阙下，城中十分恐慌。关键时刻，羊侃谎称得到一封射进来的书信，信上说："邵陵王和西昌侯援兵已到达附近。"人心稍安。

建康城分三部分，中间台城，也就是皇宫，西面石头，东面是东府城。西丰公萧大春放弃石头，逃奔京口；谢禧、元贞放弃建康卫城白下逃走；津主彭文粲等人率石头军民投降侯景，侯景派仪同三司于子悦据守石头。

二十五日，侯景让士兵列队，围绕在台城周围，战旗都用黑色。

侯景叫人向城内射去一封短信，信上说："朱异等人专权，作威作福，我被他所陷害，想杀掉我。如果陛下您杀掉朱异等人，那么我就收兵回北方。"

梁武帝问太子："有这样的事？"太子回答说："有。"梁武帝便要杀掉朱异。太子说："叛贼侯景只是以杀朱异等人作为借口。今天即使杀掉朱异，对当前局势也于事无补，只会被后人耻笑；等到平定侯景，再杀朱异不晚！"

侯景包围台城，各军一齐攻城。叛军敲着战鼓，吹起口哨，喧声震地。

至此，侯景、羊侃两名北人在建康城下开始斗智斗勇。

— 118 —

侯景叫人火烧大司马及东华、西华等门。羊侃则派人在门上凿洞，用水灌下去，浇灭火焰。太子亲自捧着银制的马鞍，犒赏勇敢杀敌的战士。直将军朱思率领几名士兵，翻过宫墙凿穿门楼向下浇水灭火，过了很久，火才被扑灭。

侯景又让人用长柄斧子砍东掖门，门快要被砍开时，羊侃叫人在门扇上凿出小孔，用槊刺杀两人，砍门的士兵退了回去。

梁武帝加封羊侃为侍中、军师将军，又赏赐黄金五千两、白银万两、绢帛万匹，让他犒赏士兵。羊侃推辞不受，却拿出自己的家财犒赏部曲。

此时，侯景已占领公车府，萧正德占领左卫府，侯景党羽宋子仙占领东宫，范桃棒占领同泰寺。至此，叛军轻松占领了除台城和东府城以外的整个建康城。

为激励士气，侯景把东宫里的几百名歌伎分给手下士兵。东宫靠近台城，侯景的士兵登上东宫城墙向台城内射箭。到了夜晚，侯景在东宫摆设酒宴，奏起音乐。太子则叫人火烧东宫，台殿以及殿内收藏的图书全部化为灰烬。

侯景又派人焚烧乘黄厩、士林馆以及太府寺。

二十六日，侯景制作了几百个木驴进攻。木驴是带轮子的简易小房，里面装载士兵。士兵在木驴里推车前进，可以接近城墙。城上则投掷石块，击碎木驴。

侯景又改制了一种石头无法砸破的尖顶木驴。羊侃则制作雉尾炬，投掷到木驴上，瞬间烧光了全部木驴。雉尾炬就是箭头加上火把：

> 缚苇草之，分两歧，如燕尾状，以油蜡灌之，加火，从城坠下，使人骑木驴而杀之。（《通典·兵五》）

侯景制造了一种登城楼，高十多丈，准备居高临下向城里射箭。羊侃说："战车很高，地上壕沟土层很虚，战车一来，必然翻倒，我们可以埋伏起来，观看结果。"等到战车一到，果如羊侃所说。

侯景见难以破城，而且士兵伤亡很多，便修筑长围，隔断内外。

侯景要求梁武帝杀掉朱异等人。台城里也向城外射出赏格，上面写着："能送来侯景脑袋的，授给侯景所受爵位，赏赐一万亿钱、一万匹布、一万匹绢。"

朱异、张绾商议开城攻打侯景，征询羊侃的意见，羊侃说："不可以。现在，如果派出少量人马，不能击败贼兵，只会白白挫伤自己锐气；如果派出大量人马，一旦失利，城门狭窄、浮桥又小，一定会导致重大伤亡！"

朱异等人不听羊侃劝告，派遣一千多人出城作战；这些人马尚未与叛军交锋，便纷纷逃回，果然在争相上桥时纷纷落水，死伤过半。

羊侃长子羊鷟被侯景俘获，被押到城下，以此威胁羊侃。羊侃说："我羊氏豁出整个宗族报效皇帝，尚嫌不够，怎会在乎这一个儿子，望你早点杀掉他！"

几天过后，侯景又押来羊鷟。羊侃对羊鷟说："我还以为你早就死了，怎么还活着呢？我以身许国，不会因你动摇我的决心。"朝着羊鷟，拉弓便射。

侯景又派仪同傅士哲向羊侃喊话，说："侯王远道前来问候天子，为何闭门不让进去？羊尚书是国家大臣，应该禀奏朝廷。"羊侃道："侯将军归附以来，朝廷给予很大信任期望，又有什么苦恼使他忽然起兵，这岂是臣子所为？我不能听信你的花言巧语，开门揖盗。"傅士哲又道："我在北方久仰将军风采，希望您能脱去戎服,让我看一看。"羊侃便摘下头盔,傅士哲瞻望许久,方才离去。

侯景有感于羊侃的忠义,没有杀掉羊躭,后来,还纳了羊侃的女儿为妾。梁武帝死后,羊侃的第三子羊鹍假意归降,被侯景引为心腹。

庄铁担心侯景不能攻克台城,便借口说要去迎接母亲,同手下人一起奔向老家历阳。庄铁先给田英、郭骆送了封信说:"侯王已经被官兵杀死,朝廷派我回来镇守历阳。"郭骆等人见信大惊,跑出历阳,逃奔寿阳。庄铁进入历阳,也不敢据守,便携带母亲一起逃往寻阳。

十一月初一,梁武帝让人杀死一匹白马,在太极殿前祭祀战神蚩尤。

同日,临贺王萧正德在仪贤堂即皇帝位,下诏称:"自普通年间以来,奸佞小人扰乱朝政,皇上长期患病,社稷岌岌可危。河南王侯景,离开封邑来到我朝,扶持我继承皇位,今天下大赦,改元'正平'。"萧正德立长子萧见理为太子,任侯景为丞相,把女儿嫁给侯景,并将家中财宝全部拿出来,资助军需。

侯景在台城阙前安营,分兵二千攻打东府。南浦侯萧推带兵坚守,抵抗了三天。侯景亲临进攻,箭如雨下,有人偷偷率领侯景士兵登上城墙。

初四,侯景攻克东府,杀死萧推及守城的三千战士,把尸体拉到杜姥宅,远远地告诉台城中人:"若不早点投降,便是这样下场!"

侯景对外声称梁武帝已经去世,就连城里的人也信以为真。

初五,太子请梁武帝巡视全城,到达大司马门时,城上守军

第四章 文居殿萧衍愤困

看到皇帝来了，都喧噪欢呼，激动地流下眼泪。军心这才稍稍稳定下来。

当初，江子一走回建康，遭到梁武帝责怪。江子一谢罪说："我以身许国，常担心不能为国尽忠而死；现在，部下弃我而去，一人怎能迎战！如果侯景打到这里，我誓当砸碎脑袋以赎前罪，不死阙前，当死阙后。"此时，江子一要求与弟弟江子四、江子五一起，率领一百多人，出承明门迎战，这纯粹是以卵击石。

江子一带领人马，径直前往侯景军营，叛兵按兵不动。江子一高呼："你们这些反贼为什么不快些出来应战！"过了很久，侯景的骑兵出来，左右夹击江子一。江子一冲锋在前，挥槊刺向叛兵；随同之人不敢上前支援，叛兵砍中江子一的肩膀，把他杀死。江子四、江子五相互说道："我们和哥哥一起出来，有什么脸面独自回去呢？"于是，兄弟俩脱下甲胄，冲向叛兵。江子四被叛兵的长矛穿透胸膛刺死；江子五被刺伤颈项，回到战壕时，大哭一场，当即死去。

江子一，西晋名臣江统之七世孙，虽然梁武帝宠臣朱异是其姑父，却从不拜访。此番壮烈殉国，合称"济阳忠壮"，史书称其使后世知道"梁代之有忠臣"。

侯景刚到建康时，以为很快就能攻下台城，所以，部队军纪严格、军容整齐，士兵们不敢侵扰百姓。等到攻打台城多次都没有攻克时，军心开始离散沮丧，侯景又担心救援建康的军队从四方汇集，迟早会有溃退的一天。另外，由于石头常平各个粮仓的粮食已经吃完，军中缺粮。于是，侯景便纵容士兵抢夺百姓子女和其粮米、金银、布帛。从这以后，大米的价格一升涨到七八万钱，以致造成人吃人的情况，被饿死的人达到十分之五六。

初八，侯景驱赶士民在城东、城西堆砌两座土山。不论高低贵贱，全遭殴打锤击。而疲弱生病之人，则填入土山。一时之间，哭号动地。百姓不敢逃走藏匿，全都出来堆山，十天的时间，人数多达几万。

台城里面也建造土山，对付城外的土山。太子、宣城王以下的达官显贵，都亲自背土，拿着簸箕、铁锹挖土、装土。城中土山上还筑起芙蓉楼，楼高四丈，用锦装饰。朝廷招募两千死士，穿上厚厚的战袍和铠甲，称之"僧腾客"。这些死士被分配在东、西两土山上，日夜不停地与城外侯景叛军交战。

这时，突遭天降滂沱大雨，城内土山崩塌；叛兵趁此机会，从高处往城内垂吊士兵，城内军队与叛兵浴血奋战，即将抵挡不住时，羊侃令士兵投掷火把，形成一道火墙，切断叛兵来路。随即，又慢慢筑起城墙，叛军无法攻进。

侯景知道守城的多为士人奴仆，便把大量招募的降奴全部恢复平民身份。侯景召得一名朱异的奴仆，立即任为仪同三司，赏给朱异的全部家产。侯景又令其骑良马、穿锦袍，在城墙下仰头诟骂朱异："为官五十年，方才做到中领军；我刚投奔侯王，已是仪同。"于是，三天之内，奴仆出城投奔侯景的数以千计。侯景全都给予丰厚的赏赐，分在军中。降奴人人感激侯景大恩，愿出死力。

至此，侯景军中士兵，加上沿途裹挟的百姓及降兵，数量有十万之众。

此时，朱异致信侯景，陈述祸福利害。侯景当即回信："梁朝最近几年来，奸臣当权，搜刮平民，以供嗜欲。如非如此，请看今日国家池苑、王公宅第、僧尼塔寺，及在位达官显贵、百室妻妾、数千仆从，不耕不织，锦衣玉食，不掠夺百姓，何处得之？我来到王庭，旨在杀掉奸佞，并非推翻社稷。现城中指望四方援兵，我看王侯诸将只想保全自己，谁能竭忠战死，与我一争胜负！曹操、曹丕感叹的长江天险，我像一根芦苇一样轻易渡过，日明气净，若非上天保佑、百姓协助，怎会如此！望各位三思，自求吉祥！"

侯景又给东魏写了一封短信，称：

> 江海未苏，干戈暂止，永言故乡，人马同恋。寻当整辔，以奉圣颜。臣之母、弟，久谓屠灭，近奉明敕，始承犹在。斯乃陛下宽仁，大将军恩念，臣之弱劣，知何仰报！今辄贵启迎臣母、弟、妻、儿，伏愿圣慈，特赐裁放！（《资治通鉴·梁纪·卷十七》）

萧正德成为内奸，引狼入室，建康城内有了两位皇帝。

2. 贼阻台城，忠昭羊侃

再看建康城外梁朝各路援军情形。

太清二年（东魏武定六年，西魏大统十四年，548年）十一月初九，荆州刺史湘东王萧绎（萧衍第七子）听说侯景包围台城，立即宣布江陵戒严，传檄所督湘州刺史河东王萧誉（萧统第二子）、雍州刺史岳阳王萧詧（萧统第三子）、江州刺史当阳公萧大心（太子萧纲第二子）、郢州刺史南平王萧恪（萧衍之弟萧伟之子）等人发兵救援建康。

十三日，湘东王萧绎派遣司马吴晔、天门太守樊文皎等人率兵从江陵出发。

先前，侯景抓获陈昕，设宴款待，让陈昕聚集部曲，为己所用。陈昕不从，被关押起来。看守陈昕的是同泰寺叛军将领范桃棒，被陈昕策反。范桃棒在夜间暗中将陈昕用绳子缒入台城。梁武帝极为高兴，赐给范桃棒银券，上面刻着："事定之日，封汝河南王，即有景众，并给金帛女乐。"太子担心有诈，犹豫不决。梁武帝生气地说："接受对方投降是常理之中，你为什么又突然疑神疑鬼！"

太子召集公卿大臣开会商议此事，朱异、傅岐说范桃棒投降一定不是假的。太子认为等候外援才是万全之策，不能判断范桃棒投降真伪。朱异说："殿下若以社稷危机重，就应接纳；如果犹豫，不知道结果怎样。"太子始终不能决定。

范桃棒又派陈昕二次进入台城上报："我率领五百部下到达城门，全部脱下铠甲，请朝廷开门接纳。事成之后，保证活捉侯景。"太子看到范桃棒言辞恳请，愈加怀疑。朱异捶胸感叹道："失去这次机会，国家就完了！"

不久，范桃棒被部下告发，被侯景杀掉。陈昕不知，如约出城，被侯景抓住，逼其向城内射信一封，说："范桃棒暂且轻装，率几十人先入建康。"侯景想把铠甲穿在里面随之入城，陈昕不肯，决心一死，被杀。侯景派遣萧见理和卢晖略一起镇守东府。萧见理夜里与一群强盗到大桁抢劫，被飞来的流箭射死。

台城被围一个月后，太子一心等待的第一支援军终于到了。

先前，邵陵王萧纶（萧衍第六子）本是去寿阳讨伐侯景，走到钟离（今安徽凤阳东北淮水南岸，后同），听说侯景已从采石渡江，便日夜兼程回师救援建康。大军于京口渡江，船至江中，忽起大风，人马落水淹死十之一二。

邵陵王萧纶过江到达京口，率萧大春（太子萧纲第六子）等人及三万步兵、骑兵，从京口西进。侯景派军队到建康门户江乘（今江苏句容北六十里）阻击。

赵伯超对邵陵王萧纶说："如从黄城大路上去，一定会与叛兵相遇；不如直接进军钟山，突袭广莫门，出其不意，定能解建康之围。"邵陵王萧纶同意，但由于夜间行军迷了路，多走了二十多里地，到了二十三日早上，在钟山安营。

侯景见邵陵王萧纶部队出现，大惊，一面把掠来的妇女和珍宝全部运到石头，备好船只，打算一旦失利便乘船逃走；一面分兵三路迎击，但全部战败。

山顶积雪尚存，邵陵王萧纶把军队带到山下爱敬寺。侯景撤至覆舟山北。

二十八日，邵陵王萧纶进军玄武湖侧，与侯景对阵未战。到了黄昏，侯景约定明天会战，得到同意。邵陵王萧纶之子安南侯萧骏看到侯景退兵，以为叛兵逃跑，带精兵在后追击。侯景杀了个回马枪，萧骏战败，奔往梁军军营。赵伯超看见萧骏兵败，也跟着逃跑。侯景乘胜追击，邵陵王萧纶全军溃败，只收集到一千残兵，逃进天保寺；侯景在后紧追，放火烧了天保寺。邵陵王萧纶逃往朱方，士兵踩着冰雪前进，不少人冻坏了双脚。

侯景缴获萧纶部队的全部辎重，俘虏了西丰公萧大春、司马庄丘慧达、直阁将军胡子约、广陵县令霍俊等人。二十九日，侯景将缴获的军资及萧大春等人带到城下，对城里人说："邵陵王已经被乱兵杀死！"以此恐吓城中。

霍俊反驳说："邵陵王只是遇到小挫折，已全军返回京口。

城中只要坚守，援军很快到来。"叛军用刀锤击霍俊后背，霍俊辞色更加激烈。

侯景认为霍俊是位义士，随即释放，却被萧正德杀掉。

当晚，又有第二批三支梁军赶到。分别是鄱阳王萧范世子萧嗣和西豫州（治今安徽怀宁，后同）刺史裴之高、建安（治今湖北麻城）太守赵凤举。三人在蔡洲（今南京西南十二里江中）扎营，和南岸的侯景隔岸对峙，同时等待长江上游人马。其中，鄱阳王萧范和裴之高是梁武帝派去征讨寿阳四路大军中的两路。

侯景把秦淮河南岸的居民全部赶到北岸，烧毁房屋。大街以西，坚壁清野。

北徐州刺史封山侯萧正表镇守钟离，梁武帝召其援救，萧正表推说船只粮草尚未收集停当，不肯派兵。侯景任命萧正表为南兖州刺史，封南郡王。萧正表一面在欧阳（今江苏仪征东北）设栅，阻断援军，一面率领一万人马，表面上声援建康，实际上偷袭广陵，萧正表劝诱广陵县令刘询烧城为应。刘询告知南康王萧会理。南康王萧会理派刘询夜间发起偷袭，大败萧正表。萧正表逃回钟离。刘询收集萧正表散兵和粮食，交给南康王萧会理，两人入援建康。这是第三批援军。

十二月初七，羊侃去世，台城城中人心更加惶恐不安。

羊侃，字祖忻，泰山梁父人。祖父羊规，原宋武帝刘裕部下，身陷北方，留魏为官。父亲羊祉，北魏平北将军。羊侃身材魁伟，膂力过人，能用六石强弓，早年效力北魏，曾随萧宝夤平定西北秦州羌人之乱，一箭射死莫折天生。武泰元年后，率军叛魏，完成羊祉南归之愿，其时，羊侃冲出北魏数十万军队包围圈，趁夜突围，孤身归梁，历任徐、青、冀、兖四州刺史，多次随军北伐，镇压闽越叛乱。前述寒山之战,只有羊侃全军而退。侯景围攻建康,羊侃以老迈之身主持台城防务。羊侃生性豪侈,性情宽厚,精通音律,曾自造《采莲》《棹歌》二曲。

侯景大造攻城器具,陈列阙前。大车高达几丈,一车有二十个车轮。

十一日,侯景再次进攻台城,用蛤蟆车运土填平战壕。蛤蟆车的特点就是容量大,是运输土石的必备装备。北魏雄主拓跋焘在统一北方过程中精心改良了蛤蟆车,使其更加坚固、速度更快。侯景出身北魏,自然要用上这种攻城"神器"。

湘东王萧绎派遣长子萧方等率领一万步兵、骑兵前来建康救援,十四日,援兵从公安(今湖北公安东北油江口)出发;湘东王萧绎又派竟陵太守王僧辩率领一万名水师,从汉川(今湖北汉川)出发,运粮东下。萧方等才智过人,擅长骑射。每与敌军交战,都亲临前线,以尽节而死为己任。

十六日,侯景用车装火,焚烧台城东南楼。材官吴景心灵手巧,在台城构地为楼。大火刚灭,新楼立起,贼兵认为神助。侯景趁大火燃烧,偷偷派人从下面挖洞凿城。城墙将要崩塌,城内的人才发觉。吴景在城内修造迂回曲折的城墙,好似半圆形的月亮,同时扔掷火把焚烧攻城器械,贼兵撤退。

二十三日,侯景堆的土山逼近台城城楼。柳津命令士兵在山底挖地道,土山崩塌,四周叛兵全被压死;柳津又让人在城内修筑一座飞桥,悬罩两土山上。叛兵见有座飞桥远远伸出,一片混乱,争着逃走。城里又向城外投掷雉尾火炬,焚烧东土山,烧光栅栏。敌人尸体积压城下。侯景放弃堆山,烧毁进攻器具。

材官将军宋嶷投降侯景,出主意引玄武湖水淹灌台城,城阙前洪水横流。

梁武帝加衡州刺史韦粲为散骑常侍,监欧阳州事。韦粲是韦放的儿子。韦粲回到庐陵(治石阳,今江西吉水东北,后同),听说侯景叛乱,便从军中挑选五千精兵,日夜兼程驰援建康。韦粲来到豫章(今江西南昌),听说侯景已出横江,便和内史刘孝仪商议。刘孝仪说:"应该皇上有旨,方可出兵。怎可轻信别人,轻率行动!"当时刘孝仪正在设宴,韦粲勃然大怒,把酒杯摔在地上说:"叛贼已经过江,逼近台城。水陆交通阻断,如何通报情况?假如朝廷无法发出命令,自己何能心安!韦粲今天没有心情饮酒!"于是,便骑马出去部署军事,正赶上萧大心派人来请韦粲。韦粲骑着快马会见萧大心,说:"长江上游藩镇,江州离京城最近,按情理来说,殿下应行动在前。但您是皇室贵胄,身负重任,应做后应,担任主将。现在应大张声势,移镇湓城(今江西九江西),可派一员副将随我同去即可。"萧大心派中兵柳昕随韦粲一同行动。

韦粲到达南洲(今安徽当涂江中,后同),表弟司州刺史柳仲礼也率领一万多步兵、骑兵到了横江。韦粲把粮食、武器送给柳仲礼,散发自家金银、绢帛犒劳士兵。西豫州刺史裴之高自张公洲派出船只,运送柳仲礼军队渡江。

三十日夜,韦粲、柳仲礼及宣猛将军李孝钦、前司州刺史羊鸦仁、南陵太守陈文彻等人,合兵一处,驻扎新林、王游苑(今江苏南京西南三十里)一带。

韦粲提议推举柳仲礼任大都督,告知众军。裴之高自认为年龄、官位比别人高,耻于居柳仲礼之下,韦粲的提议多日不决。韦粲高声对众人说:"今天我们共赴国难,义在铲除叛贼。之所以推举柳司州，只是因他长期守卫边疆，以前曾让侯景害怕；况且他的人马精锐，没有人能比过他。若论位次，柳在我下；若论年龄，也比我年轻。只是为江山社稷考虑，大家不要再议。现在形势，贵在众将团结。如果人心不齐，大势将去。裴公是朝廷有德望的老臣，怎能夹带个人私情而搅乱杀敌大计！我韦粲请求各军解决这件事。"于是，韦粲一人乘船来到裴之高军营，语重心长地劝道："现在，皇上和太子危在旦夕，狡诈的敌人罪恶滔天，做臣子的应该勠力同心，怎能自相攻伐，裴豫州一定要与大家离心异志，刀箭便有所指。"裴之高流泪道歉，大家推举柳仲礼为大都督。

宣城内史杨白华派遣儿子杨雄率领郡中士兵随后赶来。这是第四批援军。

各军会师后兵力达十万多，沿着秦淮河立栅，侯景也在河北岸竖栅应对。

裴之高与弟弟裴之横率一万水师驻扎在张公洲，两军临河列阵，侯景把裴之高的弟弟、侄子、儿子、孙子锁在一起押往阵前，身后放置鼎镬、刀锯。侯景说："裴公如果不降，今天就煮了他们。"裴之高让士兵射向儿子，两次不中。

侯景率军一万在后渚（今江苏南京西）向援军挑战，柳仲礼想带兵出去迎击，韦粲劝他说："天色已晚，我军疲惫，不可应战。"柳仲礼便坚守营垒不出。

湘东王萧绎率领三万精兵从江陵出发，留儿子绥宁侯萧方诸镇守江陵。

鄱阳王萧范派遣属下梅伯龙在寿阳攻打王显贵，攻下外城，未能攻下中城，便退了回来。鄱阳王萧范增加兵力，让他再次攻打寿阳。王显贵后投降东魏。

三十日，柳仲礼夜入韦粲军营，部署军队。第二天早上，与侯景军队会战。诸将各有阵地。柳仲礼命令韦粲屯驻青塘。由于青塘处于通往石头的道路正中，叛贼一定争夺此地，韦粲心中畏惧，柳仲礼说："青塘战略要地，非老兄你不可。如果担心兵少，我会再派军队相助。"随即增派直将军刘叔胤协防韦粲。

太清三年（549年）正月初一，柳仲礼从新亭移营大桁，大雾迷路，到青塘时已过半夜。军栅没来得及合拢，就被侯景望见，侯景亲率精兵急攻。韦粲派军主郑逸迎击，又命刘叔胤带水师从后截击。刘叔胤畏敌不前，郑逸大败。侯景乘胜攻进军营，左右拉着韦粲躲避，韦粲一动不动，大声命令家族子弟奋战，最后与儿子韦尼及三个弟弟韦助、韦警、韦构，还有堂弟韦昂一起战死，亲族共几百人。

柳仲礼正在吃饭，听到韦粲被袭，立即扔下筷子、穿上盔甲，率一百来名属下骑马救援，在青塘和侯景激战，大败侯景，千余叛军淹死在秦淮河。柳仲礼扬槊正要刺到侯景，被叛将支伯仁从后面挥刀砍中肩膀，战马也陷入泥淖，贼兵齐刺，幸好被人及时救出。柳仲礼身受重创，因有人吸吮伤口止血，才得以不死。

从此，侯景不敢轻易派兵南渡，柳仲礼也攻势受挫不前，两军隔秦淮河对峙。太子听说后流泪说："社稷所寄，惟在韦公，如何不幸，先死行阵。"

邵陵王萧纶重新收集散兵，与东扬州刺史临城公萧大连（萧大临之弟）、新淦公萧大成等人从东边赶到建康，在大桁南面起营，共推柳仲礼为大都督。

朝廷内外都因侯景之乱而责怪朱异，朱异愤愧成疾，于初四去世。按朝廷惯例：尚书官不能作为追封，梁武帝痛惜朱异之死，特地追封为尚书右仆射。

太子曾做《围城赋》指责朱异，章末写道：

彼高冠及厚履，并鼎食而乘肥，升紫霄之丹地，排玉殿之金扉，陈谋谟之启沃，宣政刑之福威，四郊以之多垒，万邦以之未绥。问豺狼其何者？访虺蜴之谁？（《梁书·列传·卷三十八》）

初八，湘东王萧绎世子萧方等及王僧辩的部队到达建康。这是第五批援军。

十二日，梁封山侯萧正表带领北徐州军民投降东魏。

十三日，太子搬到永福省居住。

高州刺史李迁仕、天门太守樊文皎率一万士兵赶到城下。这是第六批援军。

台城与援军之间很久不通书信，一位叫羊车儿的出了放风筝的主意，将敕令写在纸鸢里头，为保证成功，纸鸢上题写"得到纸鸢后送给援军，赏一百两银子"的话。太子亲自在太极殿前乘着西北风放出纸鸢，贼兵见了觉得奇怪，以为这是诅咒人的巫术，一箭就射了下来。援军那边也在招募能进入台城送信之人，鄱阳王世子萧嗣亲随李朗使出苦肉计，谎称得罪上司，鞭打一顿后，叛逃贼营，得以乘机进入台城，城中方知援军已到，士气高涨，擂鼓呐喊。梁武帝派李朗出城，任为直将军并赏赐金银。李朗沿钟山后路昼伏夜行，几天后到达援军军营。

二十七日，萧嗣、萧确、庄铁、羊鸦仁、柳敬礼（柳钟礼之弟）、李迁仕、樊文皎率领部队渡过秦淮河，攻打并焚烧东府前面栅栏，侯景向后撤退。

众军在青溪东面安营，李迁仕、樊文皎率领五千精兵孤军深入，所向披靡，打到菰首桥（青溪上之桥）东，遭遇宋子仙伏兵，樊文皎战死，李迁仕生还。

柳仲礼态度傲慢，欺凌蔑视众将，邵陵王萧纶按部将求见主帅时的礼节，每天执鞭门口，也好长时间不见，因此，与柳仲礼结下深怨。萧大连又和萧确有矛盾。众军互相猜疑，没有打仗的心思。援军刚到的时候，建康士民扶老携幼出来迎接，可是部队刚刚渡过秦淮河，就纵容士兵抢劫掠夺。至此，士民失望，叛贼里面一些人原本有打算投诚官军的，看到这番景象，也停止行动。

临贺王萧正德记室吴郡顾野王起兵攻打侯景，二月初三，赶到建康。

当初，台城闭城的时候，朝中公卿十分关注粮食问题，男女贵贱都出来背米，得粮四十万斛和各府钱、帛五十万亿，全都集中在德阳堂，却没有储备木柴、牲口草料及鱼、盐。到了此时，只好拆除尚书省木料生火，拿出垫席喂马，垫席用光，又用米饭喂马。士兵没有粮食，有的只能煮掉甲衣皮革、熏烤老鼠、捕捉鸟雀充饥。御厨有一种干海苔，味道又酸又咸，不得已拿出来分给战士。士兵在殿省办公地之间杀马，夹杂人肉，吃肉之人无不得病。

侯景部队也很饥饿，四处搜寻，一无所获。东府城虽有不少大米，可供应部队一年，却被援军切断交通。侯景又听说荆州部队将要赶到，心中忧虑。王伟献计说："现在看来不可能迅速攻下台城，援军日益强大，而我军少粮，如果假意求和，可缓解攻势，趁求和之机，将东城大米运进石头，援军一定不敢行动，然后我军将士与战马都得到补给，再修缮器械，趁其懈怠，可一举夺取台城。"

太子再次中了侯景的缓兵之计。

3. 身死居殿，义唯霸先

太清三年（549年）二月，台城城中日益窘困，而侯景却也攻城不下。

侯景派遣将领任约、于子悦到台城下与城中假装讲和，乞求朝廷同意其北上收复原镇之地。太子考虑到城中窘境，禀报梁武帝，准备答应，更思后计。梁武帝愤怒地说："和不如死！"太子再三请求，梁武帝犹豫很久说："你自己考虑，不要取笑千载。"太子派人告诉侯景，说皇上答其所请。

侯景又乞求朝廷割让长江西面南豫、西豫、合、光四州，并要求宣城王萧大器出城相送，才能渡江北上。

中领军傅岐反对态度十分坚决，说："哪有叛贼举兵包围宫阙而跟他们媾和的道理！这样做是拒绝援军。戎狄人面兽心，绝不可信。况且宣城王是皇上的嫡系后裔，地位重要，国命所系，怎可成为人质！"梁武帝另派萧大款做人质，又命各路援军不得再进，任侯景为大丞相，都督江西四州诸军事，豫州牧、河南王。

十三日，梁武帝在西华门外设立神坛，派遣仆射王克等人与于子悦、任约、王伟一同登坛订立盟约。然而，侯景没有下令解除长围，却专心修缮铠甲、兵器，托词"没有船只，不能立即出发"，又说"害怕屯驻在秦淮河南岸援军在后追击"，又让萧大款返回台城，只要萧大器出城相送。侯景提的要求越来越多，丝毫没有离去的意思。太子明知他说的都是假话，却仍不停地笼络他。

十四日，前南兖州刺史南康王萧会理，前青、冀二州刺史湘潭侯萧退（萧恢之子）和西昌侯世子萧彧率三万联军来到马洲（白下附近）。

侯景担心联军从白下攻打上来，就写信说："请让驻扎在北面马洲的部队回到秦淮南岸，不然，妨碍我渡江。"太子命南康王萧会理从白下移到江潭苑。

侯景又上奏朝廷："刚才接到西岸来信，高澄已夺得寿阳、钟离，我现在无地可以立足，请求借我广陵、谯州，等我夺回寿阳，马上奉还朝廷。"又说："援军既在秦淮南岸，我军必须在京口渡江。"太子全都答应。

二十四日，侯景又上奏说："永安侯萧确和赵威方频繁地隔着栅栏骂我说：'皇上同你订立盟约是他自己的事，我终归要打败你。'乞求皇上叫永安侯与赵威方入城，我立即北返。"梁武帝派人召回萧确。萧确屡次上奏，坚决不入台城，梁武帝没有答应。萧确先派赵威方进城，自己南奔荆、江二镇。邵陵王萧纶流泪劝说："台城已被围很久，皇上处境危险、让人忧虑，臣子焦虑之情，如同热水烈火。所以想暂且与侯景订立盟约、打发走，以后再作打算。王命已定，怎能抗命？"此时，台使周石珍，东宫主书左法生在邵陵王萧纶住所，萧确对他们说："侯景虽说要撤离但又不解长围，意图显而易见。现在叫我进城，于事何补！"周石珍说："皇上圣旨叫你这么做，你哪能推辞？"萧确坚持不想入城，邵陵王萧纶大怒，对赵伯超说："你替我把他杀了，提头进城！"赵伯超挥起腰刀斜眼看着萧确说："我本人认识君侯您，手中之刀却不认识。"萧确只得哭着进入台城。

梁武帝平时经常吃蔬菜，随着台城被围日久，御厨蔬菜没了，梁武帝只能开始吃鸡蛋。邵陵王萧纶趁着使者能够与台城取得短时联系的机会，送给梁武帝几百个鸡蛋，梁武帝一边亲手料理，一边哽咽抽泣。

湘东王萧绎驻军郢州武城（今湖北黄陂），湘州刺史河东王萧誉（萧统次子）驻军青草湖（今湖南湘阴），信州（普通四年分益州东部始置，治鱼复县，今重庆奉节东，后同）刺史桂阳王萧慥驻军西峡口（今重庆奉节），众人借口等待四方援兵，久留原地不进。中记室参军萧贲（萧衍胞兄萧懿之孙）性格耿直，看到湘东王萧绎不尽早向下游进发，心里反感。萧贲曾和湘东王萧绎玩一种名叫"双六"的游戏，吃了子却不拿下，萧贲说："殿下您全然没有下的意思。"湘东王萧绎心生恨意。等得到梁武帝诏书，湘东王萧绎准备回师原镇，萧贲说："侯景以臣子的身份带兵攻打皇宫，如果现在放下武器，那么等不到渡江，一个小孩就能杀掉他，所以他必定不会这么做。大王拥有十万大军，还没看见叛贼就撤退，这是为何？"湘东王萧绎很不高兴，没过多久，就找了一个借口杀掉萧贲。

侯景已把囤积在东府的大米运进石头。事情办完之后，王伟听说荆州军已经撤退，援军人数虽然多，但是相互之间无法统一行动，就劝侯景道："大王以臣子身份兵变，包围皇宫，侮辱妃嫔，毁坏弄脏宗庙，犯下的罪行之多，就是拔掉大王的头发也数不完。今天弄到这种地步，您还想平平安安地待在一个地方？撕毁盟约而取得胜利之事，自古以来不少，望您暂且观察事态发展。"

临贺王萧正德也对侯景说："大功眼看告成，怎么可以放弃呢？"

侯景于是背弃盟约，上奏梁武帝十大过失，梁武帝看到后又愧又气。

三月初一，梁武帝下令在太极殿前设立祭坛，痛斥侯景违背盟约，守军高举烽火，愤擂战鼓，齐声呐喊。

当初，城门关闭的时候，城里有十几万百姓，二万多将士；被围的时间一长，大多数人身体浮肿，气喘吁吁，死亡的十之八九，能登上城墙的不满四千人，都瘦弱不堪。城里道路到处横放着尸体，无法掩埋，腐尸流出的汁液积满沟渠。形势如此，大家仍将希望寄托在外面的援军身上。

而柳仲礼只知聚集舞伎，设宴作乐，将领们前去请战，柳仲礼都不答应。安南侯萧骏劝说邵陵王萧纶："台城面临的危险已经如此严重，但是都督却还不去救援，如果万一真的发生料想不到的事，那么殿下您还有什么脸面在这个世上立身？现在应把部队分成三路，乘其不备，攻打叛贼，必胜。"萧纶没有采纳。

柳津登上城楼对柳仲礼说："你的君王与父亲正在受难，而你却不能竭尽全力救援，百世以后，人们将会把你说成什么人？"柳仲礼听了也不在意。

梁武帝向柳津询问计策，柳津回答说："陛下您有邵陵王这样的儿子，我有柳仲礼这样的儿子，他们不忠又不孝，叛贼怎能平定？"

初三，南康王萧会理与羊鸦仁、赵伯超等人进军驻屯在东府城北，约定晚上渡河。到了拂晓，羊鸦仁等人还未到指定地点，行动被侯景部队发现。未等扎营，侯景派遣宋子仙进攻，赵伯超望风而逃。南康王萧会理惨败，五千人战死淹死。侯景把这些人的头颅堆到宫门下面，向城中示威。

侯景又派于子悦向梁武帝求和，梁武帝派御史中丞沈浚到侯景处。侯景实际上并没有离去的想法，对沈浚说："现在天气正热，部队无法行军，请让我们暂且留在京师效力。"听罢，沈浚愤怒地谴责侯景，侯景不作正面回答，而是横刀呵斥沈浚，威胁要杀掉他。沈浚说："你忘恩负义，违背盟约，自然天地所不容！我沈浚已经五十岁，经常担心自己不能死得其所，你何必要用死来吓唬我？"说着，他头也不回地径直离去。侯景敬佩其忠诚正直，便放过沈浚。

侯景挖开皇宫石门前的玄武湖，引湖水灌城，各军一起攻城，昼夜不停。

邵陵王世子萧坚屯驻太阳门，终日饮酒，不恤手下，书佐董勋等人心生恨意。十二日，下半夜临近拂晓，董、熊二人从台城西北楼引侯景人马登城。永安侯萧确奋力抵挡，击退不得，就推开宫中的小门启禀梁武帝道："台城已经陷落。"梁武帝平静地躺着不动，问道："还可以打一仗吗？"萧确回答说："已经不行了。"梁武帝叹了一口气说道："自我得之，自我失之，亦复何恨！"叫萧确快走，告诉其父不要挂念梁武帝父子，即派萧确慰劳在外各路援军。台城陷落。

后来，由于侯景非常欣赏萧确的勇猛，经常令其随侍左右。邵陵王萧纶偷着派人叫萧确回去，萧确说："侯景为人轻佻，一夫之勇而已，我想亲手用刀杀掉，只是遗憾没有机会下手。你回去告诉我的父王，叫他不要把我挂在心上。"侯景与萧确一同游览钟山，拉弓射鸟，萧确准备射向侯景，不料弓弦折断，箭没有射出，被侯景察觉后杀掉。这都是简文帝登基之后的事情。

没过多久，侯景派遣王伟来到文德殿拜见梁武帝，梁武帝下令揭起帘幕，打开房门带王伟进来，王伟跪拜之后，将侯景的文书呈给梁武帝，声称："我们受到一些奸佞的蒙蔽，带领人马进入朝堂，惊动了皇上，现在特地到宫中等候降罪。"梁武帝问道：

"侯景在什么地方？你可以把他叫来。"

侯景到太极殿的东堂晋见梁武帝，随身带了五百多全副武装的卫士保护。侯景在大殿下面跪拜，以额触地，典仪带着他走到三公坐的榻前。

梁武帝神色不变，问侯景："你在军队里的时间很长，真是劳苦功高呀？"侯景不敢抬头正视，汗流浃面。梁武帝又问："你是哪个州的人，敢到这里来，你的妻儿还在北方吗？"侯景不能回答。任约在旁替侯景回答说："臣下侯景的妻儿都被高家屠杀光了，只有单身一人投靠陛下。"梁武帝又问："当初渡江时有几人？"侯景说道："千人。"再问道："包围台城几人？"回答说："十万。"问："现有几人？"回答："四海之内，没有不属于我的人。"梁武帝低头不再说话。

侯景又到永福省去见太子，太子神色无惧。时太子侍卫都已惊散，唯独中庶子徐摛、通事舍人殷不害在旁。徐摛对侯景说："侯王拜见应遵守礼节，怎么可以像现在这样？"侯景听了就跪下参拜。太子与侯景说话，侯景又不能回答。

侯景退下之后，对其厢公王僧贵说："我经常跨上马鞍与敌人对阵，面临刀丛箭雨，心情平稳如常，一点也不害怕；今天见到萧公，心中不由自主地恐慌，这岂非天子之威难以触犯？我不能再见他们。"于是撤掉两宫侍卫，纵兵把皇帝及后妃使用的车辆、服装、宫女抢得一干二净。又将朝士、王侯们捉住送到永福省，派王伟守卫武德殿，于子悦屯驻在太极殿东堂。

侯景又伪造梁武帝诏书，大赦天下，加封自己为都督中外诸军、录尚书事。

十四日，侯景派石城公萧大款带上梁武帝的诏书，下令解散在外勤王援军。

柳仲礼召集众将商议，邵陵王萧纶说："今日之命，全听将军您的。"柳仲礼注目细看萧纶，不作回答。裴之高、王僧辩说："将军您拥有百万人马，却致使皇宫沦陷，眼下正应全力决一死战，有什么可多说的？"柳仲礼竟然始终不发一言，各路援军只好散去，回到原镇南兖州刺史临成公萧大连、湘东王萧绎世子萧方等、鄱阳王萧范世子萧嗣、北兖州刺史湘潭侯萧退、吴郡太守袁君正（袁昂之子）、晋陵太守陆经等人都引兵各回本镇。邵陵王萧纶逃往会稽。

柳仲礼和柳敬礼、羊鸦仁、王僧辩等人打开营门投降侯景，将士无不叹息愤恨。柳仲礼等人进入台城，先拜会侯景，再晋见梁武帝；梁武帝不跟他们说话。柳仲礼见到父亲柳津，柳津痛哭道："你不是我的儿子，何劳跟我相见！"

十五日，朝廷颁下诏书，征召原来的各镇牧守，回到本来任所。侯景留下柳敬礼、羊鸦仁，而派遣柳仲礼返回司州、王僧辩返回竟陵。此举令侯景之后十分后悔。

秦郡（今江苏南京六合，后同）、阳平（今江苏宝应，后同）、盱眙（今江苏盱眙）三郡投降侯景。东徐州刺史湛海珍、北青州（今江苏赣榆）刺史王奉伯投降东魏，青州刺史、山阳郡（今江苏淮安）太守弃城逃走，其地被东魏占领。

侯景派江北行台董绍先带着梁武帝的敕令，召回南兖州刺史南康王萧会理。

二十七日，董绍先到达广陵，所带人马不满二百，且连日赶路又饿又累。南康王萧会理士强马壮，僚佐劝道："侯景已攻占京城，如今准备剪除藩王，然后篡位。如果四方反对，立当溃败，怎能把全州之地资于敌手？不如杀掉董绍先，拥兵固守，北和魏国，静观其变。"南康王萧会理一向懦弱，不听，将广陵交出。董绍先进城之后，众人不敢妄动。南康王萧会理弟弟萧通理请求先回建康，对姐姐说："事已至此，怎可全家被人杀光！我以后也想效力国家，只不知天命如何。"董绍先接管广陵文武部曲、铠甲兵器、金银绢帛，派南康王萧会理独自返回建康。

湘潭侯萧退与北兖州刺史定襄侯萧祇（萧伟之子）逃奔东魏。

侯景任命萧弄璋为北兖州刺史，被州民拒之城外；侯景派直阁将军羊海相助，羊海却率众投降东魏。东魏自此占有淮阴之地。

梁武帝未曾料到，自己宽容厚待的宗室诸藩竟如此不堪。

梁武帝虽然表面上被侯景控制，但心中不平。侯景想让宋子仙出任司空，梁武帝说："三公是要调和阴阳的，怎么可以任用宋子仙这种人？"侯景又请求让两位同党出任便殿主帅，梁武帝没有同意。侯景不能强迫梁武帝，心生畏惮。

太子进宫，流着眼泪劝谏，梁武帝说："谁让你来的？如果社稷有灵，还可恢复；如其不然，何事流泪！"

侯景派手下士兵值勤台省，有的人赶着驴马，带着弓刀，在宫廷中出出进进。梁武帝感到奇怪，询问是怎么回事，直将军周石珍回答："是侯丞相卫兵。"梁武帝大怒，斥责周石珍："是侯景，为什么管他叫丞相！"旁边的人都很害怕。

此后，梁武帝提出的要求大多不能满足，饮食用度也被减省，便忧愤成疾。太子把小儿子萧大圜托付给了湘东王萧绎，剪下头发与指甲寄给湘东王萧绎。

五月初二，梁武帝躺在净居殿，嘴里感到发苦，索要蜂蜜不得，发出两声"嗬、嗬"的声音，便去世了，享年八十六岁。

梁武帝萧衍是南朝梁的建立者，也是南北朝时期在位时间最长的皇帝，封建社会历史上也比较高寿，仅次于清乾隆帝。梁武帝文武全才，曾力退北魏，三十八岁以军事政变获得帝位，做了四十七年皇帝。在中国封建王朝中，在位时长排名第五，位于清康熙帝（61年）、乾隆帝（60年）、汉武帝（49年）、明神宗（48年）之后。萧衍在位初期，纠正宋、齐弊端，勤政节俭，国力强盛，但遭遇侯景，态度反复，难怪胡三省说："萧衍举事于襄阳，智计横出。及遇侯景，庸夫之不若，岂耄耶？抑天夺其鉴也？"

侯景秘不发丧，将梁武帝遗体收殓后移到昭阳殿，又接来太子，叫他像平常一样入朝，王伟、陈庆在旁监视。太子呜咽着泪流满面，不敢发声，殿外的文武百官都不知情。二十七日，侯景为梁武帝发丧，棺材抬到太极殿。同日，太子即位，是为简文帝。梁朝大赦天下，侯景出屯朝堂，把士兵派到各处守卫。

次年，百济派遣使者到建康进贡，使者看到城关荒废毁坏，同以前大不一样，就在端门前哭了起来；侯景闻讯大怒，扣留使者，押送庄严寺，不许出城。

梁武帝末年，建康官民在吃穿器用方面，争相崇尚豪华，储存的粮食不够半年食用，常常仰仗各地运输。自侯景作乱，道路断绝，几个月内，便发展到了人吃人的地步，还有人被饿死，百人之中活下来的不到一二。皇亲国戚、豪门大族都亲自采割野生的稻子，一时间，因饿死而埋在沟壑中的人，数不胜数。

六月，朝廷任南康王萧会理为侍中、司空，立萧大器为太子，封皇子为王。

临贺王萧正德怨恨侯景出卖自己，对朝廷又心生内疚，便秘密写信请鄱阳王萧范带兵前来；侯景截获了这封信，二十九日，矫诏勒死萧正德。

湘东王萧绎将要讨伐侯景,派使者去总领河东王萧誉粮草兵马。河东王萧誉说:"各有各自军府,为何忽然来督兵看人!"使者往返多次,就是不给粮草兵马。

七叔和大哥萧统的两个侄儿,至此结下梁子。

荆州长史王冲等人向湘东王萧绎呈上书信,请其以太尉、都督中外诸军事的身份,承制出任盟主,湘东王萧绎没有答应。

当初,湘东王萧绎娶了曾经是南朝齐尚书令徐孝嗣的孙女为王妃,生下世子萧方等。徐妃相貌平平,酗酒成性,又性好嫉妒,行为有失检点,情夫暨季江每每叹道:"柏直狗虽老犹能猎,萧溧阳马虽老犹骏,徐娘虽老,犹尚多情。"这就是徐娘半老成语的来历。湘东王萧绎二三年才去徐妃房间一次。而徐妃听说瞎了一只眼的丈夫要来,便化了半边妆候等,湘东王萧绎十分生气,因此萧方等也不受萧绎宠信。

因为萧大款宣读了梁武帝的诏书,勤王援军各回方镇,萧方等回到江陵。至此,湘东王萧绎才知道台城陷落。

太清二年(548年),京城危急。湘东王萧绎以王僧辩为大都督,统领一万军队赶赴建康。援军未至,台城陷落,王僧辩回到湘东王萧绎驻地江陵。

王僧辩,字君才,太原祁(今山西祁县)人。父亲王神念,北魏颍川太守。梁初举郡南降,封南城县侯,后历青、冀二州刺史、右卫将军等职,颇有治绩。

王僧辩随父南投,出任湘东王萧绎左常侍。之后,随着萧绎职位调动,先后任王府行参军、中兵参军、府司马等,又代柳仲礼为竟陵太守,进号"雄信将军"。

六月,在岭南的西江督护陈霸先,打算带兵讨伐侯景。

这时,担任广州(治番禺)刺史的是元景仲。

元景仲,河南洛阳人,鲜卑族。出身北魏皇室,父亲元法僧是北魏宗室大臣,北魏内乱之时,一度自立王,后遭各路诸侯围攻,迫不得已,父子三人归顺南朝梁。萧衍对其极尽恩宠,其父后任南朝梁太尉,其兄元景隆被封郡王、广州刺史。元景仲在父亲去世后,袭封枝江县公,历任侍中、右卫将军,出任持节、都督广、越等十三州诸军事、宣惠将军、平越中郎将、广州刺史。

此时,元景仲接到了侯景的一封信。信中,侯景以元景仲为北魏皇族,极力拉拢,并诱惑说要奉其为主,匡扶大业。元景仲因而响应侯景,准备算计陈霸先。

陈霸先获悉消息,与成州(今广东封川)刺史王怀明、行台选郎殷外臣(颜之推的亲戚)等在南海郡集中部队,发布声讨元景仲的檄文,说:"元景仲与叛贼侯景勾结,危害社稷。现在朝廷任命曲阳侯萧勃为广州刺史,镇抚广州,已屯驻朝亭(今广东南海北)。"元景仲部下听说后,都抛弃元景仲,四处逃散。

七月初一,元景仲在阁下上吊自杀。

陈霸先迎定州刺史萧勃镇守广州。

前高州刺史兰裕是兰钦的弟弟,煽动引诱始兴(今广东广州韶关北)等十郡,一起攻打监衡州(治含洭,今广东英德西七十五里)事欧阳頠。

萧勃派陈霸先发兵救援,抓获兰裕等人,之后,便委派陈霸先监始兴郡事。

堂堂萧梁皇室,面对社稷危机,还不如在岭南的一个西江都护懂得忠君大义。

4. 监镇始兴，耻投萧勃

当初，鄱阳王萧范听到建康失守的消息，下令合肥全城戒严，准备发兵进攻建康，僚佐劝他："现在魏人已经占据寿阳，大王您一旦动身离开，这些胡骑一定会窥伺合肥。前面的贼兵还没有平定，后面的州城又失守，那将怎么办？不如等四方部队集中之后，派良将率领精兵赶赴建康，这样进不耽误卫国勤王，退可以巩固根基。"鄱阳王萧范便放弃了原来的念头。

此后，鄱阳王萧范便积极谋划，打算搞定东魏，引其人马为援，讨伐侯景。

太清三年（东魏武定七年、西魏大统十五年，549年）七月，东魏李伯穆带兵逼近合肥，高澄叫魏收写信告知鄱阳王萧范。鄱阳王萧范为引东魏为外援，不仅献上合州，还将两个儿子萧勤、萧广送到东魏当人质，作为东魏出兵的条件。

鄱阳王萧范率领二万人马从东关（今安徽巢湖东南，后同）出发，屯驻濡须，等待上游的部队和东魏之兵。

濡须，今安徽芜湖无为，地处长江下游北岸，其地山环西北、水聚东南，沿江一带芦苇丛生，水网密布，因境内濡须河得名。濡须河，源出安徽巢湖，东流至今芜湖市裕溪口入长江。

三国时，濡须属吴国庐江郡。孙权曾听从吕蒙建议，在濡须口（濡须河入长江水口）建坞，称"濡须坞"，使曹魏四征东吴而不得，曹操发出了"生子当如孙仲谋"之叹。此后，直到吴国灭亡，东关至濡须坞防线岿然不动，晋军六路大军伐吴，竟无一路走濡须水道，水师只能依靠从四川顺长江而下的王濬楼船。因

濡须上接巢湖、下通长江,为江、淮间交通要道,所以,一旦国家呈南北对峙,其地必为兵家必争之地:

  栅江口,古濡须口也。吴筑两城于北岸,魏置栅于南岸。
  叶氏:自古保江必先固淮。曹操不能越濡须,苻坚不能出涡口,魏太武不能窥瓜步,周世宗不能有寿春,皆以我先得淮也。王氏曰:三国鼎立,南北瓜分之际,两淮间常为天下战场。孙仲谋立坞濡须,曹操先计后战,不能争也。(清·道光《巢县志·卷二·舆地志二》)

鄱阳王萧范见上游的部队迟迟不来,军中又开始缺粮,只好采摘蘑菇、稗子、菱角、莲藕为食。而当萧勤、萧广到达邺城后,东魏竟然违反盟约,不再出兵。鄱阳王萧范进退两难,无计可施,只好溯江西上,驻扎在枞阳。枞阳,今安徽枞阳,因县城位于山南,而山多枞木,且境内有水名枞川,城又在枞川北岸,故得名。汉武帝刘彻南巡至枞阳,射蛟于江中,随即设县。

鄱阳王萧范写信将窘境告诉江州刺史寻阳王萧大心,萧大心让出湓城。鄱阳王萧范到达湓城后,改晋熙为晋州,派萧嗣为晋州刺史,调换了江州郡县守令。

如此一来,导致萧大心政令所行,不出寻阳一郡。

当初,历阳太守庄铁归附萧大心,被任为豫章内史。庄铁到达郡城之后就叛变了,推举观宁侯萧永(鄱阳王萧范之弟)为主,并发兵袭击寻阳,被萧大心派徐嗣徽打败。庄铁逃到建昌,被光远将军韦构半道拦击,其母亲、弟弟及妻子、儿女被俘,庄铁单骑返回南昌,萧大心派王毅继续追击庄铁。因为庄铁与萧嗣一向关系很好,就请求鄱阳王萧范发兵救援。

鄱阳王萧范派侯瑱率领五千精锐甲兵帮助庄铁,王毅兵败身死。

萧嗣与任约在三章（今江西九江长江边）开战，打败任约，乘势移镇三章，称"安乐栅"。因这三叛的庄铁，鄱阳、寻阳二镇自此互相猜忌，再无心思讨贼。

萧大心让徐嗣徽率众二千，在稽亭（在今江西九江东，长江南岸）筑垒设防，切断了鄱阳的粮食交易，鄱阳王萧范数万军队没地方找到粮食，多被饿死。

鄱阳王萧范愤恨大怒，背上痈疽破裂，于次年五月初七去世。部下秘不发丧，推举安南侯萧恬（萧范之弟）为主帅，领部众数千人，与萧大心势同水火。

鄱阳王萧范，温和有器识。当卫尉卿时，每夜亲自巡警，梁武帝为褒奖侄子劳苦，出为益州刺史，后权监荆州，湘东王萧绎到任，鄱阳王萧范依旧履职。

鄱阳王萧范不学无术，而以筹略自命。喜欢古玩，召集文才。曾经得到一把旧琵琶，上面题字"齐竟陵世子"。后来当了都督、雍州刺史，抚循将士，尽获欢心。鄱阳王萧范养士马，修城郭，在私邸储存军粮，被人告发作乱，在亲自向梁武帝解释后被宽恕。有童谣说："莫匆匆，且宽公，谁当作天子，草覆车边己。"时梁武帝年纪已大，诸王莫肯相服。萧纲虽在东宫，心中不安，与邵陵王萧纶相互猜疑，两兄弟不和，朝野均知。鄱阳王萧范以谣言而求封公，不久，加开府仪同三司，便心中暗喜，认为和民谣相验，又觉得梁武帝若崩，诸王必乱，自己既得民望，又有重名，便觊觎皇位。侯景战败涡阳，退保寿阳，当时鄱阳王萧范为合州刺史，出镇合肥，屡次上奏朝廷说侯景有不轨之心，都被朱异压下。等到侯景围困台城，便派世子萧嗣与裴之高入援。台城陷落，割给东魏合肥，与寻阳王萧大心交恶，至此去世。

鄱阳王萧范死了以后，侯瑱便依附庄铁，因受其猜忌，心里不安，初八，假称约庄铁商量事情，乘机杀死庄铁，吞并其部队，占据豫章。

鄱阳王萧范死后往郡中发丧，在松门遭遇风暴，棺材落水，用钩子才捞出来。等到于庆围逼豫章，侯瑱带其诸子投降，有十六个儿子被叛兵杀死于石头坑。

东魏没有出兵帮助鄱阳王萧范，可能跟当时形势有关，因为发生了一件震惊朝野的大事，已经无暇顾及南下出兵。

东魏大将军高澄来到邺城，要辞去孝静帝授予的爵位和特殊礼遇，并且请求册立太子。高澄问济阴王元晖业近来读了什么书？元晖业回答说："我读了多遍伊尹、霍光传，不读曹氏、司马氏之书。"

高澄由于弟弟太原公高洋在兄弟中年龄仅次于自己，心怀猜忌。高洋处处谨慎，有话也不轻易说出来，常常贬低自己，与高澄说话，无不顺从其意。

高澄轻视高洋，经常说："这个人也能享受富贵，相书上怎么解释得通呀？"

高洋夫人赵郡李氏经常做一些精巧的衣服玩物，高澄见了总要占为己有；高洋夫人有时气愤，不想给。高洋笑着说："这种东西还可以再弄到，兄长需要，怎能吝啬？"每次退朝，一回到府第，高洋就关闭楼门静坐，整天不语。有时候赤脚跑跳，夫人问"为什么"？高洋说"随便给你做做游戏"。其实是在锻炼身体。

高澄抓获兰钦之子兰京，令其为送饭仆人。兰钦请求赎回，高澄不允。兰京多次自诉，也被杖打，高澄说："你要是再说，就杀掉！"兰京与六人密谋作乱。

高澄住在邺城北城东柏堂，为和宠幸的琅琊公主往来方便，常把侍卫支开。

初八，高澄与陈元康、杨愔、崔季舒密谋篡位之事，并拟定百官任用。兰京送来食物后，高澄令其退下，对众人说："昨天夜里我梦见这个奴才用刀砍我，应该赶快把他杀掉。"兰京在外听后，便将刀子放在盘底，假装送食物过来。高澄生气地说："我没要食物，你为什么突然进来？"兰京挥刀说道："是来杀你！"高澄扑过去，不料脚受了伤，就钻到床下，兰京把床掀开，杀掉高澄。杨愔狼狈逃走，一只靴子丢在屋里；崔季舒藏到了厕所；陈元康用身体掩护高澄，在和兰京争夺刀子时被砍伤，肠子流了出来。当时事发突然，朝廷内外惊骇。

太原公高洋正在城东双堂，听到这一消息，面不改色，指挥部队剿灭兰京，并封锁高澄死讯，秘不发丧。陈元康亲笔给母亲写了封诀别信，又向功曹参军祖珽口授国政处理文书，夜里便死了。高洋把陈元康收殓在府第，假说派他出使外地，对外还宣布任为中书令。朝中功臣权贵考虑到重兵都在并州，劝高洋尽快赶到晋阳，高洋接受了这一意见。连夜召来大将军督护太原人唐邕，令其部署将士，镇遏四方；须臾之间，唐邕全部部署完毕。高洋从此十分器重唐邕。

武定中，有童谣说："百尺高竿摧折，水底燃灯澄灭。"高，北齐主姓；澄，影射高澄。武定五年，高欢去世，摧折得应；武定七年，高澄所害。童谣应验。

打仗亲兄弟，上阵父子兵。九月，被湘东王萧绎攻打的河东王萧誉向岳阳王萧詧告急，岳阳王萧詧留谘议参军蔡大宝守襄阳，自己率两万士兵和两千骑兵，以围魏救赵之策进攻江陵。

第四章 文居殿萧衍愤困

— 149 —

大敌当前，主力在外。湘东王萧绎派人到狱中向王僧辩询问对策，王僧辩详细地阐明用兵策略，湘东王萧绎随即赦免王僧辩，令其担任城中都督。

初三，岳阳王萧詧赶到江陵，摆下十三座军营，向守城部队发起进攻；不料，天公不作美，连日大雨，平地水深四尺，攻城不利，部队士气低落。

湘东王萧绎与新兴太守杜崱过去有交情，暗中请其赶来援助。

十三日，杜崱与哥哥杜岌、杜岸、弟弟杜幼安、侄子杜龛率部投靠湘东王萧绎。萧詧使用的是围魏救赵，这回，江陵也用这招。杜岸请求带领五百骑兵袭击襄阳，征得同意后，部队昼夜兼程，距离襄阳三十里时，被城中发现，蔡大宝帮助岳阳王萧詧母亲龚保林登上城墙，组织防守。

岳阳王萧詧听到襄阳被攻，连夜撤军，丢弃在水中的粮食、金银、绢帛、铠甲、兵器，数不胜数。张缵脚上有伤，用马车拉着随军行动；等败逃的时候，看守恐怕追兵赶上，就杀了他，丢下尸体离开。

岳阳王萧詧一到襄阳，杜岸就逃奔广平，投奔哥哥南阳太守杜献。

岳阳王萧詧派将军薛晖攻克广平，杜岸被俘，送到襄阳，被烹杀。岳阳王萧詧挖开杜岸祖父和父亲坟墓，烧掉遗骸，扬掉骨灰，把死者头盖骨做成漆碗。

岳阳王萧詧与湘东王萧绎为敌，担心势薄难以自存，派使者求和西魏，请为附庸。西魏丞相宇文泰命令东阁祭酒荣权出使襄阳。

湘东王萧绎又派司州刺史柳仲礼镇守竟陵，意图对付岳阳王萧詧。

岳阳王萧詧害怕，又派妃子王氏及世子到西魏作为人质，以示诚意。

宇文泰想占领江、汉地区，任命开府仪同三司杨忠都督三荆等十五州诸军事，镇守穰城。同时进兵柳仲礼后方，以救援岳阳王萧詧。

杨忠将要到达义阳，太守马伯符投降，杨忠让马伯符充当向导，进攻安陆。

柳仲礼听说杨忠围攻安陆，急忙从襄阳（去年，柳仲礼自安陆出发，进攻在襄阳的岳阳王萧詧）回军救援，到达漴头（今安陆西北二十里），杨忠诸将担心柳仲礼到达后，安陆更难攻下，请求加速攻城。杨忠说："攻守之势不同，不可匆忙之间攻克，如果费时劳师，内外受敌，不是好的计划。南方人熟悉水战，不擅长野战，柳仲礼部队就在附近，我出其不意，用奇兵偷袭，对方疲惫而我方振奋，一举可擒；打败柳军，则安陆不攻自破，其他各城可传檄而定。"杨忠乘夜偷袭漴头柳军，全军口衔木棍，果然生擒柳仲礼。

此战之后，安陆、竟陵都投降杨忠，汉东之地尽为西魏所有。

杨忠来到石城（今湖北钟祥），想进逼江陵。湘东王萧绎派人劝杨忠，"萧詧前来攻打叔叔，西魏帮他，怎么让天下之人诚心归附？"杨忠因而屯兵溠水之北，停军不前。湘东王萧绎又派人和杨忠和谈，以儿子萧方略人质，双方约定：

魏以石城封，梁以安陆界，请同附庸，并送质子，贸迁有无，永敦邻睦。（《资治通鉴·梁纪·卷十九》）

八月初一，侯景派遣中军都督侯子鉴等人攻打吴兴。

吴兴兵少力弱，太守张嵊又是一介书生，不熟军中事务。鉴于袁君正的教训，张嵊说："袁家世代以忠贞著称，没想到被袁君正毁于一旦。我难道不知道吴郡陷落后吴兴势难保全？只是既然以身许国，只能选择这条死路罢了！"

侯子鉴部队到达吴兴，张嵊迎战失败，返回府中，穿戴整齐，安然坐等，侯子鉴将张嵊捉住送往建康。侯景赞许张嵊气节，想留下他的性命。张嵊却说："我担任吴兴郡守有愧，在朝廷危亡之际，不能使之转危为安，只求速死，也算幸事。"侯景还想留其一子，张嵊说道："我们一家人都已经上了鬼籍，我才不会向胡虏乞求恩惠！"侯景听完大怒，杀光张嵊全家老小，包括沈浚。

宋子仙从吴郡赶往钱塘。刘神茂从吴兴赶往富阳，前武州刺史富阳人孙国恩打开城门投降。十一日，宋子仙向钱塘发起猛攻，戴僧遬投降。

宋子仙乘胜渡过浙江（今钱塘江），到达会稽。

邵陵王萧纶到达九江，萧大心让出江州，萧纶不受，又指挥部队沿江西上。到达江夏，萧恪带人到郊外恭迎，让出郢州，萧纶也没有接受。众人推举萧纶假黄钺、都督中外诸军事，承制设百官。萧纶听说钱塘部队已被打败，就出逃鄱阳，鄱阳内史、开建侯萧蕃拒绝萧纶入城，被萧纶打败。

南郡王萧大连担任东扬州刺史。梁普通五年（524年）三月分扬州、江州置东扬州，辖会稽、东阳、新安、临海、永嘉、建安、晋安七郡。当时会稽物产丰富，土地肥沃，能够供应几万兵员，粮食兵器堆成了山，东部地区的人苦于侯景的残酷暴虐，都乐意为萧大连效力，可萧大连整天喝酒，对军事一点儿也不用心；司马东阳人留异凶狠、狡诈，大家十分痛恨，萧大连却将军事大权交给留异。

十二月初九，宋子仙进攻会稽，萧大连弃城，准备逃往鄱阳，在信安被宋子仙追上，押往建康。简文帝听后，拉起帷幕躲在里面，用袖子捂住脸痛哭。

至此，三吴地区都被侯景占领，在会稽的公侯们纷纷翻过五岭到岭南避难，带去了侯景叛反的消息，和梁朝宗室对待建康朝廷复杂的态度。

十二月，在岭南的始兴太守陈霸先不顾自己兵微将寡，名势低微，见侯景祸乱江南，毅然决定效忠王室，讨伐侯景，打回建康。

陈霸先结交郡中豪杰，振臂一呼，岭南大小洞主群起响应，郡人侯安都、张偲各自率领一千多人追随陈霸先。陈霸先派主帅杜僧明率两千人屯驻大庾岭。

不想，广州刺史萧勃想保存实力，割据岭南，不肯让陈霸先走，派人劝止说："侯景一代骁雄，天下无敌，前一段时间，建康援军十万，兵强马壮，尚且不能打败他，现在您只有这么点人，能对他怎么样？听说岭北王侯那里，局势很不稳定，皇亲之间互相开战，您只不过是跟萧家没关系的外人，怎可明珠暗投！不如暂且留在始兴，远远地大张声势，如此一来，可像泰山一般安稳无虞。"

萧勃想得挺美，不过燕雀安知鸿鹄之志。陈霸先回答说："我蒙受国恩，以前听到侯景渡江，就准备前去救援，中途受到元仲景与兰裕阻拦。如今京师沦陷，皇帝受辱，臣子应为皇帝而死，不敢顾惜性命！君侯您是皇亲国戚，承担着一方重任，您派我带领一支军队讨伐叛贼比不派要好得多，怎么又来阻止？"

陈霸先得罪了萧勃，环顾天下诸侯，选中湘东王萧绎，派人抄小路赶往江陵，表示愿意接受湘东王萧绎节制。

梁大宝元年（西魏大统十六年，北齐天宝元年，550年）正月，陈霸先率军从始兴出发，抵达大庾岭。

萧勃派心腹谭世远出任曲江县令，联合蔡路养，共同钳制陈霸先。

蔡路养为南康（治今江西赣州，后同）当地豪强，趁乱世拉起武装，占据郡城。蔡路养妻侄叫作萧摩诃，其父萧谅，梁始兴郡丞。萧摩诃跟随父亲来到始兴郡，几岁的时候父亲去世，被蔡路养收养。蔡路养奉萧勃之命，在南野（今江西南康以南约三十里处）拦截陈霸先。萧摩诃年方十三，单骑出战，勇不可当。战斗中，杜僧明战马受伤，陈霸先驰马相救，把自己坐骑让给他；杜僧明跃上马，又和数十人投入战斗。众军乘势发起猛烈进攻，蔡路养大败，脱身逃跑。

此战之后，萧摩诃归附侯安都，跟着东征西讨，侯安都对其十分厚爱。

陈霸先进军南康，湘东王萧绎以皇帝之令授予陈霸先明威将军、交州刺史。

侯景派任约、于庆等带兵两万攻打梁室诸藩。

第五章 白茅湾霸先讨贼

1. 出师南康，志在讨贼

岳阳王萧誉进攻江陵大败，没有给河东王萧誉帮上忙，鲍泉也未攻下长沙，湘东王萧绎临阵换将，派去大将王僧辩。

杀 侄

梁大宝元年（西魏大统十六年，北齐天宝元年，550年）四月，河东王萧誉被湘东王萧绎大将王僧辩包围在孤城长沙。

王僧辩修筑土山，不分昼夜，向长沙城发起进攻，箭和石头像雨点般落在城内，城中将士死伤大半，河东王萧誉处境岌岌可危，便暗中准备海船，准备突围。不料，手下将领慕容华引王僧辩进城，河东王萧誉左右皆被冲散，束手就擒。

河东王萧誉对看守之人说："请你暂时不要杀我，让我见七叔萧绎一眼，杀了慕容华这个奸邪之人，死也无恨。"看守的人说："我已奉命不让你去见湘东王萧绎。"便杀死河东王萧誉，首级送到江陵。

河东王萧誉是梁武帝萧衍的孙子，昭明太子萧统次子。年少时十分勇猛，可在马上使用弓弩，加上又有胆气，能够安抚士兵，很受部下拥戴。

中大通三年（531年）四月初六，萧统去世，河东王萧誉改封河东郡王，其后，历任南中郎将、湘州刺史。侯景攻打建康，河东王萧誉率兵救援，到达青草湖时，台城已陷落，只好奉朝廷诏令回镇湘州，之后，被雍州刺史张缵向湘东王萧绎告状，湘东王萧绎生疑，派世子萧方等率兵讨伐，结果萧方等兵败溺水阵亡，湘东王萧绎再派鲍泉进攻，直至被王僧辩破城被杀。

当初，萧方等被杀，周铁虎功劳最大，河东王萧誉恩遇很厚。王僧辩抓获周铁虎，下令烹杀。周铁虎大喊："侯景未灭，为什么杀壮士？"随即被释放。

湘东王萧绎去年就知道梁武帝驾崩，以长沙河东王萧誉尚未攻克之故，封锁消息。到了二十三日，长沙城破，叔侄之争结束，才为父亲梁武帝发丧。

湘东王萧绎用檀木雕刻梁武帝像，安放在百福殿，朝拜恭谨，凡事咨求。湘东王萧绎认为简文帝被贼臣侯景挟制，不肯采用大宝年号，对外仍称"太清四年"。

二十七日，湘东王萧绎下令发兵讨伐侯景，向远近州县发布檄文。

五月初，梁太尉益州刺史武陵王萧纪（梁武帝第八子）让世子萧圆照接受湘东王萧绎节度，率兵三万，讨伐侯景。萧圆照抵达巴水（今四川巴县），被任命为信州刺史，驻扎在白帝城（今奉节东山上）。湘东王萧绎不许其继续东下。

西魏也有他的打算，在南朝梁扶持自己的代理人，分一杯乱世之羹。

因为岳阳王萧詧是昭明太子萧统第三子、梁武帝萧衍嫡孙，西魏想让其发丧示哀，继承梁朝帝位。当时，萧詧两个哥哥已经去世，大哥萧欢已于大同六年（540年）死于江州刺史任上，二哥河东王萧誉于本年四月在长沙被王僧辩诛杀。西魏未曾料到，岳阳王萧詧却推辞不受。见此情形，丞相宇文泰派荣权为使者，改立岳阳王萧詧为梁王。萧詧建立台省，设置百官。不久，又亲自去西魏朝见西魏国主。

侯景乘鄱阳王萧范和江州刺史寻阳王萧大心在江州自相攻伐之际，派遣任约、于庆沿江而上，攻打江州、豫章。

东魏曾派遣仪同牒云洛等人迎接鄱阳王世子萧嗣，让他镇守皖城。萧嗣还没来得及出发，任约的军队就到了。牒云洛抽身溜走，萧嗣只得硬着头皮迎战，结果兵败被杀。任约的势力扩大到湓城。

寻阳王萧大心派司马韦质迎战任约，战败后仅剩士兵一千多人，众人都劝说萧大心退保建州，萧大心不采纳众人的意见，二十一日，献出江州投降任约。

早先，萧大心让太子洗马韦臧（韦粲之子）镇守建昌，拥有五千甲兵。韦臧听说寻阳已经失守，想带这五千人投奔江陵，尚未出发，就被部下杀死。

于庆占领的地盘扩大到豫章一带，侯瑱兵力不济，只好投降。于庆将侯瑱送往建康。侯景因侯瑱与自己同姓，大加优待，留下侯瑱的妻子、儿子和弟弟作为人质，派侯瑱随于庆夺取彭蠡湖以南诸郡，并任命侯瑱为湘州刺史。

攻克江州、豫章后，于庆和任约分兵进击，于庆沿赣江攻打新淦（治今江西樟树，为豫章郡都尉治所，以县有淦水得名，后同），任约沿长江攻向郢州。

当初，巴山（治今江西崇仁）人黄法氍，勇猛有力，侯景作乱时，黄法氍纠合手下自保乡里。太守贺诩乘船前往江州，命令黄法氍留下来监管郡中政事。黄法氍驻扎在新淦，于庆从豫章出发，分兵袭击新淦，被黄法氍击败。

此时，陈霸先已沿赣江顺流而下，抵达新淦县，于是，陈霸先派周文育进军攻打于庆，黄法氍带领军队和周文育会合。陈霸先为什么会出现在新淦？

此前，陈霸先打败蔡路养，占领南康，又重修崎头（今江西大余东，赣、粤、湘三省交会处，为江西南大门）古城，屯兵该地。

响应侯景的高州李迁仕占据大皋（今江西吉安南二十里赣江畔），派杜平虏进入灨石（赣江中石滩名），在鱼梁（石砌成的拦截水流、中开缺口以便捕鱼的堰）建城，威胁南康。陈霸先派周文育带兵击退杜平虏，占据该城。李迁仕听说杜平被虏战败，留下老弱士兵守大皋，选拔所有精兵，亲自统率，进攻周文育，兵锋甚锐，周文育部下心慌。周文育与李迁仕交战，李军稍退，双方对峙，正好此时，陈霸先派杜僧明赶来助战，从另一路击破李迁仕水师，李迁仕军队溃败，不敢经过大皋，直接逃奔新淦。梁元帝任命周文育为义州刺史。

宁都人刘蔼资助李迁仕船舶、兵器。李迁仕与刘孝尚共谋抗拒义军，陈霸先派周文育与侯安都、杜僧明、徐度、杜棱在白口（今江西泰和南五里）筑城防御。周文育与李迁仕交战一百多天。在灨石，岭南少数民族冼氏夫人第一次见到陈霸先，以其能得众心为由，告诉丈夫冯宝要多多资助陈霸先。

陈霸先准备从南康出发，派周文育带领五千士兵，打开通往长江水路。侯景部将王伯丑占据豫章，被周文育击退，周文育占据豫章。湘东王萧绎任命陈霸先为豫州刺史，兼领豫章内史。此时，战局已经发生变化。任约已经攻向郢州。

逼 兄

郢州邵陵王萧纶，把听事的地方称为"正阳殿"，内外斋门都题上匾名。其部下作威作福，郢州将佐心怀怨恨。

谘议参军江仲举，是南平王萧恪主要谋士，力主取而代之。萧恪大惊，说："如果我杀了邵陵王，郢州也许可以稳定，但荆州、益州的宗室必然窃喜。海内如果平定，就会以君臣大义责备我。况且逆贼未死，骨肉相残，是自取灭亡之道。你的想法不妥，还是算了吧。"但江仲举不听，安排部署手下，定好日子就要举事，不料，事情泄漏，被萧纶处死。萧恪忐忑不安地前往谢罪，萧纶说："这都是一群小人干的，不是由你策划。凶徒已经消灭，哥哥不必深忧！"

当初，邵陵王萧纶想救援河东王萧誉，但兵粮不足，写信劝湘东王萧绎说："天时、地利也比不上人和，何况兄弟手足情深，岂可相互攻伐！现在国家危难，蒙受耻辱，创伤巨大，痛苦殊深，我辈只有剖心尝胆，泣血枕戈，发奋雪耻，其余的小怨恨应互相谅解才是。如果外难未除，家中仍构祸不止，观今鉴古，没有不亡之理。战争的目标是不顾一切取得胜利。至于骨肉相残，愈胜愈残酷，胜了也不是什么功劳，败了必然有所损失，相互动武，有害人伦，亏失实在太多。侯景之所以未敢进犯长江以北，实际是因梁朝诸藩互相屏护，宗室镇兵强大。您如果攻陷洞庭而不停止动武，雍州方面必然生疑、无以自安，势必引西魏为援，梁朝的天下就完了。请您一定解湘州之围，以保存梁氏江山社稷。"

湘东王萧绎复信，逐条陈述河东王萧誉过大恶极、法所不赦。

邵陵王萧纶收信看后扔到案几，慷慨流涕："天下之事，竟然糟到如此地步！湘州如果陷落，我马上就要败亡！"便大修铠甲器仗，整军备战。

这时，邵陵王萧纶得知任约的军队马上要到了，便派司马蒋思安率五千精兵前去偷袭，任约抵挡不住，全军溃败。蒋思安以为已经胜利，故不加戒备，不料，任约聚拢散兵，反过来偷袭蒋思安，蒋思安败退。

邵陵王萧纶整军备战，湘东王萧绎担心其兵势增强，心中不悦。八月十七日，湘东王萧绎竟然派左卫将军王僧辩、信州刺史鲍泉率领一万水师东赴郢州，对外宣称是为了抵抗任约，迎接邵陵王萧纶返回江陵，准备把湘州交其管理。

九月，王僧辩抵达鹦鹉洲（今汉阳西南江中），郢州司马刘龙虎偷偷送上人质，以示友好。邵陵王萧纶知道后，派其子威正侯萧礩率兵打败刘龙虎，刘龙虎逃奔王僧辩。邵陵王萧纶写信责备王僧辩，说："将军前年杀死人家侄儿萧誉，今年又攻打人家的兄长（萧纶为萧绎之兄），这样邀功求荣，恐怕天下之人都不会答应！"王僧辩把信送给湘东王萧绎，接到的命令是不要理睬，继续进军。

十四日，邵陵王萧纶在西园召集部下，哭着说："我本别无所图，一心只想消灭侯景乱贼。湘东王萧绎常以为我要和他争夺帝位，总是被他兴兵讨伐。今天，想固守则储粮断绝，想交战则恐贻笑千古。无缘无故被俘受缚是我无法接受的，我还是逃往长江下游避避风头吧。"其部下壮士争请出战，邵陵王萧纶不答应，最终从苍门（郢城北门）和萧礩登船北出。王僧辩随之占领郢州城。

湘东王萧绎任命南平王萧恪为尚书令、开府仪同三司，任命世子萧方诸为郢州刺史、王僧辩为领军将军。

逃亡的路上，邵陵王萧纶遇到镇东将军裴之高，被其子裴畿抢走部队装备。邵陵王萧纶和左右亲信乘轻舟奔往武昌涧饮寺，被僧人法馨藏在岩洞。邵陵王萧纶长史韦质、司马姜律等听说萧纶还活着，骑马前往迎接，劝道："北江州（今湖北蕲春，后同）七栅自保流民，可提供粮草兵器。"邵陵王萧纶走出山洞，结营巴水，有八九千流民前来归附，然后收拢散兵，驻屯齐昌（蕲春西北）。

邵陵王萧纶派使者向北齐求和，北齐封萧纶为梁王。对送上门来的南朝藩王，北齐也仿效西魏，开始扶持自己的代理人。

此时，北朝两国之间的形势也是剑拔弩张，九月初十，西魏军队从长安出发，进攻北齐（五月初十，齐王高洋已在邺城南郊即皇帝位）。十二日，西魏军队进至潼关。

任约进攻西阳（今湖北黄冈东，后同）、武昌，湘东王萧绎派兵迎击。

此时，萧纶的外援军齐军还没到，只好移营马栅（距西阳八十里）。

任约获悉后，派叱罗子通带二百铁骑袭击萧纶。萧纶毫无防备，策马逃跑。

作为对西魏接纳对手萧詧的报复，和抵消自身直接接壤的强大军事压力，湘东王萧绎也选择和北齐联合。因而，面对萧家两个兄弟之间的争斗，北齐选择隔岸观火的态度，站在一旁观望，没有出兵帮助萧纶。

定州刺史田祖龙出迎萧纶，但萧纶认为田祖龙曾被湘东王萧绎厚待，害怕被抓，返回齐昌。萧纶走到汝南（今湖北安陆汉水东，后同），因西魏汝南长官李素原是自己部下，被收留。萧纶在汝南修筑城池、召集士兵，准备夺取安陆。

西魏安州刺史马祐把这一动向报告了丞相宇文泰。宇文泰派杨忠支援安陆。杨忠围困汝南，李素战死。次年二月，杨忠攻破汝南，杀死萧纶，弃尸江边。

任约又占领了西阳、武昌。

当初，萧纶任命衡阳王萧献（萧畅之孙）为齐州刺史，镇守齐昌，任约捉住萧献，送往建康，萧献被杀。

朝廷晋升侯景相国，汉王。十月，侯景又自封宇宙大将军、都督六合诸军事，写成诏书呈给简文帝，简文帝惊讶地说："将军里竟有宇宙这样的称号吗！"

侯景生性残酷，在石头设立大碓，犯法的人被抓住，就用大碓捣杀。平常总是告诫诸将："一旦攻破栅栏、攻克城池，当杀个干干净净，使天下人知道我的厉害！"所以手下诸将每次战胜，专以烧杀抢掠为能事，杀人如草芥，以此游戏取乐。侯景禁止百姓交头接耳，违犯者株连外族。侯景还规定，当将帅的称"行台"，来投降的称"开府"，特别亲信看重的称"左右厢公"，勇力超人的称"库直都督"。

十一月，侯景进入建康，辛术率军队渡过淮河切断侯景后路，烧掉一百万石粮食，包围阳平。侯景手下郭无建带兵救援，辛术抢掠之后，回到下邳。

止 弟

同月，武陵王萧纪率领各路人马从成都进发，意欲进攻侯景。

湘东王萧绎派使者送一封信劝止武陵王萧纪。信中说："蜀民性格勇猛剽悍，容易激动而难以安抚，老弟你要好好镇守成都，我自己有能力消灭乱贼。"

又用另一张纸写道："我们之间疆界依照当年孙权、刘备那样划分即可，我们之间的情谊则像春秋时鲁国、卫国的友谊那样深厚，希望常通书信。"

此时，蜀地突发战事。黎州（今四川广元）百姓聚众攻打刺史张贲，张贲弃城逃跑。黎州百姓领着氐族酋长北益州刺史杨法琛占领黎州，杨法琛派王、贾两姓头人求见武陵王萧纪，让自己担任黎州刺史，被严词拒绝，当人质的两个儿子杨崇颢、杨崇虎被逮捕。情急之下，杨法琛派使者去西魏，表示归顺之意。

为对付杨法琛，武陵王萧纪随之罢兵，派潼州刺史杨乾运、梁州刺史谯淹发兵征讨。杨法琛占据剑阁，被杨乾运打败后，退守石门。杨乾运进据平兴郡（治白水，今四川青川东北），杨法琛退保鱼石洞，杨乾运烧毁平兴城后收兵返回。

当初，宁州刺史徐文盛曾招募几万士兵，讨伐侯景。湘东王萧绎便任徐文盛为秦州刺史，令其带兵东下，与任约会战武昌。湘东王萧绎任命庐陵王萧应（萧续之子）为江州刺史，徐文盛为长史，行府州事，统驭诸将抵抗任约。

二十一日，徐文盛驻军贝矶（今湖北黄冈西），任约率水师迎战，徐文盛大败任约，杀死任约大将叱罗子通、赵威方，继续进军大举口（今湖北黄冈东）。侯景派宋子仙率兵二万前去帮助任约。

见任约驻守西阳，久不能进，侯景亲自带兵，屯驻晋熙（治今安徽太湖）。

此时的江南，连年旱灾、蝗灾，江州、扬州尤其严重，老百姓流离失所，成群结队逃入山谷之中、江湖之滨，采集草根、树叶、菱角、鸡头食。饥民所至，能吃的东西一扫而空，饿死的人横尸遍野，比比皆是，富裕人家也没有吃的，一个个饿得鸟面鹄形，穿着罗绮衣裳，怀里藏着珍珠美玉，俯伏在床帷之间，等待死亡降临。千里之内，炊烟断绝，人迹罕见，白骨成堆，像丘陇一样。

自从晋朝司马氏渡江以来，三吴之地最为富庶，贡品、租赋、客商、行旅，均出此地。到侯景作乱，百姓金银财帛被抢掠一空，有时乱兵还抢掠人口，甚至杀了吃掉，还有的把人口卖到北方，几番折腾下来，遗民所剩无几。

这时，只有荆州、益州管辖的地区还比较完整。

2. 资粮巴丘，谊结西军

侯景不在建康，人在晋熙。

南康王萧会理见建康空虚，就与太子左卫将军柳敬礼、西乡侯萧劝（萧昺之子）、东乡侯萧勔等人密谋起兵，杀掉王伟。安乐侯萧勔理到长芦集结军队，等待举事。建安侯萧贲（萧正德侄子）、中宿世子萧子邕（萧憺之孙）向王伟告发。南康王萧会理、柳敬礼、萧劝、萧勔以及弟弟萧通理，全被杀掉。

钱塘人褚冕，因是南康王萧会理故交，虽被王伟拷打得死去活来，始终也没承认。南康王萧会理在隔壁对褚冕说："褚郎，你是为我才被打成这样，你虽忍受着死亡的威胁想开脱我，但我真想杀贼除乱！"褚冕终未屈服，被侯景释放。

此前，侯景一雪前耻，娶了简文帝的女儿溧阳公主，对其十分宠幸。

侯景曾经请简文帝巡幸西州，简文帝乘坐素辇，侍卫有四百多人。而侯景则率数千名铁甲铮亮的武士翼卫左右。简文帝听到丝竹之声，凄然泪下，传命侯景起舞；侯景也请简文帝起舞。酒酣人散，简文帝在床上抱着侯景说："我念丞相。"侯景回答说："陛下如不念我，我哪能至此！"直到夜色降临才分手。

简文帝即位之初，曾和侯景一起登上重云殿。侯景向着佛像行礼发誓："从今天起，我们君臣两人互相不能有猜忌和二心，我固然不应负于陛下，陛下也不能有负于我。"待到南康王萧会理密谋泄漏，侯景怀疑简文帝知道这件事，就杀死经常出入简文帝殿中的萧谘以示警告。简文帝知道自己也活不长了，指着居住的宫殿对殷不害说："庞涓将死在这里。"

侯景亲率军队进攻宣城，杨白华兵败力竭而降。因其是北人，没有被杀，任为左民尚书，只是杨白华哥哥的儿子杨彬被杀，算是报了杨白华杀萧来亮之仇。

十二月初一，侯景从晋熙回到建康。

梁大宝二年正月（西魏大统十七年，北齐天保二年，551年），新吴（今江西奉新）人余孝顷组织军队抵抗侯景。侯景派于庆前去讨伐，但没有取胜。

初五，湘东王萧绎派护军将军尹悦、安东将军杜幼安等人率兵二万从江夏（今湖北武昌西南黄鹄山上）急行军去武昌，接受徐文盛指挥，进攻任约。

北齐派散骑常侍曹文皎出使江陵，湘东王萧绎派散骑常侍王子敏回访。此后，北齐任萧绎为梁相国，同意其设置台省，总领百官，秉承皇帝的命令办事。

二月，和杜僧明对峙白口的李迁仕，收罗部下，重整军队，回师进攻南康，打败杜僧明，进攻陈霸先。陈霸先设连营抵挡，最终活捉李迁仕。湘东王萧绎任命陈霸先为江州刺史，令其进兵攻取江州，切断任约退路，策应徐文盛作战。

三月初六，西魏文帝元宝炬去世，太子元钦立为皇帝。

十一日，徐文盛攻克武昌，进军芦洲（今湖北鄂城西二十里）。

武昌丢失，任约一面向侯景告急，一面分兵在齐安（今湖北黄冈西北）打败定州（今湖北黄冈麻城）刺史田龙祖。

见形势恶化，侯景留王伟守卫建康，亲率大军溯江西上，太子萧大器作为人质随行。闰三月，水师从建康出发，从石头到新林，兵船密密麻麻，头尾相连。

二十九日，侯景抵达西阳，与徐文盛对峙，双方在大江两岸分别修筑营垒。

三十日，徐文盛发动攻击，大破侯军，用箭射中侯景的右丞库狄式和，使其坠水淹死，侯景退军，回到军营。

四月初二，侯景听说江夏守备空虚，便出奇计，派宋子仙、任约率四百精锐骑兵，从淮内（由湖北黄冈过江）偷袭郢州。

郢州刺史萧方诸，萧绎次子，年方十五岁，行事鲍泉生性温和柔弱，常被侮慢，有时伏在床上当马骑。萧方诸仗着徐文盛军在旁，不设防，每天饮酒为乐。

初三，大风暴雨，天色昏暗，郢州有人望见贼兵，急报鲍泉。鲍泉说："徐文盛大军就在附近城下，贼兵哪能飞到这里？可能是我军回来了。"过一阵子，更多人接连报告军情，鲍泉才下令关上城门，不过，为时已晚，城门尚未关上，宋子仙骑兵已闯进城中。这时，萧方诸正坐在鲍泉肚子上，用五色彩线编结鲍泉胡须。看到宋子仙来了，萧方诸跪拜迎接，鲍泉则躲在床下。宋子仙低下头一探，看到鲍泉白胡子间夹杂着彩线，十分吃惊。于是把鲍泉抓起来，连同虞豫，送至侯景处。后来，任约兵败时，丁和用大石头砸死鲍泉和虞豫，沉尸黄鹤矶。

初四，因为遇到顺风，侯景在长江中流扬帆急驶，越过徐文盛等人的军队，进占江夏。见江夏失守，后路被断，徐文盛军队大惧溃散，和长沙王萧韶逃回江陵，后因心怀怨恨获罪，下狱而死。杜幼安等人因为家在江夏，就投降了侯景。

郢州遇袭，湘东王萧绎无奈，命王僧辩为大都督，率领巴州（治今湖南岳阳）刺史淳于量、定州刺史杜龛、宜州（治今湖北宜昌）刺史王琳、郴州（治今湖南郴州）刺史裴之横等向东进攻侯景，徐文盛以下将领一并受王僧辩指挥。

初五，王僧辩抵达巴陵（今湖南岳阳），听说郢州陷落，徐文盛兵败，便停军巴陵。此时，湘东王萧绎也获悉徐文盛兵败，便写信给王僧辩说："贼兵凭借取胜的气势，必会西下。我军不用远出奔袭，只要守住巴丘（巴陵有巴丘山），以逸待劳，不用担心不胜。"同时又对身边的将领谋士说："贼兵如果水陆两路齐头并进，直扑江陵，这是上策；如果据守夏首（今湖北武汉汉阳），蓄兵积粮，这是中策；如果全力攻打巴陵，这是下策。巴陵城小但很坚固，王僧辩足可守住。侯景攻城不下，野外又无可抢掠，酷暑季节疫病不时发生，军粮吃完、士兵疲惫，我们打败他是必然的事！"实事求是地说，湘东王萧绎的判断的确准确。

为求万全，湘东王萧绎一面派人求援西魏，割让汉中之地。一面命罗州（治今湖南湘阴）刺史徐嗣徽从岳阳出发、武州（治武陵，今湖南常德）刺史从武陵出发，各率军队和王僧辩会合。而西魏并未攻打侯景，却直接占领了汉中。

侯景占领江夏后,乘胜进攻,一面派丁和带五千士兵守卫夏首,一面令宋子仙带一万人为先锋,进逼巴陵王僧辩,又另派任约挥师直指江陵湘东王萧绎,自己则率大军沿水陆两路并进。其军事部署意图是主力进攻巴陵,分兵攻向江陵。

湘东王萧绎部署在长江沿岸的戍卒,纷纷望风而降。

侯景到达隐矶(今湖南岳阳东北,长江南岸),王僧辩依巴陵城固守,命令部下卷起旗帜、藏起战鼓,城内安静得仿佛无人。

十九日,侯景军队从隐矶渡过长江,派轻骑来到城下,问城内守将是谁。城内士兵回答:"是王领军。"轻骑兵高声喝问:"为何不早早投降?"王僧辩从容回答:"大军尽管攻向荆州(江陵),此城自然不会妨碍。"过了一阵,侯景派人把王珣押到城下,向守将王琳(王珣之弟)劝降。王琳高声喊道:"哥哥接受诏令讨贼,不能以身殉难,竟然不知内疚,反而劝我投降!"说完,拉弓就射。侯景令士兵攻城,城中鼓声大作、呐喊震天,飞箭、巨石如同雨下,士兵伤亡惨重,不得不暂缓攻城。王僧辩又派轻兵出城袭击侯军十几次,全都获胜。

侯景披着铠甲在城下督战,王僧辩也身系绶带、坐着轿子,奏着鼓乐,巡视城防。侯景远远望见,不禁也暗暗佩服王僧辩的胆略勇气。

岳阳王萧詧听到侯景攻下郢州,一面派蔡大宝率领一万军队进占武宁,一面派使者来到江陵,假意说要前来支援。众人商议后,建议以侯景已被打败为理由让萧詧退军。湘东王萧绎说:"倘若让他退兵,就等于催促他进军。"于是派使者去见蔡大宝,说:"岳阳王萧詧多次申明彼此友好、互不侵犯,你为什么突然进占武宁?我方准备马上派天门太守胡僧祐带二万精甲、五千铁骑驻扎水边,等候时机进军。"岳阳王萧詧听后，召回蔡大宝的军队。

进入五月，侯景日夜不停攻打巴陵，不久，如湘东王萧绎所料，军中粮尽，又暴发瘟疫，死伤大半。

湘东王萧绎派晋州刺史萧惠正率兵支援巴陵，萧惠正以不堪重任为由推辞，举荐胡僧祐代替自己。当时胡僧祐因忤旨被关在监狱，被立即释放，封为武猛将军，率水师救援巴陵。临行时，湘东王萧绎告诫说："贼兵如果水战，只管用大兵舰对付，一定取胜；贼兵如果陆战，自可开船直抵巴丘，不必与之交锋。"

听说胡僧祐抵达湘浦（今洞庭湖西北岸），侯景派任约率五千精兵据守白塉（同上之岸）阻击。胡僧祐避开任约，由另外一条路西进，任约以为胡僧祐害怕自己，挥师紧追，到华容县芊口（今湖南华容洞庭湖中）时，对胡僧祐呼喊："吴儿为何不早早投降，要逃到哪里？"胡僧祐不理睬他，把队伍带到赤沙亭（今湖南华容南），正巧碰到湘东王萧绎派来的信州刺史陆法和，两下合成一军。

陆法和有异术，隐居江陵百里洲，衣食住行，如苦行僧。有时预言吉凶，往往应验，人不能测。侯景包围台城，有人问："事情将会怎样？"陆法和说："凡人取果，宜待熟时，不撩自落。"那人再三追问，陆法和说："也能胜也不能胜。"待到任约进攻江陵，陆法和自动请缨，攻打任约，湘东王萧绎答应了。

三十日，任约追赶胡僧祐抵达赤沙亭。

六月初二，胡僧祐、陆法和发动进攻，活捉任约，送往江陵，后被赦免。

初三，侯景听到任约兵败，一面烧掉营地连夜撤退，一面任丁和为郢州刺史，留下宋子仙等人率领二万部队驻守郢城，一面派别将支化仁镇守鲁山（今湖北汉阳），令范希荣代理江州事务，令仪同三司任延和和晋州刺史夏侯威生守晋州（今安徽怀宁）。侯景与几千部下，顺流而下。

豫州刺史荀朗从巢湖出兵到濡须阻击侯景，击败侯景后卫，侯景逃归，船只前后失去联络。太子萧大器坐船进入枞阳浦，船上心腹劝太子投奔北方，太子说："自亡国以来，我就立志报国，不顾生死。现在皇上遭难，我怎忍离开！我今日逃跑，就是背叛父亲，而非躲避乱贼。"一边说一边痛哭，下令继续前进。

一个月后，侯景终于回到建康。

巴州刺史余孝顷派侄子余僧重带兵去救鄱阳（今江西鄱阳），于庆退兵。

湘东王萧绎指挥的巴陵防卫战取得胜利，也成为侯景由盛转衰的转折点。

湘东王萧绎论功行赏，任王僧辩为征东将军、尚书令，胡僧祐等人也都加官晋爵。陆法和要求返回江陵，说："侯景自然很快就会平定，但蜀贼将至，请派兵守卫险要之地等待。"湘东王萧绎便派其驻守巫峡之口，防备武陵王萧纪。

十八日，王僧辩抵达汉口，先攻下鲁山，抓获支化仁送往江陵。

十九日，攻打郢州，攻克外城。侯景大将宋子仙退守金城，王僧辩在城四周堆起土山，猛烈攻城。连攻三天，宋子仙困窘已极，乞求献出郢城，只身逃归侯景。王僧辩假装答应，命令给他们一百只船，以稳住对方。宋子仙信以为真，准备上船要走。王僧辩命令杜崱率领精兵千人，攀着城池的女儿墙爬了上去，大喊着冲杀，水师主帅宋遥又率领楼船云集而至，宋子仙边战边逃，到白杨浦（今湖北武昌东），彻底战败，和丁和一起被周铁虎活捉，送到江陵被杀。

江安侯萧圆正任西阳太守，为人宽容和气、喜欢施舍，慕名归附者很多，有兵一万。湘东王萧绎想吞并他，封他为平南将军。等萧圆正到了江陵，又不接见，让南平王萧恪和他喝酒，醉后关进内省，萧圆正部曲分别编入部队。湘东王萧绎又指使人告发萧圆正罪行。荆州（萧绎）与益州（萧纪）隔阂自此产生。

当月，陈霸先从南康出发，灨石（今江西万安西）旧有二十四滩，江水忽然暴涨数丈，三百里间巨石全被淹没，部队得以顺利进驻西昌（今江西泰和）。

七月初四，湘东王萧绎任命长沙王萧韶监郢州政事。

于庆从鄱阳回到豫章，侯瑱关上城门。于庆跑到江州，占据郭默城（今江西九江东北）。侯瑱被湘东王萧绎任为兖州刺史，留在建康的子弟全被侯景杀死。

三十日，王僧辩乘胜攻下溢城，陈霸先率部属三万人将要和其会师，屯驻在巴丘（今江西峡江北，与巴陵之"巴丘"同名，非一地）。听说王僧辩率领的西路军缺乏军粮，陈霸先从自己所有的五十万石粮食中，分出三十万石支援王僧辩。

八月初一，王僧辩前锋部队袭击于庆，于庆丢掉郭默城逃跑，侯景大将范希荣也扔下寻阳城逃跑。晋熙（治今安徽怀宁）人王僧振等起兵围攻郡城，王僧辩派沙州刺史丁道贵前往帮助，任延和弃城逃走。

此时，湘东王萧绎命令王僧辩暂且屯兵寻阳，等待后路大军集合。

当初，侯景攻下建康，常说吴儿生性胆怯软弱，所以首要任务是收复中原地区，然后称帝。简文帝之女溧阳公主很受侯景宠爱，王伟见妨碍政事，多次劝谏侯景不要贪恋女色，侯景把这话告诉了溧阳公主，公主很不高兴，口吐恶言，王伟怕为谗言所害，就劝侯景除去简文帝。等到侯景从巴陵战败归来，手下猛将大多战死，担心统治不长，也想早日即位。在王伟劝说下，侯景逼简文帝禅位于豫章王萧栋，表面的理由是萧栋为萧统的嫡子萧欢之嫡子，萧统又为萧衍嫡子。

十七日，侯景派卫尉卿彭隽率兵入殿，废简文帝为晋安王，幽禁在永福省，撤掉内外侍卫，派精锐骑兵看守，墙头插上枳、棘树枝，以防逃跑。

十九日，朝廷迎立豫章王萧栋。时萧栋被关在暗室，以蔬薯为食，饮食很差，正与妃子张氏锄葵菜，法驾（皇帝所乘车马）突然而至，萧栋不明所以，哭着登辇，于二十一日即位。侯景杀死太子萧大器、寻阳王萧大心、西阳王萧大钧、建平王萧大球、义安王萧大昕（均为简文帝子），以及王侯在建康者二十多人。遇难前，简文帝太子萧大器颜色不变，慢慢说道："久知此事，嗟其晚啊！"

太尉郭元建听说简文帝被废，急忙从秦郡骑马赶回建康，问侯景："皇上是先帝之子，一向没有什么过失，怎么能随便就废了！"侯景说："王伟劝我说'早点铲除梁室在百姓中的声望'，我这才行废立之事，以安天下。"郭元建说："挟天子以令诸侯，犹恐不能成功，现在无故废掉简文帝，是自取危亡，何安之有！"侯景听了又想迎简文帝复位，让萧栋当太孙。王伟说："废旧帝立新主是国家大事，怎可来回改变主意！"侯景这才作罢。

二十四日，侯景又遍杀简文帝在外诸子。次日，萧栋追尊萧统为昭明皇帝。

湘东王萧绎任尚书令，王僧辩为江州刺史，江州刺史陈霸先为东扬州刺史。

王伟又劝侯景弑杀简文帝以绝众人之心。

十月初二夜，王伟与左卫将军彭隽、王修纂等人献酒给简文帝，说："丞相以陛下幽忧既久，派我等来上寿。"简文帝苦笑着说："我已禅让帝位，怎么还称陛下？这寿酒，恐怕会命绝于此吧！"彭隽拿出曲项琵琶，和简文帝尽情痛饮。简文帝知道自己将被杀害，喝得酩酊大醉，说："没想到今天能痛饮欢乐到这种程度！"醉后即睡。王伟退出来，彭隽带进一个盛土口袋，压在简文帝面上，王修纂坐在口袋上把简文帝活活憋死。简文帝时年四十九岁。王伟卸下门板作为棺材，搬到城北酒库停柩。简文帝自幽禁之后，再也没有侍者和纸张，就在墙壁和隔板写字，诗文数百篇，辞意非常凄怆。

陈霸先赠粮王僧辩，取得湘东王萧绎的信任和好感，又换个刺史岗位，威望大增，正式跻身梁朝地方军镇实力派。

3. 定盟白茅，誓灭侯景

当初，侯景的军队逼近江陵的时候，湘东王萧绎向西魏求援，命令梁、秦二州刺史宜丰侯萧循（萧恢之子）把南郑城割让给西魏，回到江陵。

萧循认为无故献城，不符合忠臣节义，就拒绝说："我自请等待修改成命。"

西魏太师宇文泰派大将军达奚武率三万军队攻打汉中，又派大将军王雄兵发子午谷攻打上津县（今湖北郧西上津镇，大同四年置，取上洛郡"上"和洛津戍的"津"字得名，后同）。武陵王萧纪接到萧循求援信，派出潼州刺史杨乾运带兵相助。

司空、东道行台刘神茂，听说侯景巴陵兵败，暗中想背叛侯景，吴中士大夫们十分支持。刘神茂就和仪同三司尹思合、刘归义、王晔等人占据东阳以响应湘东王萧绎，又派别将李占到下游占据建德江江口。张彪攻打永嘉（今浙江永嘉）取得胜利。新安（今浙江淳安西）平民程灵洗起兵，攻占新安郡以响应刘神茂，被湘东王萧绎任为谯州刺史，领新安太守。浙江以东全都归顺湘东王萧绎。

梁大宝二年（西魏大统十七年，北齐天保二年，551年）十一月初八，湘东王萧绎任命湘州刺史安南侯萧方矩（萧方诸之弟）为中卫将军，担任自己副手，又任命南平王萧恪为湘州刺史。

当月，侯景任命赵伯超为东道行台，占据钱塘（旧杭县，今浙江杭州）；任命田迁为军司，占据富春（今浙江杭州富阳）；任命李庆绪为中军都督，谢答仁为右厢都督，李遵为左厢都督，令其一起出兵讨伐叛变自己的刘神茂。

初九，豫章王萧栋加侯景九锡，汉国设置丞相以下的官职。

十九日，萧栋禅位侯景，侯景在南郊举行登基大典，称汉帝。

侯景从南郊回来，登上太极殿，属下好几万人欢喜若狂，喧喊不已，又争先恐后趋前朝拜。侯景下令大赦天下，改年号为"太始"。封萧栋为淮阴王。

王伟上奏侯景要求建立七庙，侯景问："什么叫七庙？"王伟说："天子对自己的祖先要往上祭祀七代。"并请侯景说出祖先名讳。侯景说："上几辈子的祖先名字不记得了，只记得父亲叫侯标，而且他在朔州，哪能跑到这儿来吃祭饭！"大家把这当笑话。有人知道侯景祖父叫乙羽周，再往上就由王伟制定名位。

侯景做丞相时，以西州为府第，文武百官，无论尊卑都接见交往；等到当了皇帝住在禁苑，非故旧不得参见，将领们开始抱怨。侯景喜欢独自骑坐小马，用弹弓射杀飞鸟。王伟每每禁止，不许轻易出去。侯景行动不自由，郁郁不乐，心生失望，自言自语说："我无端地当了这个皇帝，和受到摒弃有什么两样！"

二十二日，湘东王萧绎任命长沙王萧韶为郢州刺史。

武陵王萧纪虽口头拒绝益州长史刘孝胜劝进，却开始制造御用乘舆车服。

梁承圣元年（西魏元钦元年，北齐天宝三年，552年）正月，湘东王萧绎命令王僧辩等发兵东下，攻打在建康的侯景。

而此时，北齐多次侵犯侯景边地，侯景派郭元建率领步兵进军要塞小岘，侯子鉴率领水师向濡须进发，二人抵达合肥后，北齐军闭门不出，只好引兵退回。

二月二十六日，讨伐侯景的各路大军从寻阳出发，兵船头尾绵延几百里，声势浩大。

陈霸先率三万甲兵，两千舟舰，从南江（今江西赣江）出湓口（今江西九江西）和王僧辩会师于白茅湾（似今安徽怀宁东）。二人惺惺相惜，两军将士筑坛歃血，一起宣读讨伐侯景盟文，人人慷慨激昂，涕下沾衣。王僧辩官拜尚书令、征东大将军自然是帅；陈霸先一州刺史，自然为将。陈霸先发兵时，王僧辩率军一直与侯景主力对抗，此时王僧辩已击退侯景，两人联手，乘胜进攻。

初四，王僧辩派侯瑱袭击南陵、鹊头（今安徽铜陵，后同）戍所。

初九，王僧辩驻扎在大雷（今安徽望江东，后同），十七日，从鹊头出发。

侯景急忙派侯子鉴率水师从合肥回到战鸟（今安徽繁昌北）抵抗，发现西军（王僧辩和陈霸先军队）已到，侯子鉴又惊又怕，逃回淮南（今安徽当涂）。

此时，在浙江东阳的降梁谯州刺史刘神茂突遭变故。

谢答仁奉侯景之命攻打东阳。刘神茂贪功心切，拒绝程灵洗、张彪援助，自己扎营下淮（今浙江桐庐东）。有人说："贼兵最擅长野战，下淮地势平坦，易攻难守，四面受敌，不如占据七里濑，贼兵肯定打不进来。"刘神茂不听，其手下副将多为北人，不和刘神茂同心。不久，外营别将王晔、郦通投降谢答仁，刘归义、尹思合弃城逃跑。刘神茂孤军陷入危境，不得已投降，被押往建康。侯景命令准备一口锎刀，先把刘神茂的脚塞进去，一寸一寸地锎，一直到头。

二十五日，王僧辩抵达芜湖，侯景守将张黑弃城逃跑。侯景听到消息，很害怕，连忙发布诏书赦免湘东王萧绎、王僧辩之罪，受到时人嘲笑。

侯子鉴据守姑孰南洲以抵抗西军，史安和带两千士兵增援。

三月初一，侯景一面下诏要亲往姑孰，一面派人再三告诫侯子鉴："西军擅长水战，勿与争锋；往年任约吃了败仗，就是因为和他们拼水战。如能设法在陆地打仗，就一定可以破敌。所以，你只需在岸上安营，把船只摆在水边等待西军前来。"侯子鉴舍舟登岸，闭营不出。

王僧辩在芜湖停营十几天，侯景党徒大喜，说："西军害怕我军强大，看样子要逃跑，如不出击，就会让他们溜走。"侯景又命侯子鉴作好水战准备。

初九，王僧辩得悉情报，抵达姑孰，侯子鉴率领步、骑兵一万余人渡过水洲，在岸上挑战西军，又用一千艘狭长的小船装载士兵。

王僧辩指挥小船退后，留主力大兵舰在两岸夹江停泊。

侯子鉴误以为西军水师想要撤退，争着出来追击。这时，王僧辩指挥大兵舰截断侯军的归路，呐喊鼓噪，两军在长江中作战，侯子鉴大败，士兵落水淹死的有几千人。侯子鉴只身一人逃脱，收罗散兵逃回建康，据守东府。

王僧辩留虎臣将军庄丘慧达镇守姑孰，自己率领诸军挺进，历阳哨所守将出迎投降。

侯景听到侯子鉴战败，大惊失色，拉过被子躺下，许久，才爬起来叹息说："侯子鉴，你可把老子给坑了！"

十二日，王僧辩督率各路水师抵达张公洲（即蔡洲，今江苏南京西南），次日，乘潮水上涨，进入秦淮河，挺进禅灵寺（上元县城西，今江苏南京西）。

侯景大惊，召来石头津的首领张宾，让其集中秦淮河中短而深的船只，装满石头沉入水中，堵塞秦淮河口（石头附近秦淮河之口）。然后，又指挥军队沿秦淮河防线筑城，自石头到朱雀街十几里地，楼堞密密相连，以抵抗西军。

王僧辩向陈霸先请教破敌之计。陈霸先说："从前柳仲礼几十万大军，隔水而坐，韦粲驻在青溪，竟然不渡河登岸进攻；贼兵登高眺望，里里外外一览无遗，所以能打败我军。现在我军包围石头，一定得渡河到北岸去才能合围。诸位将领如果不能抵挡敌军锋芒，我要求先去北岸扎营立栅。"

十四日，陈霸先在石头西落星山（今江苏南京西北）扎营筑栅，其他军队陆续连修八城，一直延伸到石头西北面，形成包围之势。侯景看到此中形势，担心西州退路截断，一面派王伟守卫台城，一面率领侯子鉴在石头东北，修筑五城以扼守大路。

十九日，王僧辩进军石头北之招提寺北，侯景率领一万士兵和八百铁甲骑兵，在西州西边严阵以待。

陈霸先说："我军兵多，贼党兵少，应设法分散贼兵兵势，以强制弱；为什么要让贼兵把精锐力量集中在一起，令其致我军于死地？"于是下令分兵各处。

侯景看见西军移动，开始冲击将军王僧志战阵，王僧志有意退却；陈霸先立即派将军徐度带领二千弓箭手横截敌军后路，侯景部队退却。

陈霸先立即和王琳、杜龛（杜岸之兄）等人率铁甲骑兵发起冲锋，王僧辩指挥大军跟进，侯景败退，陈霸先等占领侯景兵营栅栏。此时，侯景手下负责守卫石头的卢晖略，打开北门投降，王僧辩长驱直入，占据石头。

眼见大势已去，侯景再次整兵与陈霸先展开殊死决战。

侯景亲率一百骑兵，扔掉长矛，手执短刀，左冲右突，直击陈霸先阵脚。陈霸先部队岿然不动，侯景部队最终溃散。

陈霸先指挥各路兵马追击败兵，一直追到西明门（建康外城西中门）。

侯景逃到阙下，不敢进入台城，找来王伟责备说："你劝我称帝，今日误我！"王伟无言以对，绕阙躲闪。侯景要跑，王伟抓住鞍蹬劝说："自古以来哪有叛逆天子？宫中卫士很多，尚可一战，丢弃此地能跑到哪里安身？"侯景感慨道："我过去打败贺拔胜，击破葛荣，扬名河、朔；渡江南下，平定台城，降服柳

— 178 —

仲礼几十万大军易如反掌。今日是天要亡我！"仰头看着石阙，叹息良久。

侯景用皮袋子把在建康所生两个儿子装好，挂在马鞍后头，和房世贵等一百骑兵东走，想去吴地投奔谢答仁。谢答仁降服刘神茂后，正要还军吴县。

侯子鉴、王伟、陈庆等人逃奔朱方（春秋时期地名，今江苏镇江，后同）。

不久，王伟和侯子鉴走失，被抓后送回建康。王僧辩审问王伟："你身为贼党丞相，不为贼党守节，还想在草野间求活？"王伟说："朝代兴废，这是天命。假使汉帝（侯景）早从我言，不放了你，明公岂有今日！"尚书左丞虞骘曾被王伟羞辱，趁机把唾沫吐在王伟面上。王伟讽刺说："你是个不读书的人，我不值得和你说话。"虞骘惭愧退下。后来，王伟被押往江陵，在狱中献了一首五百字长诗，湘东王萧绎爱其才华，想予以宽宥。有嫉妒王伟的人跑去说了一句话："前些日子王伟作了一篇檄文，写得甚好。"湘东王萧绎找来一看，檄文写道：

项羽重瞳，尚有乌江之败；湘东一目，宁为赤县所归！（《资治通鉴·梁纪·梁纪二十》）

湘东王萧绎看后大怒，将王伟的舌头钉在柱子上，剖腹、切肉而杀之。

侯景已经放弃建康东逃，王僧辩便命令裴之横、杜龛屯守杜姥宅，杜崱攻打占据台城。值此各路军队进入建康之际，王僧辩对士兵不加约束，任其抢劫掠夺建康居民。全城男女，衣服被剥光，裸露着被赶出家门，从石头一直到东城，哭爹喊娘，一路全是难民。当天晚上，士兵失手纵火，烧毁太极殿和东西堂，宫殿中的珍宝神器、仪仗羽饰、车辆等全被烧得干干净净。

二十日，王僧辩命令侯瑱率领五千精锐甲兵追赶侯景。王克、元罗等率领朝中旧臣在道路两旁迎接王僧辩，王僧辩嘲讽地安慰王克说："您侍奉夷狄君主可是辛苦啊。"王克无言以对。王僧辩又问："玉玺印绶在什么地方？"王克待了好一会才回答说："赵平原给拿走了。"王僧辩说："王氏百代公卿士族，今天到你这儿算是完了。"侯景兵败时，随身携带传国玉玺，让侍中兼平原太守赵思贤掌管，交代他说："如果我死了，就把它扔到江里去，别让吴儿又得到它！"赵思贤从京口渡江，遇到盗贼，随从把玉玺随手扔在草丛中，到达广陵后，告诉郭元建。郭元建派人找了回来，交给辛术，辛术又把玉玺送到邺城。

王僧辩把简文帝棺材迎放朝堂，率百官按礼仪痛哭跪拜。

二十一日，王僧辩等人上表劝湘东王萧绎即皇帝位，并建议迎接湘东王萧绎还都建康。湘东王萧绎以占据襄阳的岳阳王萧詧为武帝昭明太子嫡子且与自己不和之故，拒绝说：

  淮海长鲸（侯景），虽云授首；襄阳短狐（萧詧），未全革面。太平玉烛，尔乃议之。（《资治通鉴·梁纪·梁纪二十》）

二十二日，南兖州刺史郭元建，秦郡戍主郭正买，阳平戍主鲁伯和，行南徐州事郭子仲，纷纷献城归降。

当初，王僧辩从江陵发兵，对湘东王萧绎说："平定侯景之后，不知应该对嗣君奉行何礼仪？"湘东王萧绎说："台城六门之内，任你发挥兵威。"王僧辩说："讨伐侯景之徒，义不容辞；做出成济（曾弑魏君）之事，请另举别人。"湘东王萧绎秘密告诉宣猛将军朱买臣，届时去简文帝宫中执行任务。待到侯景兵败，简文帝已死，其子豫章王萧栋和两个弟弟互相搀扶走出暗室，路遇杜崱，被去掉身上锁链。两个弟弟说："今天才算免了横死之祸！"萧栋说："祸福难知，我还怀有深深的恐惧！"

二十三日，三人遇到朱买臣，被喊到船上饮酒，没到席散，全被沉入水中。

王僧辩派陈霸先带兵去广陵接受郭元建等人投降，又派使者安抚。将领们都向使者私通关节，想另外勒索战马武器，正赶上侯子鉴渡江逃到广陵，侯子鉴对郭元建说："我们这些人，是梁朝的宿敌深仇，有什么面目再见梁朝皇帝！不如投奔北方，还可还乡。"在他唆使之下，郭元建等人全都投降北齐。

当陈霸先行军抵达欧阳，即长江到广陵的水运入口处，北齐行台辛术已占据广陵。北齐国主高洋又派大都督潘乐会同侯景部将郭元建带五万士兵攻占阳平。

于是，王僧辩命罗州刺史徐嗣徽镇守朱方，陈霸先镇守京口，以巩固江防。

二十四日，侯景逃到晋陵（今江苏常州武进），收拢余部（田迁南攻刘神茂，有余兵在晋陵），大掠居民，东奔吴郡。谢答仁讨伐刘神茂后回军走到富阳时，听说侯景败逃，就率领一万人马从北边出兵等候侯景，被钱塘赵伯超所阻。侯景行进到嘉兴，听到赵伯超已叛，就想退守吴郡。侯瑱在松江（今江苏苏州南四十里）追上侯景，这时的侯景还有两百只船、数千士兵。侯瑱发起进攻，打败侯景残部，抓获彭隽、田迁、房世贵、蔡寿乐、王伯丑等人。

侯景与几十亲信乘一只小船逃脱，人多船小，便把两个儿子推落水中。小船将要入海，侯瑱派副将焦僧度前去追击。此时，船上的库直都督羊鹍（侯景娶羊侃的女儿为妾，为其兄）和侯景平素亲近信任的王元礼、谢葳蕤（谢答仁之弟）密谋杀掉侯景。

侯景小船入海后，想开往蒙山（今山东蒙阴）。

四月十八日，侯景白天小睡，羊鹍告诉海师（航船者）："海中哪里有蒙山，你别管，只听我调度。"令小船直向京口，船行进到胡豆洲（今江苏镇江丹徒）时，侯景发现方向不对，大吃一惊。向岸上的人打听情况，他们说"郭元建还在广陵"。侯景听后，准备投奔郭元建。羊鹍拔刀呵斥海师把船开往京口。并对侯景说："我等为大王出过不少力，现在到了这个地步，终究一事无成，想借你的人头来换点儿富贵享用。"侯景还没来得及回答，好几把白晃晃的刀争着砍下来。侯景挣扎着想跳船逃生，羊鹍用刀一拦，侯景便窜入船舱，用刀撬船底板，被羊鹍用长矛刺死。为了防止尸体腐败，用盐装填侯景肚子，尸体送往建康。

王僧辩把侯景的首级送往江陵，派谢葳蕤把砍下的手送往北齐，其他尸身扔于集市，士民争取肉吃，骨头都被抢光，侯景宠爱的溧阳公主也参加了吃肉行列。

赵伯超、谢答仁投降侯瑱，侯瑱把二人和田迁等人押送建康。

侯景于太清二年（548年）叛梁，到大宝三年被灭，历时五年之久。一代乱世枭雄就此落幕。

梁承圣元年（西魏元钦元年，北齐天宝三年，552年）四月初八，益州刺史太尉武陵王萧纪（梁武帝第八子）在成都率先称帝，改元天正。

五月十七日，湘东王萧绎任命王僧辩为司徒、镇卫将军，封长宁公，陈霸先为征虏将军、开府仪同三司，封长城县侯。

七月，侨居广陵的朱盛等人，暗中纠集党徒好几千人，企图袭杀北齐刺史温仲邕，并派使者告知陈霸先，声称其已经攻下外城。陈霸先派人报告王僧辩，王僧辩说："人的诚意有真有假，很难看破。如果确实攻下外城，那倒很有必要去支援；如果没有这回事，就不必劳师进军。"使者还没回去转达王僧辩意见，陈霸先已经渡过长江。王僧辩只好派武州刺史杜崱出兵增援。与此同时，朱盛等人密谋泄漏，陈霸先就此进军，包围广陵。

高洋派使者和王僧辩、陈霸先讲和，说："请贵军撤围，我方一定归还广陵、历阳两城。"陈霸先听后，撤围返回京口，江北百姓跟着渡江的多达万人。

湘东王萧绎任命王僧辩为扬州刺史，陈霸先为征北大将军、开府仪同三司、南徐州刺史，征召陈霸先长子陈昌、侄子陈顼到江陵朝见，任陈昌为散骑常侍。此举间接导致了陈霸先称帝后长子不在身边。

建康方面，梁朝与北齐的战事已息。十一月十二日，湘东王萧绎在江陵称帝，改元承圣，是为梁元帝。此后，梁朝宗室内部兄弟又起争端。

已经称帝的武陵王萧纪抵达巴东（今四川巫山），得知侯景已平真相，十分后悔，责问萧元照，萧元照说："侯景虽平，江陵未服！"

被说服的武陵王萧纪命令船队继续东下，抵达西陵，战船遮蔽江面，军势强盛。

4. 入占建康，雄踞诸军

七月，武陵王萧纪被梁元帝打败，西魏也乘机抄其后路，夺其封地成都。

梁承圣二年（西魏恭帝二年，齐天保四年，553年）八月初十，梁元帝下诏，准备还都建康。

领军将军胡僧祐、太府卿黄罗汉、吏部尚书宗懔、御史中丞刘等人进谏说："建康王气已尽，和北虏只隔一条长江，如果有什么不测之虞，悔之不及！况且古今相传：'荆州洲数满百，当出天子。'现在枝江新洲，已满一百之数，陛下云腾龙飞、乘势而起，正为应验。"

梁元帝让朝廷大臣讨论。黄门侍郎周弘正、尚书右仆射王褒说："现在百姓没看见皇上舆驾进入建康，以为皇上还是列国诸王之一。希望陛下依从四海之望，回建康定都。"当时群臣大多是荆州人，都说："周弘正等是东人，当然一心要回东边，恐怕不是什么好主意。"周弘正当面争辩说："东人劝东，就说不是好主意；西人欲西，难道成了妙策？"梁元帝听完，不禁笑了。

定都建康的问题在后堂继续讨论，有五百人参会。梁元帝问众人："我想还都建康，各位认为如何？"众人谁也不敢先回应。梁元帝说："劝我去建康的袒露左肩。"结果过半的人露出左肩。武昌太守朱买臣说："建康旧都，祖宗陵墓所在；荆州边镇，不是帝王之宅。希望陛下回建康，不要犹豫，以致将来后悔。我家在荆州，难道不愿陛下住在这儿？但这样做恐怕是臣下富贵，不是陛下富贵！"梁元帝又让术士杜景豪占卜，结果不吉，杜景豪对梁元帝说"未去"，退朝却说"此地为鬼贼所留"。梁元帝认为建康凋敝残破，而江陵处于全盛之时，心中倾向安于此地，最终便听从胡僧祐等人意见，留都江陵。

梁元帝任命湘州刺史王琳为衡州刺史。

十月，梁元帝派侍中王琛出使西魏。宇文泰暗中有夺取江陵的心思，荆州刺史长孙俭多次陈述攻取之策，宇文泰命长孙俭入朝，询问南攻方略，又命他回到镇郡，秘密准备南下攻打江陵。梁王萧詧知道后，给西魏的贡品越发多了。

梁承圣三年（西魏恭帝元年，齐天保五年，554 年）三月，西魏侍中宇文仁恕出使梁朝，刚好北齐使者也到江陵，梁元帝接待宇文仁恕礼节不如北齐隆重，宇文仁恕回国告之宇文泰。梁元帝又要求按过去疆域划定两国边界，言辞颇为傲慢。宇文泰说："古人说'天之所弃，谁能兴之'！这说的就是萧绎吧！"

降魏的梁朝旧臣马伯符秘派使者告诉梁元帝西魏即将来攻，梁元帝不信。

四月十一日，梁元帝派散骑常侍庾信出使西魏。十八日，任陈霸先为司空。

五月，西魏乐炽、黄国作乱，宇文泰命车骑大将军李迁哲讨伐，取胜之后，李迁哲仍旧大兵南出，攻占巴州，被西魏朝廷任为信州刺史，镇守白帝。

广州刺史曲江侯萧勃觉得自己官职不是梁元帝所授，内心不安，梁元帝也心怀猜疑。萧勃请求入朝江陵，梁元帝便任王琳为广州刺史、萧勃为晋州刺史。

梁元帝见王琳部众强盛，又得到众人拥护，所以想把王琳外放岭南。

王琳与主书李膺关系亲密，私下对李膺说："我出身平民小姓，承蒙皇上提拔到这个份上。现在天下还没安定，把我远远迁到岭南，如果形势有变，怎能得王琳之力！我私下揣度皇上的意思不就是对我不放心吗？其实我的志向期待不大，难道还能想和皇上争帝位么？何不任命我为雍州刺史，镇守武宁。我自会放兵屯田，为国御敌、保卫朝廷。"李膺觉得王琳说得有理，但不敢上奏梁元帝。

八月，曲江侯萧勃迁居始兴。王琳派副将孙瑒先去占据番禺。

王琳这一走，果然，在后来江陵城防战中，梁元帝兵力不足，以致失利。

散骑郎庾季才看到"赤气冲犯北斗"的天象后，对梁元帝说："建子之月将有大兵入犯江陵，皇上应留重臣镇守江陵，自己整旆还都建康以避其患。即使西魏夺得荆、湘，对江山社稷影响也不大。"梁元帝也通晓天文，预知楚地兵患，叹息道："祸福在天，避之何益！"梁元帝喜好玄谈，在龙光殿开讲《老子》。

宇文泰派柱国常山公于谨、中山公宇文护、大将军杨忠率兵五万进攻江陵。

十月初九，西魏大军从长安出发。临行前，荆州刺史长孙俭向于谨请教："假如咱们替萧绎考虑，该如何应对？"于谨说："如果他陈兵汉江、沔水一带，从江陵收拾家当率领臣下全部渡江而下，径直占据丹阳（指建康，此时王僧辩、陈霸先已在建康），这是上策；如果他转移江陵外城居民，退保内城，加固城防以待援军，这是中策；如果他移民受阻，原地不动据守外城，这可是下策。"

长孙俭问："您估计萧绎会采用那一种策略？"于谨说："下策。"

长孙俭问："为什么？"于谨回答说："萧氏拥据江南，已历三四十年。其间，因中原也是多事之秋，没有精力向外扩张。萧氏也认为我国东有齐国为患，必不能分兵进攻江陵。况且萧绎性格懦弱而无谋略，多疑而少决断，而属下愚民又很难高瞻远瞩地想问题，留恋家园，所以，我知道萧绎一定采用下策。"

初十，听到武宁郡（今湖北荆门西北，后同）太守宗均关于西魏大军将至的报告，梁元帝召集公卿大臣商议。领军胡僧祐、太府卿黄罗汉说："两国一向通好，没发生过什么不愉快的事，一定不会有这种事。"侍中王琛附和说："我去年出使，看当时宇文泰神色很是友好，绝无发兵之理。"于是又派王琛出使西魏。

十三日，于谨抵达樊、邓（春秋樊国、邓国遗址，今湖北襄阳及河南邓州市一带，自古为兵家必争之地），梁王萧詧率部前去会合。

十四日，梁元帝停讲《老子》，朝廷宣布内外戒严。

王琛抵达石梵（今湖北天门东南），未见魏军，派人骑马报告黄罗汉，说："我已到达石梵，边境安宁，之前说西魏进犯的消息，简直如同儿戏之言。"

梁元帝听后感到疑惑。十七日，又恢复讲论《老子》，百官穿着军装听讲。

十八日，梁元帝转任建康王僧辩为大都督、荆州刺史，令陈霸先移镇扬州。

此时的王僧辩和陈霸先，正在和北齐打得难舍难分。

先是去年九月十一日，梁元帝打败武陵王萧纪后，下诏诸军各回本镇，王僧辩回镇建康、陈霸先再回京口。当时，北齐乘梁朝内乱，急攻梁地，齐将潘乐袭击梁朝司州，刺史夏侯强投降。北齐又接纳投降的湘潭侯萧退，派郭元建在合肥训练水师二万，准备进攻建康，又令将军邢景远、步大汗萨率领部众跟进。

陈霸先在建康听到消息，立即上报梁元帝。梁元帝调王僧辩镇守姑孰抵抗。王僧辩到姑孰后，派遣婺州刺史侯瑱、吴郡太守张彪、吴兴太守裴之横在东关筑营，以待齐军。南豫州刺史侯瑱与郭元建交战于东关,北齐军队大败,淹死的士兵数以万计。湘潭侯萧退退回邺城,王僧辩回到建康。

到了年底,北齐宿预(今江苏宿迁东南)百姓东方白额举城投降梁朝,江西州郡(今安徽合肥以西)纷纷效仿。王僧辩派晋陵太守杜僧明带兵三千,前去助援。北齐派王球攻打宿预,杜僧明出战,大获全胜,王球只得退回彭城。

今年年初,陈霸先又从丹徒渡江,进攻北齐广陵。梁朝秦州刺史严超达从秦郡出发包围泾州(今江苏天长)。南豫州刺史侯瑱、吴郡太守张彪也从石梁(今安徽天长西北)出发,声援陈霸先。六月二十七日,北齐步大汗萨带兵四万逼近泾州,王僧辩派侯瑱、张彪从石梁增援严超达抵抗齐军,侯、张却迟滞不前。梁将尹令思带一万多人准备袭击盱眙,以断齐军后路。

当时北齐冀州刺史段韶正带兵在宿预讨伐东方白额,广陵、泾州两地全来告急,诸将十分担心。段韶说:"梁朝连遭丧乱,朝廷无主,臣子心怀或去或留心思,谁势强就归附谁。陈霸先等人表面与朝廷同心同德,其实内心早有了拥兵自立的念头。诸君不必担心,我对这中间情形都揣摩透了!"言外之意,王僧辩和陈霸先有占据建康不服朝廷拥兵自重之意。段韶留人围攻宿预,自己倍道兼程直奔泾州,途经盱眙,尹令思不料齐军突然降临,望风而退。段韶大败严超达,解泾州之围,回师赶往广陵,陈霸先解围退走,杜僧明回到丹徒,侯瑱、张彪回到秦郡。吴明彻围困海西(今江苏东海)以牵制齐军,守将郎基固守城池,削木为箭,剪纸作羽,顽强抵抗。吴明彻围困了一百多天,最后只得无功而返。

广陵、泾州两城全部解围,段韶回到宿预,派一个善于言辞的人去游说东方白额。东方白额被说动了,打开城门同意结盟,被段韶抓住杀死。

此时，王僧辩接到江陵告急文书，派侯瑱率程灵洗等为先锋、杜僧明率吴明彻等人为后军，紧急赴援。这就是王僧辩听到西魏围攻梁元帝后的军事部署。

十月二十一日夜，梁元帝登上凤凰阁，来回踱步，凭栏叹息说："客星冲犯翼宿、轸宿，看来这回一定失败！"嫔妃和侍从听了都哭了。

陆法和听说西魏大兵压境，便从郢州出发到汉口，将赴江陵抗敌。梁元帝派人拦住他说："我这儿自能打败敌兵，你只管镇守郢州，不用动。"陆法和回到郢州，用白土涂城门，身穿丧服，在苇席上静坐一天，才把丧服脱下来。

十一月，梁元帝在津阳门外举行大阅兵，遇到狂风暴雨，只得乘轻辇回宫。

初一，西魏军队渡过汉水，于谨命宇文护、杨忠率精骑兵占领江津（江陵渡江的渡口），切断梁元帝东逃道路。初二，宇文护攻克武宁，抓住宗均。初四夜，西魏军队抵达黄华，距江陵四十里。初五，魏兵到达栅下。初六，巂州刺史裴畿（裴之高之子）和弟弟新兴太守裴机、武昌太守朱买臣、衡阳太守谢答仁打开枇杷门出战，裴机杀死西魏胡文伐。十五日，军营栅内失火，烧毁几千家民房和二十五座城楼。梁元帝亲自察看烧毁的城楼，远望魏军渡江涌来，四顾孤危，不禁长叹。当晚，宿在宫外百姓家。十七日，转移居民到祇洹寺内。

于谨下令修筑长围，从此，梁朝信使、诏命无法外传，朝廷内外联络阻断。

十八日，信州刺史徐世谱、晋安王司马任约等在江陵南岸的马头修筑城堡，遥为声援。当天晚上，梁元帝巡视城防，随口吟诗，群臣也有和诗的。梁元帝撕开绢帛写了一封信，催促王僧辩说："我忍受着死去的熬煎等你来，现在援兵该可以来了！"二十日，梁元帝回到宫中；二十一日，又出来住入长沙寺。其后，王褒、胡僧祐、朱买臣、谢答仁等开门出战，全都战败而还。

二十七日，梁元帝移居天居寺，又移长沙寺。朱买臣按着宝剑进言："只有杀了宗懔、黄罗汉才可以平息天下怨恨！"梁元帝说："过去不回建康，其实是我的意思，宗懔、黄罗汉有什么罪？"宗、黄二人唯唯诺诺退入众人之中。

王琳的勤王军队赶到长沙，镇南府长史裴政（裴之礼之子）请求走小路把援兵来到的消息报告江陵，走到百里洲时，被西魏抓获。

梁王萧詧对裴政说："我是武皇帝之孙，难道不能当你的君主吗？如果臣服于我，富贵可以传给子孙；如若不然，腰和脖子就要分成两截。"裴政假意回答说："我愿唯命是从。"萧詧锁住裴政到江陵城下，让他向城里喊话说："王僧辩听说台城被围，已经自立为帝。王琳孤军力弱，不能再来救援。"但裴政却大声说："援军大批赶来，各位要自奋自勉。我因走小路报信被抓，理当粉身碎骨报效国家。"萧詧勃然大怒，喝令手下快把他杀死。西中郎参军蔡大业（蔡大宝之弟）进谏说："此人是民望，杀掉他荆州就打不下来了。"萧詧于是释放他。

当时梁元帝向四方征兵勤王，众将都未到达江陵。

西魏军队开始四面攻城。城中守军扛着门板为盾，胡僧祐亲自冒着飞箭流石昼夜督战，奖励将士，严明赏罚，众将因而拼死抵抗，所向披靡，魏军不能前进一步。不幸的是，胡僧祐被飞箭射死，内外城军民失去总指挥，开始惊慌失措。

西魏军队倾巢而出，猛攻栅栏，有个叛徒打开西门迎接魏军进城，梁元帝和太子、王褒、谢答仁、朱买臣等退到金城（内城）自保，派汝南王萧大封、晋熙王萧大圆为人质，到于谨军中请和。裴畿、裴机、历阳侯萧峻全部出降。

城南已被攻破，城北还在苦战，天黑后，诸将听说全城陷落，才纷纷逃散。

梁元帝进入东竹阁殿，命舍人高善宝烧毁收藏的古今图书十四万卷，自己准备跳火自杀，被宫中侍从拦住。梁元帝又剑击石柱，宝剑折断，长叹说："书烧了，剑折了，文武之道，今夜尽矣。"让人写投降文告。谢答仁、朱买臣进谏说："城里兵力还算强大，如乘夜突围，贼兵必然惊慌，乘乱大胆靠近敌阵，可以渡江去找任约。"梁元帝平时不擅长骑马，说："事必无成，白白遭受羞辱。"

谢答仁要求亲自为梁元帝牵马护持。梁元帝问王褒行不行，王褒回答说谢答仁曾经是侯景党羽，不可信，靠他逃跑，不如投降！谢答仁又要求去防守子城，说收拾残兵还能有五千人，梁元帝同意，任为城中大都督，许配公主。又和王褒商量，王褒认为不可。谢答仁请求入子城防守不获批准，气得吐血而走。

于谨接到降书，提出让太子来当人质，梁元帝派王褒去送太子。于谨的儿子知道王褒书法很好，给他纸笔写字，王褒自署"柱国常山公家奴王褒"。

不久，黄门郎裴政冲门而出。梁元帝丢掉羽仪饰物，骑着白马、穿着素衣从东门而出，拔剑砍向门扇说："我萧世诚到了这个地步了吗！"有魏兵跳过沟堑，牵住辔头，走到白马寺北时，夺下梁元帝所骑骏马，换上老马，又派一个高个壮健胡人用手扼着梁元帝后背前行，路遇于谨，胡人牵着梁元帝令其跪拜。

萧詧派铁骑拥着梁元帝进入军营，囚于黑帐之中，又狠狠地诘问羞辱梁元帝一通。长孙俭进据金城。梁元帝谎称："城里埋着千斤黄金，想送给你。"梁元帝被长孙俭带入金城，开始陈述自己被萧詧侮辱的过程，并说："刚才骗你，目的是找个机会诉苦，哪有天子自己埋藏金子的事！"长孙俭就把梁元帝留在主衣库。

梁元帝性格残忍，有鉴于梁武帝为政宽厚的弊病，为政崇尚严酷。到西魏军队围城时，监狱里还有几千死囚。有关部门建议放出来当战士，梁元帝没有答应，还下令全部用木棍打死，命令还没有来得及执行，城已被攻破。

中书郎殷不害早先在别的地方督战，城破之后，找不到母亲。当时冰雪堆积，冻死的人填满了沟壑，殷不害一路上边走边哭，到处寻找母亲的尸体，找遍了所有的地方，每见到沟里有死人，就跳下去抱起来看看，全身衣服都湿了，冻上了冰，"水浆不入口，号哭不辍声"，一连七天，才找到母亲的遗体。

十二月初四，徐世谱、任约退守巴陵。于谨逼迫梁元帝写信招降王僧辩被拒。使者说："你现在还能由得了自己吗？"梁元帝回答说："我既然由不得自己，王僧辩也不会听我的。"有人问梁元帝："为什么把书都烧毁？"梁元帝回答："读书万卷，犹有今日，所以干脆烧掉它！"江陵焚书，有后人评价，损失不下于始皇焚书。当时西魏官方藏书不到八千卷，北周灭齐后，两国藏书加起来才一万五千卷，直接导致了统一中国的隋文帝杨坚重金求书，献书一卷赏绢一匹。

十九日，梁元帝被西魏下令处死。梁王萧詧派尚书傅准监刑，梁元帝被装入土囊，从高处摔落坠压。萧詧派人用粗布缠裹梁元帝尸体，以蒲席收殓，用白茅草牢牢捆住，埋在津阳门外。

梁元帝天性喜好看书，常常让身边人读书，昼夜不停，即使睡着了，手里还拿着书卷，如有人读错了或有意漏读欺骗，马上醒过来。梁元帝写作文章，提笔立即成篇，常说："我韬于文士，愧于武夫。"当时论者认为说得很恰当。

第五章　白茅湾霸先讨贼

第六章　建康城静帝禅位

1. 袭杀僧辩，称藩北朝

　　侯景祸乱南朝梁之时，也就是东魏、西魏两次邙山大会战之后，西魏在战略上继续和北齐争夺河南之地。

　　西魏宇文泰乘侯景之乱夺得东魏颍川（今山西长治西）各郡，留下大将王思政镇守，后被北齐高澄攻破，因交通阻隔，西魏令其所取侯景河南诸城士兵西还关中。自此，河南之地，再次回到东魏手中。

　　宇文泰又乘萧梁宗室相争，夺得汉中之地，杀死梁元帝萧绎后，占有江陵。

　　梁大宝元年（西魏大统十六年，550年）正月，高洋篡东魏。十二月，西魏宇文泰实施府兵之制，府兵本人免除赋税，农闲之时操练战阵，战时马匹粮食和武器自备（六个家庭供养），共建立一百府，分属二十四军。宇文泰总督内外各军，李弼、李虎、独孤信、赵贵、于谨、侯莫陈崇六人各自督率两个持节大将军，元廓、宇文导、杨忠等十二名持节大将军各统开府二人，开府各领一军。关陇集团初见雏形，此后，相对北齐，西魏逐渐以弱胜强，以小吞大。

梁承圣三年（西魏恭帝元年，齐天保五年，554年），梁元帝被杀，西魏立萧詧为梁主，年号大定，史称"西梁"或"后梁"。萧詧庆典、赏罚、刑律、威仪及官方制度，都与帝王相同。只是上疏则称臣，奉朝廷年号。

萧詧，字理孙，梁武帝萧衍之孙，昭明太子萧统第三子。

天监十八年（519年），萧詧出生，自幼喜欢学习，善写文章，尤其擅长佛教经义。梁武帝对他特别赞赏。萧统去世后，梁武帝舍弃萧詧兄弟，立第三子萧纲（梁简文帝）为太子，心中常感抱愧，因而，非常宠爱萧统诸子，由于会稽人物荟萃，物产丰富，为一方都会，所以，用此任借以抚慰萧詧之心。先后任萧詧为宣惠将军、知石头戍事、琅琊及彭城二郡太守。大同四年（538年）七月，授东扬州刺史，后授西中郎将，兼任宁蛮校尉、雍州刺史。

西魏杀死江陵梁元帝，给了梁主萧詧城内沿江一块狭长土地，宽不过三百里，原来梁朝拥有的雍州之地被西魏夺走。萧詧住在江陵东城，西魏设置城防主将，带兵住在西城，名为助防，对外表示帮助萧詧备战御敌，实为监视。西魏任命前仪同三司王悦留镇江陵。于谨没收了江陵宫廷府库珍宝及刘宋朝铸的浑天仪、梁朝造的铜晷表、直径四尺的大玉和各种法物，把王公以下百官和挑选出来的百姓男女几万人俘为奴婢，分赏三军将士，驱回长安。幼小体弱的都被杀掉，只有三百余家幸免于死，但又被人马踩死、冻死的有十分之二三。

陈霸先的儿子陈昌、侄子陈顼本在梁元帝宫中值事，这次也被掳至长安。

西魏军队在江陵的时候，梁王萧詧部将尹德毅建议："魏人贪婪无比，残忍本性暴露无遗，杀劫士民，不可胜数。江东百姓受此涂炭，都说殿下为之。殿下既然杀了人家的父兄，人家子弟变成孤儿，那么人们就都把殿下视为仇敌，谁肯为国出力！现在魏军精锐集中于此，如果殿下设宴，请于谨等人欢饮，预设伏兵武士，乘机杀掉，分别命令诸将，乘魏人不提防袭击营垒，痛歼这些丑类，一个也别让他们活着。然后再安抚江陵百姓民心，对手下文武百官随材授官。这样一来，魏人被震慑住，不敢随便动武，至于王僧辩等人，写封信就能招降。然后就可穿好朝服渡江，回建康登上帝位。顷刻之间，大功可立。古人说：'天与不取，反受其咎'。希望殿下发挥雄才远虑，而非匹夫作为。"梁王萧詧说："计策并非不好，然而魏人待我很好，不能背弃。若用君计，人们就会厌弃鄙视我！"

梁王萧詧任命咨议参军蔡大宝为侍中、尚书令，参掌选事；外兵参军太原王操五兵尚书（中兵、外兵、别兵、都兵、骑兵）。蔡大宝为人严整，胸有智谋，雅达政事，文辞赡速，梁主萧詧十分信任他，以为谋主，将其比为诸葛孔明。梁王萧詧任命莫勇为武州刺史、魏永寿为巴州刺史。

大定四年（558年），梁王萧詧派大将军王操率军攻占王琳辖下的长沙、武陵、南平等郡。第二年，王琳又派将领雷又柔偷袭攻陷监利郡，太守蔡大有战死。不久，王琳与陈朝相持不下，向梁王萧詧称藩，乞求援军。梁王萧詧答应后，援军尚未出发，王琳就已战败，投奔北齐。

大定六年（560年）夏，发生地震，前殿崩塌，压死二百余人。江陵全城老幼，都被北周俘虏，驱入函谷关。梁王萧詧十分懊悔，说："恨不听尹德毅的话，以致到了这种地步。"梁王萧詧见屋宇残破，战乱不息，自己威望不振、谋略无从施展，心中常怀忧愤。他又因领土狭小，常郁郁不乐。每次读到"老骥伏枥，志在千里。烈士暮年，壮心不已"，都扬眉举目，握腕激奋，久久叹息。

大定八年（562年）二月，在位七年的梁王萧詧，竟因忧愤而背部发疽致死，时年四十四岁，八月，葬于平陵，谥号宣皇帝，庙号中宗。不过，他的选择，竟也为梁武帝留下后代，其孙女是隋炀帝杨广的萧皇后，曾孙萧铣是隋末大乱的割据皇帝之一，孙子萧瑀也成为唐太宗贞观之治的一代名相。

梁承圣二年（西魏恭帝二年，齐天保四年，553年）十一月，北齐国主高洋（高欢第二子）派清河王高岳（高欢堂弟）带兵攻打西魏安州（今湖北安陆），以此救援江陵。高岳进抵义阳（今河南信阳南），听闻江陵已经陷落，便转而进逼长江边，夺取梁地，郢州刺史陆法和与宋蒞举州投降，把高洋赏赐的住宅施舍给佛寺，仅居一间。三年后，陆法和在北齐去世，高洋开棺，发现里面空空如也，但陆宅墙壁上，却写着一首谶诗，

十年天子为尚可，百日天子急如火，周年天子迭代坐。

北齐末，时人才明白其中含义，文宣帝高洋享国十年，废帝高殷（高洋嫡长子）继位百余日被六叔高演所废，孝昭帝高演（高欢第六子，文宣帝同母弟），在位仅一年就得病而亡。

建康的王僧辩，由于西魏发兵突袭江陵，救援不及，梁元帝被杀，便与陈霸先反复商议，十二月，迎梁元帝第九子江州刺史晋安王萧方智至建康，为太宰，按照朝廷惯例，准备延续梁国国祚。

梁绍泰元年（西魏恭帝二年，齐天保六年，555年）正月十三，北齐命令高岳撤军，派仪同三司慕容俨镇守郢州。

王僧辩派江州刺史侯瑱攻打郢州，任约、徐世谱、萧循等都带兵会战。

江陵在抵抗了二十八天后被西魏攻陷，北齐看见宇文泰立萧詧为梁王作为附庸，便也对控制南朝的朝堂发生兴趣。

二十日，高洋决定把寒山之役俘获的贞阳侯萧渊明（梁武帝侄子）立为梁朝新主，派高欢第七子上党王高涣带兵送归，徐陵、湛海珍随行。

二月初二，晋安王萧方智从寻阳来到建康，入朝堂居住，即梁王位，时年十三岁，是为梁敬帝。朝廷任命太尉王僧辩为中书监、录尚书、骠骑大将军、都督中外诸军事，加封陈霸先为征西大将军，任命南豫州刺史侯瑱为江州刺史，湘州刺史萧循为太尉，广州刺史萧勃为司徒，镇东将军张彪为郢州刺史。

北齐国主高洋在送贞阳侯萧渊明回南方前，先派殿中尚书邢子飞马沿驿道通报建康，给王僧辩送去一封信，信中大义凛然地说："你们立的嗣君年龄幼小，不能承担治国的重任。而贞阳侯是梁武帝的侄子、长沙王萧懿的后代，就其年龄资望而言，可以保护金陵（建康）不失，所以立为梁主，送他回南方就国。你应该安排舟舰，去迎接现在的梁主，同心协力，好好地打造美好的未来。"

初四，贞阳侯萧渊明也写信给王僧辩要求来迎接他。

王僧辩自然也不傻，北齐这信明摆着是打算在梁朝扶植属于自己的傀儡王朝，所以，王僧辩回信说："当今嗣主血统来自皇帝，受命祖先。您如果能入朝一起匡扶王室，那么伊尹、吕望之任，应该归于您。如果您入朝是想当皇帝，我们不能听从这样的命令。"南朝最有实力的王僧辩柔中带刚，温柔地表示拒绝。

十三日，北齐任命陆法和为都督荆州、雅州等十州诸军事，太尉,大都督,西南道大行台。又任命宋茞为郢州刺史,宋茞的弟弟宋簉为湘州刺史。部署进攻江陵。二十三日,上党王高涣攻克南谯郡(今安徽巢县)。

二十八日,萧渊明又给王僧辩写信要求奉迎,王僧辩还是不答应。

三月,贞阳侯萧渊明到了东关,散骑常侍裴之横带兵防御。北齐军司尉瑾、仪同三司萧轨向南进攻皖城(今安徽潜山),晋州刺史萧惠献州投降。北齐把晋熙(郡治同上)改为江州,任命尉谨为刺史。

初六,北齐攻克东关,杀死裴之横,俘虏数千人。王僧辩大惊失色,带兵出城屯驻姑孰,经考虑再三,准备向北齐屈服,准备接纳萧渊明,实际是承认梁朝皇帝为北齐傀儡。王僧辩决定迎立萧渊明,未曾料到的是陈霸先和其彻底决裂。

孙玚听说江陵陷落,丢弃广州回来,曲江侯萧勃再次占据广州。

王僧辩先派使者向贞阳侯萧渊明上表,定"君臣之礼",又另派一使者到北齐上表,以儿子王显和王显的母亲刘氏、侄子王世珍去萧渊明处为人质。接着派左民尚书周弘正到历阳奉迎萧渊明,要求立晋安王萧方智为皇太子,萧渊明同意。萧渊明要求安排三千卫士跟着去,王僧辩怕人多生出变乱,只给了一千散兵。

二十一日,王僧辩派龙船、备法驾奉迎。萧渊明和北齐高涣在江北盟誓。

二十二日,人马从采石渡江,于是,梁朝车舆南渡,齐军北返。王僧辩对北齐心存疑惧,把船停在长江中流,不敢靠近西岸。北齐侍中裴英起护送萧渊明南渡,和王僧辩在江宁会面。

二十四日,萧渊明进入建康,看到朱雀门就失声痛哭,奉迎群臣哭声一片。

二十七日，萧渊明即皇帝位，改元天成，立晋安王萧方智为太子，任王僧辩为大司马，陈霸先为侍中。

至此，建康和江陵建立的梁朝朝廷，分别成为北齐和西魏的附庸。

六月，北齐慕容俨刚进入郢州时，侯瑱等人突然出现在城下，在慕容俨的有效防御下，侯瑱寸功未立。慕容俨抓住时机主动出击，大败侯瑱。不久，城里粮食逐渐吃光，守城军民只好煮草木根、叶和靴子皮、衣带角充饥。慕容俨和士兵同甘共苦，坚守半年，军民团结一心。萧渊明即位，便令侯瑱撤围，回镇豫章。

北齐因为郢州城在长江南岸，难以长期驻守，就割让给了梁朝。

慕容俨归国，朝见北齐国主高洋，悲不自胜。高洋叫慕容俨靠近，拉着他的手，脱下帽子，端详他的头发，叹息很久。

吴兴太守杜龛是王僧辩的女婿。王僧辩把吴兴改为震州，任命杜龛为刺史，又任命弟弟侍中王僧愔为豫章太守。

初三，高洋因梁国自称藩属，依附北齐，下诏把梁朝百姓全都遣送回南方。

当初，王僧辩和陈霸先共同讨伐侯景，两人感情深固。王僧辩儿子王颙迎娶陈霸先之女，恰巧赶上王母去世，所以二人没有成婚。

八月，王僧辩驻扎在石头，陈霸先驻扎在京口，王僧辩推心置腹对待陈霸先，王颙的哥哥王顗多次劝王僧辩要提防陈霸先，王僧辩不听。

王僧辩在齐兵压力之下迎立萧渊明为帝，陈霸先派人苦苦劝阻，使者为此往返几趟，王僧辩没有采纳。此事过后，陈霸先私下叹息，对亲信说：

> 梁武帝子孙甚多，唯孝元能复仇雪耻，其子何罪，而忽废之！吾与王公并处托孤之地，而王公一旦改图，外依戎狄，援立非次，其志欲何所为乎！（《资治通鉴·梁纪·梁纪二十二》）

至此，陈霸先心中已有不同打算，私自筹集几千领战袍和锦帛金银等物，以备非常之用。正好这时有人报告，齐军将大举入侵，已到北齐与梁朝交界的寿春，将向南进犯。王僧辩派记室（官名，东汉设，诸王及三公，大将军府可置，负责撰写表章文檄，明以后废除）江旰通知京口陈霸先，做好防备。陈霸先扣留江旰，打算在京口发兵，袭杀王僧辩。

九月二十五日，陈霸先和侯安都、周文育及徐度、杜稜一起密谋定计，接着部署将士，分赐金银布帛，陈霸先的军事部署是：命侄子著作郎陈昙朗留镇京口，掌管州府政事；派徐度、侯安都率领水师直逼石头，时王僧辩驻守石头；自己率领骑兵、步兵，从江乘（今句容北六十里）与之会合。

知道这次进军计划的，只有侯安都等四个将领。外人看到陈霸先等人的行动，都以为是江旰来调兵抵抗北齐，对军队调动一点也不感到奇怪。

当夜，各路兵马全部出发。陈霸先忽然有意勒马不进。侯安都以为陈霸先临事犹豫，心中大惊，追上陈霸先大骂："今天做贼，计划已成，形势无法挽回，是生是死必须做出决断，你留在后头存的什么念头！如果失败，大家都得死，留在后头就能免去砍头吗？"陈霸先一听，心中暗自高兴，说："侯安都在怪我不下决心、生我的气呢，我一定去。"其实，是怕侯安都意志不坚定。

侯安都到了石头北，弃船上岸。石头北边和山冈高坡相连，城墙不算高峻，侯安都披着盔甲，手握长刀，让手下士兵把他抬起来扔到城墙上，众人随着他蜂拥而入，一直进入王僧辩的卧室。陈霸先的队伍也从南门攻入。

王僧辩正在处理军政事务，外面有人报告发现有士兵偷袭，过一会儿，士兵从卧室里头冒出来，王僧辩急忙躲避，遇到儿子王頠，一起冲出门外，率身边几十人在议事厅前苦战，力竭不敌，跑到南门楼上，向进逼过来的陈霸先拜求。

陈霸先要放火烧南门楼，王僧辩和王頠只得下楼就擒。

陈霸先质问说："我有什么过错，你要和北齐军队一起讨伐我？"不容王僧辩分辩，接着问："北齐军队来犯，你全无戒备，是什么意思？"王僧辩有点莫名其妙，说："派你守京口，扼据建康北门，怎么说我对北齐军队没有戒备？只怪我瞎了眼，没有防备应该防备的人！"当天夜里，陈霸先绞杀了王僧辩父子两人。

后来，竟没有发现北齐军队的影子，看来，这也有可能是陈霸先玩弄诡计。

前青州刺史新安人程灵洗率领将士来救王僧辩，在石头西门奋力苦战，势穷兵败。陈霸先派出使者招降，过了很久，程灵洗才答应投降。

陈霸先被程灵洗的忠义行为感动，任为兰陵太守，令其协防京口。

二十八日，陈霸先发布檄文，列举王僧辩之罪。檄文中还说：

资斧所指，唯王僧辩父子兄弟，其余亲党，一无所问。（同上）

十月初二，晋安王萧方智在陈霸先的再次拥立下，即皇帝位，大赦天下，改元绍泰，倒霉的贞阳侯萧渊明被任为司徒，封建安公。

梁朝派人通报北齐："王僧辩阴谋篡位造反，所以被杀。"陈霸先为缓和两国关系，仍然向北齐称臣，永为藩国。北齐派行台司马恭和梁朝在历阳订立盟约。

初五，朝廷封陈霸先为尚书令，都督中外诸军事，车骑将军，扬、南徐二州刺史。初六，朝廷任命宜丰侯萧循为太保，建安公萧渊明为太傅，曲江侯萧勃为太尉，王琳为车骑将军，开府仪同三司。

陈霸先已经掌控建康朝廷。

2. 浙左凶渠，连兵尽驱

陈霸先为什么坚持要立晋安王萧方智继承帝位？

一方面是朝廷大义，梁元帝替父亲梁武帝报了仇，而萧渊明只是个败军之将、被俘之人，感觉这场交易，王僧辩在政治上获益较多。另一方面，在梁朝宗室血统上，梁武帝八子都已不在人世，而萧渊明只是梁武帝的侄子。

梁武帝长子昭明太子萧统，仪态优美，举止端正，读书数行并下，过目便能记忆，曾主编中国现存编选最早的汉族诗文总集《昭明文选》。萧统在东宫以仁德闻名，受到朝野爱戴。萧统十分孝顺，母亲丁贵嫔去世后，时常痛哭昏厥。当时天下风俗转尚奢侈，萧统服饰以朴素为主，希望移风易俗。有道士认为丁贵嫔墓地风水不利长子，萧统便埋下"蜡鹅镇法"，后被人向年迈的萧衍告发，即"蜡鹅厌祷事件"，此后，父子二人产生嫌隙，萧统无法自辩。中大通三年（531年），萧统乘舟采摘芙蓉，因姬人晃荡，不慎落水，伤及大腿，一病不起，英年早逝，年仅三十一岁。朝野闻知萧统讣讯均感惋惜，建康男女奔走宫门之间，号泣满路。

次子豫章王萧综，是东昏侯萧宝卷遗腹子，生母为吴景晖。萧衍杀死萧宝卷后，占有其后宫，吴景晖隐瞒怀孕事实，七个月后生下萧综。萧衍起初十分宠爱萧综，吴景晖失宠后将身世告知萧综。因民间有"以生者血沥死者骨渗，即为父子"之说，萧综私自挖开萧宝卷坟墓，出骨滴血认亲，血液融入遗骨，萧综又杀死刚生一月的次子以之检验。自此，萧综暗自发誓报仇，萧衍仍不知情，北伐时委以重任，萧综知道叔叔萧宝寅在北魏，趁机投奔，改名萧赞，并迎娶魏孝庄帝元子攸姐姐寿阳长公主。好景不长，两年后，北魏爆发河阴之乱，寿阳公主被害。陈庆之北伐打到洛阳，吴景晖以萧综小时衣服寄送，信未达而陈庆之败退。不久，萧赞去世，时年三十岁。

三子简文帝萧纲，小字六通，萧统同母弟，南朝梁第三位皇帝，初封晋安王，昭明太子萧统去世一个月后被立为皇太子。萧纲自幼受幕僚徐摛、庾肩吾等人的文学趣味熏陶，创立"东宫体"，被梁武帝评为"吾家之东阿"。萧纲入主东宫十八年，在攸关梁朝生死的侯景之乱中，优柔寡断，台城失陷后被俘，成为傀儡皇帝，最终死于侯景之手，二十个儿子中仅有一人幸免于难。

四子南康王萧绩，在南兖州刺史任上深受百姓拥戴。萧绩比较优秀，清心寡欲，躬行俭约，二十五岁时因病去世。但其死后，府库有数千万无名钱。

五子庐陵王萧续，贪财好色，在任时大肆收敛，封国仓库盈满，四十四岁去世，死前后悔，派人送交金银器千余件，此时梁武帝才知其富有无比。

六子邵陵王萧纶，侯景之乱时，奉命讨伐侯景。萧纶与五哥萧续相反，视金钱如粪土，喜欢招贤纳士，但性格暴戾，喜怒无常。后遭侯景袭击，出走定州，进入汝南，西魏派兵来攻，城陷被杀，时年四十五岁。

七子梁元帝萧绎，自幼聪明，才艺双全，曾患眼疾，虽经萧衍亲自治疗，却有一眼失明。侯景之乱时，萧绎率军攻打侄子萧誉、兄弟萧纶，击退萧誉。在王僧辩和陈霸先的合力之下，平定侯景之乱，于江陵即位。萧绎称帝后，派朱买臣在建康杀死侯景所废皇帝萧栋兄弟三人，又联合西魏消灭称帝的武陵王萧纪。益州落于西魏之手，萧绎致信要求重新划定疆界，言辞傲慢，引发西魏丞相宇文泰不满。不久，西魏出兵攻陷江陵，萧绎战败被萧詧用土袋闷死，时年四十六岁。

八子武陵王萧纪，历任彭城太守，迁益州刺史，治理成都时，政绩卓著，为蜀地经济恢复和发展做出了杰出贡献，后拜征西大将军。侯景作乱期间，武陵王萧纪抢先称帝成都，在西魏和梁元帝的联合讨伐下兵败被杀，时年四十二岁。

梁武帝诸子既亡，那么血统最为亲近者，当为继任皇帝之后，简文帝无后，武陵王萧纪无后，最为恰当者，当为梁元帝之子，而梁武帝诸侄则为旁支，不如梁武帝之孙、梁元帝之子晋安王萧方智嫡系正统，而且年幼，易于控制。

这也是陈霸先坚持选择萧方智而非萧渊明的堂皇理由。

王僧辩因与陈霸先在拥立皇帝人选上发生分歧而被杀，但其余党仍存。

时任吴兴太守杜龛是王僧辩的女婿，依恃王僧辩的权势，一向对陈霸先很不礼貌。在吴兴，常对陈霸先宗族中的人绳之以法，陈霸先深怀怨恨。

陈霸先要袭杀王僧辩，先秘密派侄子陈蒨潜回长城县（陈霸先家乡，今浙江长兴），修筑营栅以防备杜龛。

杜龛听说王僧辩被杀，便占据吴兴反抗陈霸先。义兴太守韦载率领郡中部队响应，吴郡太守王僧智（王僧辩之弟）也据城固守。

陈霸先派周文育攻打韦载，义兴属县的士兵都是陈霸先旧部，擅长用弩，韦载找来几十人，用长锁拴起来，在亲兵监督下射击周文育部队，说："十发不能两中者，杀无赦。"所以每次射击，都能射杀一名陈军。周文育进攻受挫。

韦载在城外临水立栅，两军相持几十天。

梁绍泰元年（西魏恭帝二年，齐天保六年，555年）十月二十四日，见周文育进攻不利，陈霸先留高州刺史侯安都、石州刺史杜稜守卫台省，亲自带兵东伐义兴太守韦载。

二十七日，陈霸先军队抵达义兴，二十九日，拔除韦载修筑的水栅。

谯、秦（今江苏南京六合）二州刺史徐嗣徽堂弟徐嗣先（王僧辩之甥）在王僧辩死后，逃奔徐嗣徽，徐嗣徽干脆献上谯、秦二州投靠北齐。

听到陈霸先东讨义兴，徐嗣徽秘密联合南豫州刺史任约，带五千精兵乘虚偷袭建康。当日，袭踞石头，攻打台城，徐军游骑已到台城宫阙之下。

侯安都关闭城门、倒伏旗帜，故意示弱，严令城中军民说："凡登上城楼观看贼军者斩首。"天黑后，徐嗣徽等人收兵返回石头。侯安都连夜备战，天快亮时，徐嗣徽等人的骑兵又来了，侯安都率领三百甲士打开东、西掖门出城迎战，大败敌军，徐嗣徽等人逃回石头，再也不敢逼近台城。

韦载凭借坚城固守，义兴一直攻克不下。

陈霸先派韦载族弟韦翙携带书信劝韦载投降，信中说："其他反抗兵马都已经被我征服，只剩你一座孤城能顶什么用？如果你投降我，保证你享有荣华富贵。"韦载回答："士为知己者死，我受梁朝之恩，本为梁朝才一直抵抗，和你成为仇敌。现在，你已经平定江左一带，我也知道再坚守下去没有生路。但我和你交战至今，多有杀伤，即使投降，也难免被你的人杀害，何况我上有老母、下有妻小，不得已苟延残喘，所以不能投降。真要投降，一定要你发誓。"

陈霸先杀了一匹白马，发誓不伤害他。

三十日，韦载和杜北叟打开城门投降。陈霸先对待他们很优厚，任韦翙暂管义兴郡，把韦载安置在身边左右，遇事商量谋议。

不过，陈霸先当皇帝后，有一次，因韦载稍微来晚，便把他给杀了。

后来，陈霸先在宫中阅看奏折，突然见到韦载进来，大惊之下，跑进内室。不想，陈霸先刚在光严殿坐下，韦载又跟了进来。

陈霸先急忙叫左右的人把韦载的鬼魂赶出去，但左右却说，根本没有看到什么人影，怎么赶？陈霸先因此事大受惊骇，从此患病而死。

这是后话。

陈霸先平定义兴后，立即兵回救援建康。

与此同时，陈霸先一面派周文育去攻打杜龛，救援在长城县的陈蒨。一面派将军黄他攻打吴郡王僧智，由于战事不顺利，陈霸先又派宁远将军裴忌增援。裴忌挑选部下精兵，轻装倍速前进，从钱塘直奔吴郡，夜里，抵达城下，大声鼓噪着逼近城墙。王僧智以为陈霸先大部队兵临城下，急忙乘着小船逃往吴兴。

裴忌攻占吴郡，被陈霸先任命为吴郡太守。

十一月初二，北齐派五千士兵渡过长江占据姑孰，以策应徐嗣徽、任约。陈霸先派合州刺史徐度在冶城（今江苏南京六合东北）修筑栅栏备战。

十三日，北齐又派安州（治今安徽定远）刺史翟子崇、楚州（治钟离，今安徽凤阳东北）刺史刘士荣、淮州（治山阳，今江苏淮安淮阴）刺史柳达摩带兵万人，驻屯胡墅（今江苏南京长江北岸），并渡江运米三万石、马一千匹到石头，支援徐嗣徽等人。

值此大敌当前之际，陈霸先向韦载询问对策，韦载说："齐军如果分兵先占据通往三吴的道路，然后在我们东边的边境攻城占地，则大势去矣。现在齐军没有这样做，我们应该迅速在秦淮南一带沿着侯景过去留下的旧垒修筑新城堡，以便畅通东部运输线。同时，再分兵断绝齐军运粮道路。这样，齐军首领十天之内就得送来了。"陈霸先依计而行。

初六，陈霸先军事部署及战果如下：

派侯安都夜袭齐军北岸屯粮之地胡墅，烧掉北齐一千多艘兵船；

派周铁虎切断北齐运输补给道路，抓住了北徐州刺史张领州；

派韦载在大航（今南京镇淮桥东）修筑侯景故垒，让杜稜守卫。

北齐军队也在仓门和秦淮河之南修建了两座营栅，与梁兵对抗。

十五日，北齐大都督萧轨带兵屯驻在长江北岸，借以声援徐嗣徽。

二十七日，徐嗣徽等仗着北岸齐军后盾，出兵猛扑冶城栅，陈霸先率精兵出西明门迎击。徐嗣徽大败，留柳达摩守卫石头，

— 208 —

自己去采石迎接北齐援兵。

此时，梁朝又任命郢州刺史宜丰侯萧循为太保，广州刺史曲江侯萧勃为司空，征召二人入朝侍奉皇帝。萧循接受太保之职，但借故推辞不入朝。萧勃正密谋起兵造反，也不接受任命。

十二月初七，侯安都再次袭击秦郡，攻破徐嗣徽的营栅，俘获徐嗣徽好几百家人和马、驴辎重器械，搜得徐嗣徽弹奏所用琵琶和豢养的猎鹰，派人送信说："昨天到老弟住处得到这些东西，今日还给你。"徐嗣徽看到东西后十分惶恐。

初十，陈霸先在冶城对面的水上把船只连在一起建了一座浮桥，指挥众军渡河，攻击柳达摩建在南边的两座营栅。

柳达摩等在秦淮河摆开阵势，陈霸先督率战士猛攻，并火烧栅栏，北齐军队大败，争着上船逃跑，互相拥挤，掉入水中淹死的有上千人，哭喊声震天动地。梁军缴获敌军全部船舰。柳达摩退守石头。

当天，徐嗣徽和任约带领北齐水师步兵一万多人也想退守石头，陈霸先派兵来到江宁，占据险要之地阻击。徐嗣徽等人的水师步兵都不敢前进，停泊在江宁浦（今江浦东，与下关相对）的入江之处。陈霸先派侯安都率水师进攻，徐嗣徽等人乘上单人小船逃走，缴获齐军大量辎重、武器。

十三日，陈霸先四面围攻石头，切断城中汲水道路，城中无水，一升水贵到一匹绢，形势极其不利于北齐。第二天，也就是十四日，柳达摩派使者向陈霸先求和，同时，提出一个要求，要以陈霸先儿子为人质。

虽然战场上陈霸先取得优势，但当时建康实力虚弱，粮草运输跟不上，朝中大臣都想与北齐讲和，纷纷请求用陈霸先的侄子陈昙朗作为人质（陈霸先儿子陈昌在西魏）。

陈霸先迫于朝臣压力，无奈之下说："现在在朝廷中的各位贤人都想和北齐讲和以获得休息，如果违反众人的意见，大家会说我偏爱陈昙朗，不顾念国家利益。现在我决定派陈昙朗去，就算把他扔在敌寇的院子里吧！北齐人一向不守信用，我答应讲和，他们会认为我们势微力弱好欺负，肯定会背弃盟约再来进犯。北齐强盗如果再来进犯，那时你们可得为我拼死战斗！"

于是，梁朝与北齐在城外订立和约，陈霸先一面同意把陈昙朗和永嘉王萧庄、丹杨府尹王冲的儿子王珉送到北齐作为人质，一面允许追随北齐的将士按自己的意愿选择归居南方或北方。

十五日，陈霸先在石头南门摆列兵阵，送北齐军队北归。徐嗣徽、任约都投奔了北齐。这一仗，梁朝缴获北齐军马、器械、舟船、大米，不可胜数。

因枉自损兵折将而一无所获，北齐国主高洋杀了败将柳达摩。

十六日，北齐和州长史乌丸远从南洲回到历阳，梁陈之战暂时告一段落。

江宁县令陈嗣、黄门侍郎黄朗占据姑孰谋反，陈霸先派侯安都等人出兵讨伐，平定二人。陈霸先担心陈昙朗跑到别处去，亲自率领步、骑兵到京口迎接。

西魏益州刺史宇文贵派谯淹的侄子谯子嗣去诱降谯淹，说是要让谯淹当大将军，谯淹不答应，杀了谯子嗣。宇文贵勃然大怒，派兵攻打，谯淹从东遂宁移师，屯驻垫江。

当初，晋安地区的平民陈羽，世代为闽中豪门。陈羽的儿子陈宝应颇善权变，为人奸诈，郡中的人无不畏服。侯景之乱时，晋安太守宾化侯云把郡守之职让给陈羽。陈羽年老，只管郡里的政事，让陈宝应分管军事。当时东边闹饥荒，而晋安一带却丰收有余粮。陈宝应多次从海路出兵，到临安、永嘉、会稽一带抢劫掳掠。有时也运些米粟和这些地区进行贸易，因此，逐渐富强起来。侯景之乱平定后，梁元帝任命陈羽为晋安太守。待到陈霸先辅佐梁朝时，陈羽要求把太守职位传给陈宝应，陈霸先答应了。

梁太平元年（西魏恭帝三年，齐天保七年，556年）正月初一，西魏开始建立文官之制，任命宇文泰为太师、大冢宰，柱国李弼为太傅、大司徒，赵贵为太保、大宗伯，独孤信为大司马，于谨为大司寇，侯莫陈崇为大司空。其余百官的设置任命，都模仿《周礼》。

初二，梁朝大赦天下。凡是与任约、徐嗣徽同谋之人，一概不予追究。

初七，陈霸先派江旰劝说徐嗣徽回到南方，结果被徐嗣徽押送北齐。

陈蒨、周文育合兵一处，攻打吴兴杜龛。杜龛有勇无谋，又爱喝酒，一天到晚总是醉醺醺的，部将杜泰暗地里和陈蒨取得联系。杜龛同陈蒨等人交战失败，杜泰便劝说杜龛投降，杜龛答应了。但是，杜妻王氏说："陈霸先和我们王家结仇结得这么深，怎么可以向他求和！"于是，拿出私财赏赐招募战士，再一次向陈蒨发动进攻，把陈蒨打得大败。不久，杜泰投降陈蒨，而杜龛还酒醉没醒，陈蒨派人背他出来，斩首于项王寺前。王僧智和弟弟豫章太守王僧愔投奔北齐。

因为一向被王僧辩所宠爱看重，东扬州刺史张彪占据会稽，江州刺史侯瑱占据寻阳、豫章，都不肯归附陈霸先。二月初五，陈蒨、周文育派轻兵奔袭会稽（今浙江绍兴），张彪兵败逃入若邪山中，陈蒨派部将章昭达追击并杀死张彪。

陈霸先任命周文育为南豫州刺史。

东阳太守留异赠送粮食给陈蒨，作为报答，陈霸先任命留异为缙州刺史。

三吴之地至此平定。

3. 北齐南侵，伪党斯擒

梁太平元年（西魏恭帝三年，齐天保七年，556年）正月，陈霸先派南豫州刺史周文育带兵攻打溢城。

十五日，陈霸先又派侯安都、周铁虎率领水师在梁山（今当涂东西梁山）一带建立营栅，以防备北齐。

至此，除江州刺史侯瑱仍旧占据江州、豫章之外、王僧辩余部全被平定。

第一次建康保卫战成功后，陈霸先并没有被胜利冲昏头脑，而是更加清醒地认为北齐朝廷不会守信用，有可能会趁江南四分五裂、建康军事实力微弱而发兵重来。

果不其然，在两朝和好两个月后，投奔北齐的徐嗣徽、任约便发兵袭击采石，抓获梁朝采石守将明州刺史张怀钧，押往北齐。

采石山，在今安徽当涂西北二十五里，有牛渚山，距离和州（今江苏和县）二十五里，东北至南京八十五里，牛渚山北，称之"采石"。采石西接乌江，北连建康，城筑于牛渚山上，与和州隔江相对，其地突出江中，自古为兵家必争之地。

三月初七，北齐派遣仪同三司萧轨、库狄伏连、尧难宗、东方老等人和任约、徐嗣徽合兵十万，南下入侵，大军师出栅口（濡须石，今巢县东南），兵锋直向南岸梁山。

梁山共有两座，一叫东梁山，一叫西梁山。东梁山，也叫博望山，在今安徽省当涂县西南三十里。西梁山在今安徽省和县南六十里。两山夹江对峙，如关之门，故也叫天门山。两山都在江岸旁，相距数里，为长江锁钥。

陈霸先帐下荡主黄丛迎击，大败北齐联军，齐军退保芜湖。

陈霸先再派定州刺史沈泰等增援侯安都，占据梁山，合兵御敌。

这时，周文育攻打溢城不利，陈霸先召其还军，合兵共拒齐军。

四月十三日，陈霸先前往梁山，巡抚诸军。

二十一日，侯安都率领轻兵在历阳袭击北齐行台司马恭，把司马恭打得大败，俘虏了上万人。然而齐军在梁山不过是虚张声势。

相持到五月，齐军突然通知梁朝，只要交还建安公萧渊明便立即退兵。

陈霸先准备船只送行，刚过两天，初九日，萧渊明背部发疽，急病身亡。

萧渊明，字靖通，南兰陵郡兰陵县（今江苏常州）人。梁文帝萧顺之之孙，长沙宣武王萧懿之子，梁武帝萧衍之侄。

北齐朝廷闻报极为生气，这等于向北齐宣战！

萧轨大怒，初十，便自芜湖发兵，走陆路向建康推进。

十六日，齐军进入丹阳县，兵锋一路向东。

二十二日，齐军到达秣陵故郡（今江苏南京旧江宁县东南六十里，秣陵桥东北），绕过周文育、侯安都所部，包抄建康后方。

可见，萧轨对侯安都的水师仍然十分忌惮。

第六章 建康城静帝禅位

— 213 —

陈霸先紧急召回周文育，令其屯驻方山。方山，又名天印山，秦淮河流经山下，为秦始皇所开凿。

陈霸先又令徐度屯兵马牧（今江苏南京南），杜稜屯兵大航南（即建康城宣阳门外秦淮河上的朱雀桁），在建康摆开防守阵势。

陈霸先率领梁朝宗室王侯及朝臣将帅，在大司马门外白虎阙下刑牲祭告上天，因北齐撕毁盟约，陈霸先言辞慷慨，涕泗横流，众人不敢仰视，在旁士兵的斗志再一次被激发。

二十七日，北齐军队跨秦淮河修筑桥梁渡兵，夜里到达方山，徐嗣徽等人在青墩到七矶（都在方山北面）排列战舰，以切断周文育的退路。

周文育指挥士兵擂鼓纳喊，全军进攻，徐嗣徽等人抵挡不住。

天亮时分，周文育反攻徐嗣徽得胜。

徐嗣徽手下骁将鲍坪单独驾驶一艘小军舰殿后，周文育也驾驶一艘舴艋舟在后紧追，两船相战时，周文育跳入舰仓，一刀杀死鲍坪，牵着鲍坪的船舰回到军中。

徐嗣徽部下见状十分害怕，便把船泊在芜湖，自己从丹阳上岸。

陈霸先也急忙追上侯安都、徐度，命二人率领梁山部队，回救建康。

二十九日，齐军从方山挺进到倪塘（建康城东），机动的前哨骑兵在宫城下出现，建康震骇，人心惶惶，梁敬帝带着禁兵出宫驻入长乐寺，内外戒严。

从这天起，这场由陈霸先指挥的空前激烈的建康保卫战便打响了。

当天，趁齐军先锋立足未稳，陈霸先亲自领兵，在白城（今江苏南京湖熟镇附近）与徐嗣徽所部交战，两军激战半日。刚好，周文育率部来助，两军会和。

梁军正要与齐军交战，忽然狂风大作，陈霸先说："兵不逆风。"

周文育说："军情紧急，不要拘泥古法惯例！"说完，就抽槊上马向齐军冲去，众军紧随其后，随后风向转变，梁军杀伤齐军数百人。

此时，侯安都也回师建康，在耕坛南（今通济门外）和徐嗣徽作战。侯安都率领十二名骑兵冲破徐嗣徽阵地，生擒北齐仪同三司乞伏无劳。

陈霸先又暗中抽调三千精兵，由沈泰率领，暗渡长江，偷袭在瓜步（今江苏南京六合东南，有瓜步山，南临大江）的北齐行台赵彦深，缴获战船一百余艘、粮食一万斛，切断了北齐部队的粮食供应，使急欲增援南岸齐军的援兵受挫。

这一天的战斗可谓精彩之极，陈霸先以劣势兵力两面出击，仍然大获全胜，可见其对战局的判断能力和杰出的军事才华。

六月初一，北齐军队偷偷来到钟山，侯安都与北齐将领王敬宝在龙尾（钟山西麓）交战，军主张纂在战斗中阵亡，侯安都驰马夺回尸首，齐军不敢进逼。

初四，北齐军队抵达幕府山（今江苏南京东北），陈霸先派别将钱明率领水师兵发江乘，截击北齐运粮船队，齐军船米尽被缴获。齐军缺少粮食，只好杀死随军的马、驴充饥。

初七，北齐后续军队翻越钟山，继续进军。陈霸先与众军分头驻扎在乐游苑东边和覆舟山北边（今江苏南京东北覆舟山之南），切断北齐军队的交通要道。

初九，齐军到达玄武湖西北，准备占据北边的郊祀高坛（覆舟山南）。梁军从覆舟山向东转移，驻扎在坛北，和齐军对峙，拉开了大会战的序幕。

齐军主力既到，兵力对梁军保持绝对优势。陈霸先看出敌士兵气正高，决定暂避其锋芒，且战且退，逐处应战，以战术上的优势弥补战略上的劣势。

江南的梅雨季节如期而至，大雨倾盆，电闪雷鸣，暴风拔起大树，平地水深一丈多。齐军昼夜泡在烂泥中，不得休息，脚趾溃烂，做饭得把锅悬挂起来才行。齐军陷入困境。

与之相反，建康台城和潮沟北路一带地势高，积水退后，路面干燥，梁军营地安然无恙，还能换班作战。

但是，陈霸先很快发现自己到了退无可退的境地，南、北、东三面都出现了齐军，四方通往都城的道路都被堵塞隔断，粮食也运不进来，城中百姓流散，无法征收粮赋，形势不容乐观。

十一日，天才稍稍放晴，陈霸先就准备开战，并向商人征调一些麦子，做成麦饭分给军中士兵，士兵们个个饥疲不堪。

就在陈霸先一筹莫展之际，在吴兴的陈蒨奇迹般地送来大米三千斛，鸭子一千只。陈霸先下令蒸米饭、煮鸭子，士兵们用荷叶包米饭，饭上盖上几片鸭肉。填饱了肚子，全军上下士气振奋，准备拼死一搏。

梁太平元年六月十二日的这场战斗，势必在历史上留下耀眼的一笔。

十二日，天还没亮，士兵们坐在草席上开始用饭，等到天一亮，陈霸先就率领将士向幕府山出发。

侯安都对手下爱将萧摩诃说："你一向英勇善战，远近闻名，但千闻不如一见，这次就看你的了。"萧摩诃回答说："今天就让您看看！"等到交战时，侯安都不慎从马上摔下，齐兵包围上来，性命攸关之时，萧摩诃单枪匹马，大呼猛进，直向北齐士兵冲来，齐兵纷纷避开，侯安都这才保住性命。

陈霸先与吴明彻、沈泰等众军前后一齐冲锋，梁军全面出击，猛打猛冲，侯安都又从白下（今江南县西南）带领一支偏师切断齐军后路，北齐军队大败，被杀和被俘的加起来有几千人，互相踩踏而死的人不可胜数，徐嗣徽和弟弟徐嗣宗被活捉后砍头示众。

梁军追杀败逃的齐兵，一直追到临沂（今南京东北，山之西北临大江）。

梁朝在江乘、摄山（即栖霞山）、钟山等地的军队也相继获胜，俘虏了北齐萧轨、东方老、王敬宝等将帅共四十六人。

有齐兵逃窜到长江边，用芦苇扎成筏子渡江，驶到江中心，苇筏被水冲散，士兵纷纷落入水中，溺水而死的齐兵尸体随江水流到京口一带，浮尸覆盖水面，密密麻麻堆满江岸。齐军将领只有任约、王僧愔两个人生还。

十四日，梁朝众军从南洲出发，烧掉江边北齐的战船。

十六日，建康解除戒严。士兵们用赏赐所得的战俘去换酒喝，一名战俘只够买酒大醉一次。

十七日，被俘的北齐将领萧轨等人全被杀死。之前，北齐请求割地、赔款赎回萧轨及被俘将士，陈霸先没有答应。听说萧轨等人的死讯，北齐在晋阳（今山西太原）也杀害了陈昙朗，时年二十八岁。

陈昙朗，是陈休先的儿子，陈霸先的侄子。

陈霸先兄弟三人，哥哥陈道谭，官拜东宫直阁将军，是护卫太子的禁卫军官，侯景叛乱，在保卫台城战役中不幸中箭身亡。陈霸先的弟弟陈休先也在太子宫中任职，后被太子萧纲外派，担任将军，召集民团对付候景，也战死疆场。

陈昙朗失去双亲后，陈霸先对其比亲生儿子还要宠爱。

侯景平定后，陈昙朗任著作佐郎；陈霸先渡江包围广陵，宿预人东方光据家乡起义，陈霸先派陈昙朗与杜僧明从淮河进入泗水支援。北齐援军赶到，陈昙朗和杜僧明筑营抗御。不久，朝廷下令班师，陈昙朗率三万家宿预义军渡江。

陈霸先诛杀王僧辩，陈昙朗镇守京口，代理留府事，后任中书侍郎、监南徐州。建康被围，京师空虚，陈霸先和北齐议和，将陈昙朗送到北齐为质。

因当时南朝梁和北齐消息隔绝，陈霸先不知道陈昙朗被害，南朝陈建立后，陈武帝还遥封陈昙朗为南康郡王，奉陈休先祀，礼秩和皇子一样。

直到陈天嘉二年（北周保定元年，北齐皇建二年，561年），南朝陈和北齐结好，朝廷才知道陈昙朗被杀，陈朝追赠陈昙朗为侍中、安东将军、开府仪同三司、南徐州刺史，谥号愍，并派遣兼郎中令、随聘使江德藻、刘师知于次年春天，将陈昙朗灵柩迎回建康。

此次建康保卫战胜利，侯安都居功至伟。

陈霸先上奏朝廷，免掉自己的南徐州刺史，让给侯安都。

北齐先后两次大规模侵犯建康，前后二百二十多天，最终大败，损失惨重。

经此一战，陈霸先奠定篡梁基业。

七月，朝廷诏授高祖中书监、司徒、扬州刺史，晋爵长城公，增加封邑达到五千户，其他官职、封号保持原样。

当初，朝廷任命余孝顷当豫章太守，而王僧辩余党侯瑱正在镇守豫章，余孝顷只得在新吴县另立城栅，与侯瑱对峙。侯瑱令堂弟侯奫留守豫章，亲率全军攻打余孝顷，结果豫章失守，全军溃散，投靠部将焦僧度后降陈。

陈霸先派侯安都镇防长江上流，平定南中诸郡。

九月初一，梁朝改元太平，大赦天下，又任命陈霸先为丞相、录尚书事、镇卫大将军、扬州牧、义兴公。任吏部尚书王通为右仆射。

十月，西魏宇文泰出兵征伐吐谷浑，撤军回到牵屯山时得病卧床不起。宇文泰派驿马传召中山公宇文护。等到宇文护赶到泾州，宇文泰嘱咐他说："我诸子年幼，外敌强大，天下之事，委托给你，你要努力，以成就我的平生志愿。"

初四，宇文泰去世，时年五十岁。

宇文护回到长安，才公布消息，给宇文泰发丧。

宇文泰，字黑獭，代郡武川县（今内蒙古武川）人，鲜卑族，西魏实际掌权者，北周政权奠基者。

北魏末，宇文泰父兄全部死于战乱。历经多方辗转，宇文泰投奔贺拔岳，随其迎魏孝庄帝回洛阳，又进兵关中，攻破万俟丑奴，平定陇右。贺拔岳任命宇文泰为左丞，领台府司马，事无巨细，皆参与议决，后又出任夏州刺史。

贺拔岳被侯莫陈悦所害后，宇文泰为众人推举，率军攻杀侯莫陈悦，威震秦陇。宇文泰官拜关西大行台，传檄方镇，誓除丞相高欢。

八月，宇文泰迎魏孝武帝西入关中，不久将其弑杀，立元宝炬为帝，专军国大政，授大将军，进位丞相，后为太师、大冢宰。

在此期间，宇文泰立足关陇，征战东魏，蚕食南朝梁，先后夺取了东魏河东之地和南朝梁的巴蜀等地。

宇文泰能驾驭英豪，提拔李弼、独孤信等于戎伍之中，又擢用苏绰、卢辩于儒士之间，全都得其力用。宇文泰性好质朴简素，不追求虚假伪饰。宇文泰明达政事，其严禁贪污、裁减官员、颁行均田等，以为"中兴永式"。宇文泰崇儒好古，制度上凡有设置、建树都仿效夏、商、周三代古制施行。宇文泰广募关陇豪右，创立府兵制度，编为十二军，由八柱国统率。其执政二十余年，奠定北周篡魏基础。

初五，世子宇文觉继承宇文泰权位，镇守同州，年仅十五岁，后又封周公。

十二月三十日，宇文护为使宇文氏早得正位、安定人心，让西魏恭帝禅位周公，称宇文觉为"天王"。次日，周公宇文觉即天王正位。

至此，共历十五世的北魏，经分东、西魏后，立国一百六十年而亡。

南朝，也即将迎来新皇帝。

4. 卒禅梁祚，希复华风

当初，梁元帝把始兴郡改为东衡州，任命欧阳頠为东衡州刺史。一段时间后，转任欧阳頠为郢州刺史，但萧勃却把欧阳頠留在广州，不让其去郢州赴任。

梁元帝让王琳代替萧勃当广州刺史，萧勃派部将孙荡监广州，自己尽率所部屯驻始兴，以躲开王琳。欧阳頠则别据一城，关起城门自守，不去拜谒萧勃。萧勃大怒，派兵袭击，夺取了欧阳頠的所有货物、财产、马匹、兵器；不久，萧勃又赦免欧阳頠，让欧阳頠回到原来据守的城池去，并与之盟好。后来江陵陷落，欧阳頠归顺萧勃。

割据岭南的萧勃，是有自己打算的。

陈永定元年（557年）二月初一，萧勃在广州起兵，讨伐陈霸先。萧勃越过五岭，前军欧阳頠及部将傅泰、萧孜（萧勃之侄）兵出南康，分屯要地：欧阳頠驻在苦竹滩（今江西丰城西南），傅泰占据蹠口城（今江西南昌南）。

南江州刺史余孝顷在新吴举兵响应萧勃，以其弟余孝劢守城，自己率军出兵豫章，据守石头。萧勃派萧孜与余孝顷两军会合。

陈霸先派平西将军周文育率军进击。

周文育到达豫章后，发现官军缺少船只，而余孝顷有三百艘舴艋舟、一百多艘舰船，立即派军主焦僧度、羊柬偷袭余孝顷，尽夺其上牢所泊船只而归，依旧在豫章立栅固守。不久，军中粮尽，诸将想退兵，周文育没有同意，派人走小路，给临川（今江西南城）内史周迪送去一封求粮信，并提议约为兄弟。

周文育缺粮，为什么要向周迪索要？

当初侯景作乱的时候，临川人周续在郡中起兵夺权，梁始兴王萧毅把郡城交给周续治理，自己弃城而走。周续族中有个叫周迪的，有膂力，能挽强弩，小时住在山谷间，以打猎为生，也在家乡招募一些人归附，每次打仗，都"勇冠众军"。由于部将都是郡中豪强，骄傲横蛮，周续决定下令整治。诸将对此怀恨在心，发生哗变，杀死周续，推举周迪为主将。周迪出身寒微，担心临川人不服，而同郡人周敷在宗族中位尊望高，就谦恭地争取周敷襄助。周敷对周迪尽心服侍，很是恭谨。周迪据守上塘，周敷据守郡治旧地。

梁朝任命周迪为衡州刺史，兼任临川内史。当时百姓遭侯景之乱摧残，很多人不再种地，群聚为盗，唯独周迪鼓励农桑，百姓家有余粮，因为政府教令严明，分派的赋税都能及时缴纳，故临川附近缺乏粮食的郡县都靠周迪补给。

周迪天性质朴，不在意表面上的官威仪表，平素居家常常光着脚，虽然外面站着卫兵，屋里有歌舞伎女，但周迪总是从容地搓绳子、破竹篾，旁若无人。周迪不善于高谈阔论，襟怀诚实质朴，很得临川百姓人心。

周迪收到周文育来信十分高兴，立即答应，后萧勃被平定，周迪以功加振远将军，迁江州刺史。得到粮食的周文育以旧船运送老弱，顺流而下，烧掉豫章栅栏，假装退兵。余孝顷见到周文育退兵，十分高兴，不复防备。

然而，周文育军却由小路日夜兼程，占据芊韶（今江西丰城东北）。芊韶上游有欧阳頠、萧孜，下游有傅泰、余孝顷。周文育居中筑城，切断两军联系。

萧勃众军大惊，欧阳頠退入泥溪（今江西新干西南），作城自守。

周文育派人偷袭欧阳頠，欧阳頠战败被俘。周文育大陈兵甲，与欧阳頠一起乘船宴饮，巡行蹠口城下，又派丁法活捉了傅泰。萧孜、余孝顷闻讯退走。

三月初一，周文育押送欧阳頠、傅泰到建康。

丞相陈霸先与欧阳頠旧时有谊，不但当庭释放，还给予优厚的待遇。

曲江侯萧勃在南康得知欧阳頠等兵败，军中人心恼惧，二十四日，部下前衡州刺史谭世远于始兴杀死萧勃想投降，又被萧勃部将兰裓所杀，谭世远军主夏侯明彻再杀兰裓，拿着萧勃的首级投降了周文育。

四月，萧勃记室李宝藏拥戴怀安侯萧任据守广州，萧孜、余孝顷仍据石头抵抗，并修筑了两座城池，各居其一，建造很多战船，夹着江水列阵。

丞相陈霸先派遣平南将军侯安都支援周文育。不久，侯安都偷偷派部队乘夜烧掉萧孜兵船，周文育率水师、侯安都率步兵发起联合进攻，萧孜出降，余孝顷逃往新吴，周文育引兵回到建康，以功授开府仪同三司。

考虑到欧阳𬱃在南方素有威名，丞相陈霸先任其为衡州刺史去收复岭南。欧阳𬱃尚未抵达岭南，其子欧阳纥就已攻下始兴。等到欧阳𬱃到达岭南，诸郡全都投降，广州收复，岭南从此全部平定。

十一日，朝廷铸造四柱钱，一枚当细钱二十枚。朝廷改变四柱钱的币值，一枚当细钱十枚，后又停止细钱流通。

五月，余孝顷派使者到丞相府乞求投降。

八月二十八日，朝廷升丞相陈霸先太傅，加赐黄钺、殊礼，进见赞拜不名（臣子朝拜皇帝，赞礼官不直呼其名，只称官职，是皇帝给予大臣的特殊礼遇，其历史背景可追溯到东汉萧何故事）。

九月初五，升丞相陈霸先为相国，总领朝政，封为陈公，备九锡，设百官。

北周孝愍帝宇文觉性格刚强果决，对晋公宇文护专权很反感，因泄露诛杀宇文护的计划，被幽禁在过去做略阳公时的旧府。二十三日，宁都公宇文毓从岐州来到长安，即北周帝位。

十月初三，陈公陈霸先晋爵为王，初六，梁敬帝把皇位禅让给陈王。

陈王陈霸先派中书舍人刘师知带领宣猛将军沈恪，指挥士兵进宫，送梁敬帝到别宫。沈恪冲开大门拜见陈王，叩头谢罪说："我亲自经历过侍奉萧氏之事，今日不忍心看到逼宫场面。违命受死是我的本分，我决不肯接受这种任务！"

沈恪，字子恭，吴兴武康人，深沉有干局。

萧映到广州当刺史，沈恪兼府中兵参军。因与陈霸先同郡，两人情好深厚。萧映死后，陈霸先南征李贲，派妻儿跟沈恪还乡。侯景包围台城，堆起东西二座土山，城内也相应堆山，沈恪负责东土山事宜，昼夜抵抗，因功封东兴侯。等到台城陷落，间行回乡。陈霸先征讨侯景，派人通知沈恪，沈恪便在东部起兵响应。侯景之乱平定，授都军副。陈霸先诛杀王僧辩，沈恪是参与人之一。

陈霸先派陈蒨回长城县防备杜龛，派沈恪回到武康招募士兵。等到王僧辩被杀，杜龛果然派人进攻长城县。陈霸先派遣周文育增援长城，杜泰撤兵。平定杜龛后，陈蒨进攻东扬州刺史张彪，令沈恪代管吴兴郡事。沈恪自吴兴入朝，当场拒绝了陈霸先逼宫的任务。陈霸先嘉勉沈恪的忠心，另换荡主王僧志前去。

初十，陈王陈霸先在南郊即皇帝位，改元永定。封梁敬帝为江阴王。

南朝梁自天监元年（502年）武帝萧衍篡齐即皇帝位，到太平二年（557年）梁敬帝萧方智被篡，历五十年而亡。此时，北方的宇文氏也已篡西魏而代之。

至此，原来由齐、西魏、梁三国对峙局面，变成齐、周、陈鼎立之势。

南朝承自东晋，宋、齐、梁、陈四朝更迭，其间，除梁元帝以江陵作都三年外，均以建康（今江苏南京）为都。陈朝立国之后也不例外。

建康故城在今江苏南京南。春秋时吴地，战国时属越国，后归楚。楚威王设置金陵邑，相传该地有王气，便埋金镇之，故称金"陵"。秦改其地为秣陵，归属鄣郡。汉朝先后归属荆、吴，又归属江都国。元封初年，归属丹阳郡。三国孙吴建都于此，改秣陵为建业。西晋平吴，丹阳郡移此，同时为扬州治所，后避愍帝讳，改为建康。

建康城背靠覆舟山，距离秦淮河五里。内城为宫城，也称"台城"，共有六座城门：南边大司马门；东边万春门、东华门；西边西华门、大阳门；北边承明门。外郭城有十二座城门，梁元帝渡江后，各门都用洛阳旧名。

建康前临大江，南连重镇，凭高据深，形势独胜。诸葛亮曾说：

  金陵，钟山龙据，石头虎踞，帝王之宅。（《太平御览·卷一百五十六》）

王导也认为，如果想"经营四方"，建康是其"根本"。

十一日，陈武帝驾临钟山，祭祀蒋帝庙。

十五日，陈武帝从杜姥宅请出佛牙，举办佛事，亲自到阙前顶礼膜拜。十四天后，陈武帝又到大庄严寺舍身佛祖，次日，群臣上表请皇上回宫。

十六日，陈朝设置删定郎，负责修订法律条令。

十一月初一，陈武帝立哥哥的儿子陈蒨为临川王，陈顼为始兴王，弟弟的儿子陈昙朗已经死去，但陈武帝还不知道，也立为康王。陈朝任命开府仪同三司侯瑱为司空；衡州刺史欧阳頠为都督交、广等十九州诸军事，广州刺史。

二十四日，陈武帝祭祀明堂。

此时，豫章太守熊昙朗（治今福建闽侯东北）在豫章，临川内史周迪在临川，缙州刺史留异在会稽，晋安太守陈宝应在晋安，彼此互通消息，结成同盟，据地不服。闽中豪强酋帅也往往立砦自保，陈武帝十分忧虑，派给事黄门侍郎萧乾前去晓以祸福，豪帅皆率众请降，陈武帝即任萧乾为建安太守。

陈永定二年（558年）四月初二，陈武帝向太庙供献祭品。

初三，陈武帝派人杀害梁敬帝，立梁朝武林侯萧谘的儿子萧季卿为江阴王。

梁敬帝萧方智为萧绎第九子，先后封为兴梁侯、晋安王、平南将军、江州刺史。西魏攻陷江陵，萧方智父亲萧绎、四哥萧方矩遇害。萧方智被王僧辩和陈霸先拥立为梁王、太宰，后于建康登基，遇害时年仅十六岁。魏徵说：

> 敬帝遭家不造，绍兹屯运，征伐有所自出，政刑不由于己，时无伊、霍之辅，焉得不为高让欤？（《资治通鉴·卷一百六十七》）

十九日，北齐文宣帝因为天旱，在西门豹祠前祈雨不灵，便毁祠、掘墓。

五月初一，余孝顷以免除东下之患为由说服王琳（占据湘州，不附陈霸先），派轻车将军樊猛、平南将军李孝钦等人率领八千士兵，以余孝顷为总指挥，集结八城兵力，进逼周迪。周迪气馁，请求讲和。樊猛同意，但余孝顷贪图出兵之利，不许。樊猛退去，被余孝顷树栅包围。自此，与余孝顷不和。

二十一日，北齐广陵南城城主张显和长史张僧那各率所属部队投降陈朝。

六月初七，梁朝高州刺史黄法氍、吴兴太守沈恪、宁州刺史周敷联合出兵增援周迪。周敷从临川故郡切断江口，分兵攻打余孝顷别城。樊猛等不去救援，别城陷落。刘广德先一步顺流而下，得以保全。余孝顷扔掉船只带士兵步行，周迪在后追击，抓获余孝顷等人。

八月初十，陈武帝下诏派临川王陈蒨出兵向西讨伐，五万水师从建康出发，陈武帝亲临冶城寺为陈蒨送行。十七日，众军从大雷赶到。

因余孝顷的弟弟余孝劢及其子仍然据守旧营不肯投降，故十月初十，陈武帝诏命开府仪同三司周文育都督众军从豫章出发，讨伐余孝劢。

陈永定三年（北齐天保十年，北周武成元年，559年）二月二十四日，侯瑱带兵在合肥烧毁了北齐的兵舰。

五月，周文育、周迪、黄法氍联合讨伐余孝劢，豫章太守熊昙朗带兵增援。

熊昙朗，豫章南昌人，是当地豪强。熊昙朗颇有勇力，放荡不羁。当年侯景作乱，他聚集少年，收降当地劫匪，修筑栅栏，据守丰城县。梁元帝任其为巴山太守。江陵城破，熊昙朗兵力渐强，开始劫掠周边邻县。

侯瑱镇守豫章时，熊昙朗名义上表示服从，但却有吞并侯瑱的心思。之后，因屡败侯瑱，而获得大量军资器械和人口百姓。

萧勃在广州起兵攻打陈霸先，欧阳頠是前军，熊昙朗先写信与欧阳頠约定共同攻打黄法氍，又写信告诉黄法氍，约以攻破欧阳頠，并说"仗打赢了，分我一些马匹兵器就行"。临阵时，熊昙朗先与欧阳頠犄角而进，找个借口说"余孝顷想要偷袭，需要分兵，我军铠甲少，恐怕打不赢"。索得欧阳頠三百铠甲。即将和侯瑱交战，熊昙朗找个机会开溜，结果，欧阳頠失去援军，狼狈还师，熊昙朗乘机取其军资器械而归。当时陈定也拥兵立寨，熊昙朗假装要把女儿嫁给其子，对陈定说"必须以强兵来迎"。陈定派三百精甲和二十名豪强迎接，被熊昙朗就地逮捕，抢掠诸人之后，标价让陈定来赎。

这次，熊昙朗增援周文育等人，王琳也派曹庆率二千人救援余孝劢，曹庆令常众爱与周文育对峙，自己亲自攻打周迪、吴明彻所部，大败周迪。周文育退据金口，熊昙朗看到周文育战事失利，准备谋害周文育，响应常众爱。周文育监军孙白象获悉此事，劝其先下手为强。但周文育说：

> 不可，我旧兵少，客军多，若取昙朗，人人惊惧，亡立至矣，不如推心以抚之。（同上）

周迪打了败仗，弃船逃走，周文育不知道其所在，后来收到周迪来信，十分开心。二十九日，在宴会上，周文育把信拿出来给熊昙朗看，谁料，熊昙朗不由分说，当场杀死周文育，随后尽数捉拿周文育所辖诸将，占据新淦。

周文育讨伐余孝劢之时，陈武帝命令南豫州刺史侯安都带兵增援。接到周文育被熊昙朗杀害的消息，侯安都只得撤兵回来。余孝劢弟弟余孝猷率领辖下四千家百姓到侯安都那里请降，侯安都挥兵抵达左里（今江西都昌西北左蠡镇），打败曹庆、常众爱两人，常众爱逃奔庐山，六月初五，被当地百姓杀死。

再说熊昙朗，当王琳率水师攻打陈朝时，陈文帝征发南川（今江西南吉安清江等地）兵，江州刺史周迪、高州刺史黄法氍率领水师将要赴敌。不料，熊昙朗却占据豫章城，排开军舰，阻止周迪行军。周迪转而包围熊昙朗，断绝其与王琳信使往来。王琳兵败，熊昙朗部众人心涣散，周迪乘势攻克豫章。熊昙朗逃入村中，被村民所杀，传首建康，挂在朱雀观，其家族无论老幼全部弃市。

陈武帝下诏让临川王陈蒨在南皖口设立城堡，派东徐州刺史钱道戢驻守。

至此，陈朝东部、南部局势稳定。但是，陈朝所面临的国家形势极为不利。

北周与北齐相比，土地、人口、军事、经济等各个方面都远远不如，而西方能够灭掉东方，和侯景乱梁息息相关。梁朝的重要方镇分裂内讧，给西魏造成有利机会，各个击破。本来，军事上极为重要的长江上游地带，被萧衍的儿孙们割据，湘东王萧绎据荆州，岳阳王萧詧据雍州，河东王萧誉据湘州，邵陵王萧纶据郢州，武陵王萧纪据益州。但兄弟叔侄彼此内讧，河东王萧誉和武陵王萧纪都被萧绎杀害，萧绎又被西魏吞灭。萧纶先为萧绎所败，终被西魏所杀，萧詧虽幸存下来，但也成为西魏的附庸。宗室相争的结局，是北周占有长江上游，为以后打败北齐提供了有利条件。侯景之乱虽然平定，但北齐两次进犯建康，虽被陈武帝力挽狂澜、全部击退，然而，江淮、汉中已归北齐，江陵、益州属于北周，这种国家间局势，对汉族的南朝政权极为不利。造成这种局面，不在于陈而在于梁。梁朝五十年兴衰，在南北朝历史上，是一个关键性时期。

为恢复南朝旧有疆域，夺取长江中上游，陈武帝还得继续开展军事行动。

5. 王琳作梗，内难未弭

东晋以来政局演进是以荆（镇江陵，今湖北荆州）、扬（镇建康，今江苏南京）之间的对立为主线而展开的，直至梁末陈霸先崛起于岭南，才打破了这一延续四朝的地域政治格局，也因之引人注目。

不过，以荆、扬对立所主导的沿长江一线上、下游之间的军事格局，并未就此消亡，只是在梁、陈新的战争形势下，由东晋以来的荆、扬对立转变为梁末陈初的湘（镇湘州，今湖南长沙）、扬对立。而这一新的对峙格局，即肇端于王琳与陈霸先之争。

王琳，字子珩，会稽山阴人。父亲王显嗣，梁湘东王萧绎常侍。

王琳出身兵家，在湘东王萧绎藩王官邸居住时，王琳的姊妹同时进入后庭，深受湘东王萧绎宠爱，由此，王琳未到弱冠（二十岁），便可出入王庭，随侍湘东王萧绎左右。王琳小时喜好练武，不久，就担任了一个武官。

太清二年（548年），侯景渡江，在江陵的湘东王萧绎派已任全威将军的王琳，押送一万石米到都城建康支援援军。王琳赶到姑孰，还没到目的地，建康即告陷落，王琳将粮米沉入中江，轻舟回到荆州。不久，升任岳阳内史，宜州刺史。

大宝二年（551年），侯景派遣大将宋子仙占据郢州，湘东王萧绎任命王僧辩为大都督，王琳与巴州刺史淳于量、定州刺史杜崱、郴州刺史裴之横等受其指挥，向东进攻侯景。侯景包围王僧辩与王琳所在的巴陵城，派王琳兄长王珣前去劝降王琳，没有成功。六月，王琳与王僧辩等攻克郢州。

承圣元年（552年）三月，王琳跟随王僧辩攻克建康，平定侯景之乱，战后论功，和杜龛位列第一。因王琳在京师倚仗萧绎信任而为所欲为，王僧辩约束不了并秘密上奏给萧绎，萧绎便令王琳赴任湘州，王琳心中疑惧，便派长史陆纳先赴湘州，自己只身前往江陵陈情，被萧绎当廷下狱。听闻王琳被捕之后，属下陆纳随即占据湘州，发生"长沙事变"，后王琳被放归，参与征伐武陵王萧纪。

承圣三年（554年）五月，梁元帝外放王琳岭外，出为广州刺史。十一月，江陵被西魏围逼，梁元帝征召王琳回师赴援，改任湘州刺史。王琳率领部队走到长沙，听到西魏已攻陷江陵，并立萧詧为梁王，便为梁元帝举哀，三军缟素，派遣别将侯平率水师攻打西梁，自己则屯兵长沙，传檄四方，作进取之计。时在长沙的藩王萧韶及上游诸将，都推举王琳为联军盟主。

绍泰元年（555年）十月初二，晋安王萧方智在陈霸先的再次拥立下，即皇帝位。初六，掌控建康朝廷的陈霸先，任命王琳为车骑将军，开府仪同三司。十二月，交州刺史刘元偃率领部属几千人投奔王琳。

梁太平元年（西魏恭帝三年，齐天保七年，556年）七月，王琳部将侯平多次打败后梁，自以有功，又认为王琳兵力难以为继，便更加不受指挥。王琳派人讨伐，侯平杀了巴州协防将领吕旬，收归其部众，投奔江州侯瑱。王琳军队师老兵疲，日益衰落，二十一日，一面派特使到北齐表示归顺，献上驯象；一面讨好西魏，以求释放妻子、儿子（江陵陷落时妻子蔡氏、世子王毅落入西魏之手）；一面向梁敬帝称臣。

太平二年（557年）三月，陈霸先（时已袭杀王僧辩，推立梁敬帝）试图以侍中、司空征召王琳。王琳占据湘、郢、巴州之地，拒不归附，同时大治舟舰，准备进攻陈霸先。二人的冲突已然不可避免。

六月十一日，陈霸先任命开府仪同三司侯安都为西道都督，周文育为南道都督，率领水师二万人会师武昌，对王琳发起进攻，并准备接受梁敬帝禅位。

十月，侯安都进抵武昌，王琳部将樊猛弃城退走。周文育由豫章也到达武昌，与侯安都会师。得知陈霸先篡梁自立为帝，侯安都叹了口气说："我要失败了，因为师出无名。"当时侯安都、周文育两将并行，不相隶属，部下相互交争，渐渐不相和睦。二人到达郢州，王琳将领潘纯陀在城里放箭射击官军，侯安都勃然大怒，指挥军队包围郢州。此时，王琳大军已抵达弇口（今湖北武汉西南），侯安都只好撤郢州之围，带领全军奔向沌口（今湖北武昌附近），留沈泰守卫汉曲（今湖北武汉汉阳附近）。不料，侯安都船队遇到大风，不能前进。

王琳据守东岸，侯安都据守西岸，两军相持数日方才交战，侯安都大败，和周文育及其裨将徐敬成、周铁虎、程灵洗等人都被王琳活捉，只有沈泰逃脱。王琳把侯安都等被俘陈将用一根长锁链系在一起，关在自己坐船舱中，由宦官王子晋看管。周文育、侯安都、徐敬成等人说服王子晋，答应馈赠极其丰厚的财物。王子晋贪财，便驾驶一条小船，偷偷靠近大船假装垂钓，夜里，把周文育等人用小船运上岸，藏入深草丛中。由此，众人得以步行投奔陈军，返回建康，向陈武帝请罪自劾。陈武帝接见众人，宽宥众将兵败之罪，全部官复原职。

王琳把在湘州的军府移到郢城，又派樊猛攻占江州。

先前，西魏派安州长史钳耳康买出使王琳处，王琳派人回访，恳求西魏把梁元帝和愍怀太子萧元良灵柩送回南方。宇文泰答应，一一送还。

十一月，迫于北周的军事压力，谯淹率领七千水师、三万老弱百姓，从蜀江东下，意欲投靠王琳。北周派贺若敦等前往拦截，谯淹被杀，全军都成了俘虏。

永定二年（北周明帝二年，北齐天保九年，558年）正月，王琳率十万甲兵东下，进至湓城，驻扎白水浦（今江西九江）。

不过，北江州刺史鲁悉达据地自保，控制长江中流（今湖北黄冈附近），阻碍了王琳沿江直下。王琳任其为镇北将军，陈武帝任其为征西将军，鲁悉达对双方既不拒绝，也不表态，只是迁延观望。

王琳东下不得，初五，派人向北齐求援，并请求迎纳作为质子滞留北齐的梁朝永嘉王萧庄主持梁室祭祀。

萧庄为梁元帝萧绎之孙、萧方智之子，江陵陷落时，七岁的萧庄被尼姑法慕藏起来收养。绍泰元年，王琳派人接回送往建康，和陈昙朗一起到北齐为质。

衡州刺史周迪想占据南川，就把所属的八郡太守全部召来结盟，声言入援建康。陈武帝恐其发生变乱，派人厚为慰劳安抚。

时新吴洞主豪强余孝顷派僧人道林游说王琳，说："周迪、黄法氍都依附金陵，暗中却窥伺着您。大军如果东下，这帮人必为后患。不如先平定南川，然后东下，我请求带着所有部下追随效力。"于是，王琳派樊猛等人和余孝顷会和，联军驻扎在临川故郡。陈霸先派兵救援周迪，余孝顷等人兵败被俘，余孝顷及李孝钦被送往建康，樊猛被放还王琳。

三月初四，北齐文宣帝从晋阳回到邺城，发兵护送萧庄前往王琳军中，并派中书令李骃验册拜王琳为梁朝丞相、都督中外诸军、录尚书事。

王琳拥立萧庄在郢州为帝，改元天启，并派侄子王叔宝率所部十州刺史子弟前往邺城为质。

萧庄任命王琳为侍中、大将军、中书监，其余官职依照北齐册命。

六月，陈武帝命司空侯瑱与领军将军徐度率领水师为前军讨伐王琳，又另派陈朝吏部尚书谢哲前往游说。谢哲和王琳会面，商谈甚好，便回朝复命。

八月，王琳同意退军湘州，陈武帝追回出征部队，令其回驻大雷。

陈永定三年（北周武成元年，北齐天保十年，559年）三月二十九，梁永嘉王萧庄抵达郢州，向北齐进贡。王琳派部下雷文策袭击西梁监利太守蔡大有。

终陈武帝之世，王琳得以尊奉萧庄，占郢州而成建康外独立割据之势力。

十月，王琳得知陈武帝去世，便以孙玚为刺史留守郢州，自己与萧庄直奔濡须口（今安徽巢湖东南）。北齐派慕容俨率大军抵临长江边，为之声援。

十一月，王琳攻打大雷，陈文帝命令侯瑱、侯安都及徐度率兵前往抵御。安州刺史吴明彻夜袭王琳后方湓城，被王琳部将巴陵太守任忠击败，仅以身免。

陈文帝天嘉元年（北周武成二年，北齐皇建元年，560年）二月，王琳乘势率军东下建康，进至栅口（今芜湖江北岸漕河入江之口）。

陈朝派司空侯瑱率领诸军出屯芜湖，与王琳相持，达一百多天之久。

— 234 —

时东关春水稍涨，舰船可以通行，王琳便引合肥、巢湖之众，相继而下，运兵船一艘接一艘，军势甚盛。

侯瑱进军虎槛洲（长江中小岛，今芜湖西南）。王琳也列船江西（因长江在安徽境内向东北方向斜流，而以此段江标准确定东西和左右，江西即长江左岸），与侯瑱的军队隔着虎槛洲对峙。

次日，双方水师交战，王琳部队稍微后撤，退保西岸。到了晚上，东北风大起，把水师舰船吹坏，搁浅在沙中，当时风浪很大，船只无法返回岸边。等到天亮，风才平静下来，王琳到江边收拾修理船只，侯瑱也带着船队退入芜湖。

北周听闻王琳东下，便派荆州刺史史宁乘虚攻打郢州等地，孙玚环城设防固守。王琳担心影响军心，便率领水师东下，距芜湖十里停船而泊，军中敲击木柝报时之声，一直传到陈朝军队里。北齐派刘伯球率兵一万，助阵王琳水战，又派行台慕容恃德之子慕容子会率领二千铁骑驻屯芜湖西岸，以策应王琳。

十四日，西南风刮得又急又猛，王琳觉得这是上天帮助，便率领水师直逼建康。侯瑱率军从芜湖缓缓而出，跟随在王琳战船后面，西南风反而被侯瑱利用，船队能够追逼王琳。情急之下，王琳试图火攻陈军舰船，结果反倒烧到了自己的船上。侯瑱下令士兵用拍竿来拍击王琳水师战船，又用艨艟小船撞击王琳战船，把熔化的铁水洒向王琳舰船。王琳舰船大多毁坏，水师惨败，士兵淹死者十分之二三，其余弃船上岸，也被陈军杀伤殆尽。北齐在西岸的部队，也因王琳溃军所乱，而自相踩踏，陷入芦苇泥淖中；骑兵试图抛弃战马脱逃，幸免一死的也只十分之二三而已。陈军乘机擒获刘伯球、慕容子会，斩获万计，尽数缴获王琳和齐军军资、武器。

王琳乘坐一只小船冲出战场,逃到溢城,打算收揽将士,已无人归附,只得和妻妾、亲信十几人投奔北齐,被任命为扬州刺史,镇守寿阳,以图陈朝。

当初,王琳让左长史袁泌、御史中丞刘仲威带兵保护萧庄,等到王琳兵败,袁泌以轻舟送萧庄到达齐国边境,拜辞而还后降陈。刘仲威带着萧庄投奔历阳。

陈太尉侯瑱已在芜湖地区全部歼灭王琳和北齐联军,陈文帝派侯瑱都督湘、巴五州诸军事,镇守溢城,图谋长江上游郢州、湘州等地。

再看郢州战事,北周军刚到之时,郢州助防张世贵举外城响应。北周堆土山、架长梯,日夜不停攻城,又乘风纵火,烧掉郢州内城南五十多座楼。虽守军不足千人,但孙玚能亲往抚慰、散酒送食,士兵愿为死战,北周攻城不下,便以柱国、郢州刺史、万户郡公之职劝诱,孙玚假装答应以为缓兵之计,暗中却修整战守工事,一日完工后,又接着抵抗固守。不久,北周人听说王琳兵败,陈太尉侯瑱率军将至,便解围撤退。孙玚召集将佐说:"我和王公一起扶助梁室,勤苦至极;现时局如此,岂非天意?"便派使者奉表,以长江中游之地归降陈朝。

来年正月,北齐孝昭帝又派王琳从合肥出发,招募北方武人,修缮战船,意图东山再起。陈朝合州刺史裴景晖是王琳哥哥王珉的女婿,请以家中奴仆作为王琳的向导。北齐让王琳和行台左丞卢潜带兵策应,王琳沉吟不决,裴景徽担心事泄,单人匹马逃奔北齐。

孝昭帝任命王琳为骠骑大将军、开府仪同三司、扬州刺史,令其镇守寿阳。部下将帅悉听以行。王琳多次想向南进犯,行台尚书卢潜却认为时机未到，不可轻举妄动。陈文帝派人送信到寿阳，想与北齐和好。卢潜把信呈奏北齐朝廷，启请允许息兵，朝廷同意，并把南康愍王陈昙朗的遗体送还陈朝。

从此，王琳与卢潜产生嫌隙，相互争执不已。北齐征召王琳回到邺城。

陈太建五年（北周建德二年，北齐武平四年，573年）四月，陈朝大将吴明彻北伐，北齐派领军将军尉破胡出援秦州，令王琳同行。王琳建议谨慎出战，尉破胡不听而败，王琳单马突围回到彭城。北齐派王琳赶赴寿阳，招募军队，抵抗陈军，进封王琳为巴陵郡王。

七月，吴明彻包围寿阳，堵塞淝水，决坝灌城，然而，齐行台右仆射皮景和因尉破胡新败，拥兵数十万驻营淮西（距离寿阳三十里），怯弱不敢发兵救援。陈军昼夜攻击，城内水气转侵，人人身上浮肿、腹泻，死者和病患相互枕藉。王琳从七月坚持到十月，终于不敌，城破被俘，城中百姓哭着跟在后面。

王琳行为举止温和文雅，喜怒不形于色；记忆力强，头脑敏捷，军府僚佐官吏多达千人，都能叫上姓名。王琳不滥施刑罚，轻财爱士，很得将士军心。虽然离开故乡，寓居邺城，北齐人都很敬佩他的忠义。

看到王琳被俘，吴明彻军中的王琳旧部都唏嘘不已，不忍抬头仰视，争相请求保其性命，并送财物。时北齐被俘诸将已全都押往建康，吴明彻本想保全王琳性命，见此情形，担心途中生变，便派人在寿阳城东二十里地方追上王琳，就地处死，王琳死时四十八岁，哭者声如雷动。有一个老者，备酒肉祭奠，放声痛哭，收其血而后离去。田夫野老，无论认识和不认识王琳的，听到其被杀的消息，无不痛哭流涕。王琳的脑袋被送到建康，陈宣帝诏令示众于市。

王琳故吏朱玚给陈朝尚书仆射徐陵写信，请求归还王琳首级，信中说：

窃以典午将灭，徐广为晋家遗老；当涂已谢，马孚称魏室忠臣。梁故建宁公琳，当离乱之辰，总方伯之任，天厌梁德，尚思匡继，徒蕴包胥之志，终邅苌弘之衅。远迹山东，寄命河北。虽轻旅臣之叹，犹怀客卿之礼。致使身没九泉，头行千里。诚复马革裹尸，遂其生平之志；原野暴骸，会彼人臣之节。然身首异处，有足悲者。封树靡卜，良可怆焉。

玚早簉末席，降薛君之吐握，荷魏公之知遇。伏惟圣恩博厚，明诏爰发，赦王经之哭，许田横之葬，玚虽刍贱，窃亦有心。琳经莅寿阳，颇存遗爱；曾游江右，非无余德。比肩东阁之吏，继踵西园之宾，愿归彼境，还修窀穸。

庶孤坟既筑，或飞衔土之燕；丰碑式树，时留堕泪之人。近故旧王缙等已有论牒，仰蒙制议，不遂所陈。昔廉公告逝，即泜川而建茔域；孙叔云亡，仍芍陂而植楸槚。由此言之，抑有其例。不使寿春城下，唯传报葛之人；沧洲岛上，独有悲田之客。昧死陈祈，伏待刑宪。（《南史·列传·卷六十四》）

徐陵很欣赏朱玚的志节，吴明彻也因为在梦中数次梦到王琳索要自己的脑袋，两人便一起启奏陈宣帝，得到允准，十二月，开府仪同主簿刘韶慧将王琳的脑袋送还淮南，朱玚将其埋在八公山旁，王琳故旧参与下葬的有数千人之多。

朱玚等人走小路北归，商议接引迎葬事宜。不久，有扬州人茅知胜等五人，秘密把王琳已经下葬的棺材护送到建邺。史家评价王琳：

> 观其诚信感物，虽李将军之恂恂善诱，殆无以加焉。(《资治通鉴·陈纪》)

第七章　江左治武帝宽简

1. 戎马倥偬，政简德宽

刘宋国土为南朝疆域最大，萧齐疆域在二十二州上下，后相继失去雍州、沔北及淮南豫州之地，萧梁时疆域变化很大，前期，因北伐获得淮北之地，一度到达河南地区，后又开拓闽、越，到兴和元年（539年）：

> 梁武帝天监十年，有州二十三，郡三百五十，县千二十二。其后务恢境宇，频事经略，开拓闽、越，克复淮浦，平俚洞，破牂柯，又以旧州遐阔，多有析置。大同年中，州一百七，郡县亦称于此。（《隋书·志·卷二十四》）

侯景之乱后，北齐占领江北淮南之地，西魏占领汉中巴蜀之地，西魏又受萧詧之托率军夺下南朝萧梁江陵以北之地，建立附庸国西梁。至此，"坟籍散逸，注记无遗，郡县户口，不能详究。"陈霸先建立陈朝后，国土大为缩减：

> 逮于陈氏，土宇弥蹙，西亡蜀、汉，北丧淮、肥，威力所加，不出荆、扬之域。州有四十二，郡唯一百九，县四百三十八，

户六十万。（同上）

由上可见，陈朝相比梁朝，由于设置的原因，州虽然多了，但是，郡缩减了将近二分之一，而作为政权的基本单元，县却减少了约四分之三。

在中央政治制度方面，宋、齐、梁、陈一如魏晋。南朝丞相，都为篡位之人阶梯，并非秦汉的正常行政制度。陈朝设置相国，位在丞相之上。丞相、太宰、太傅、太保、大司马、大将军，陈朝均为赠官。三省制中的中书省，也称"内台"，地位尊崇，执掌军国大政，中书侍郎之下，有中书舍人五人，领主事四人，书吏二百人，分别掌管二十一局，由尚书各曹主持，尚书只是听受而已。门下省是由侍中职权扩张而来，因常在左右，参与军国机要，中书省权力被侍中所分，后来发展成门下省。陈朝前期设十八班，流外有七班，由寒微士人为之，从此班者，方得进登第一班。南朝世族，在这种制度设计下，形成特殊化的政治地位。

后来，陈朝又将官制从十八班恢复为九品制。其中，相国，丞相，太宰，太傅，太保，大司马，大将军，太尉，司徒，司空，开府仪同三司，巴陵王、汝阴王后，尚书令为第一品；中书监，尚书左右仆射，特进，太子二傅，左右光禄大夫为第二品。其余各品不一一赘述。

陈朝封爵制度也分为九等之差：郡王；嗣王、藩王、开国郡县公；开国郡、县侯；开国县伯；开国子；开国男；汤沐食侯；乡、亭侯；关中、关外侯。

在地方行政制度方面，陈朝承袭宋、齐、梁，皆沿自东晋，实行州、郡、县三级制。起初，南朝对北来流民采取侨立州郡县政策，后因土断而变成一般州郡。所谓土断，就是撤销侨州郡县和侨籍，让侨户和土著居民一起在当地著籍,同样负担国家赋役。自东晋到陈,共进行九次土断。其中,以桓温"庚戌土断"和刘裕"义熙土断"成效最为显著。土断后,南朝境内侨寓州郡陆续消失。

南朝的州设刺史,郡设太守。县设令、长。自刘宋以后,令多于长。与郡同级的有王国和公国,设内史和相。还有对蛮民及僚族、俚族等少数民族设置的左郡、左县和僚郡、俚郡,如南陈左郡、东宕渠僚郡等。当时州、郡、县有等级之分,大致以距离都城远近划分品级高低,各州佐吏按州的等级设置官员。

陈朝的都督区划制度,自宋武帝定制之后,变动不大,即南徐州都督镇京口,南兖州都督镇广陵,以巩固建康城防;移徐州都督于彭城,抗拒淮南之北安全;增设清、冀州都督,镇东阳或历城,归徐州节制;梁、秦两州都督镇南郑,受镇守襄阳的雍州都督节制,以屏藩梁、秦、雍、益四周;分荆州都督为三,设置湘州都督镇长沙、郢州都督镇夏口。

为加强中央集权,南朝皇帝将权力集中到中书通事舍人手中。东汉时政事归台阁,曹魏时权力集中于中书监、令。南朝的通事舍人不仅替皇帝起草诏令,又掌管政令,成为皇帝身边实权派。权力移归近臣,加强了皇权。

鉴于东晋方镇势强,威胁中央,南朝多以宗室作为州、镇军政长官,为控制地方,设计的另一机制就是寒人典签制度。典签职微权重,州镇要事须典签签署方能实行。典签每年数次回京向皇帝报告,即"刺史行事之美恶,系于典签之口"。诸王、刺史都非常害怕典签,有"诸州惟闻有签帅,不闻有刺史"之语。

陈朝依照梁朝旧制,年龄不满三十岁的,不得入仕当官。只有经过策试得第、各州光迎主簿(北齐始置,为州、郡、县属官,与光迎功曹同掌迎接新任长官诸事，位在同级主簿上，南朝陈各州亦置，任此职者能优先入仕），西曹左奏（西曹主官）及通过担任挽郎（皇帝、皇后、太子、亲王等皇室成员大丧，从公卿以下六品子弟挑选少年参与送葬，牵引灵柩唱和挽歌，称为"挽郎"，如果表现好，挽郎"事毕即授官"）可以不满三十入仕。一定有奇才异行殊勋，特别降恩下旨叙用的，不在常例。

因为是百战之后，朝廷大臣上表举荐官员，时时有之，没有制订固定时间的考校进退升降制度。因为没有相对成形的考核方式，所以勤政懈政无从辨别。选官没有固定期限，随缺即补，大多互相之间任官，未必即进班秩。官员考核只论清浊，从浊官能够评得微清，就胜过转任。如有官员转任，一人为官移转，其他各官多须改动。其任官方式为：

>其用官式，吏部先为白牒，录数十人名，吏部尚书与参掌人共署奏。敕或可或不可。其不用者，更铨量奏请。若敕可，则付选，更色别，量贵贱，内外分之，随才补用。以黄纸录名，八座通署，奏可，即出付典名。而典以名贴鹤头板，整威仪，送往得官之家。其有特发诏授官者，即宣付诏诰局，作诏章草奏闻。敕可，黄纸写出门下。门下答诏，请付外施行。又画可，付选司行召。得诏官者，不必皆须待召。但闻诏出，明日，即与其亲入谢后，诣尚书，上省拜受。若拜王公则临轩。（《隋书·志·百官上》）

南朝社会上始终盘踞着一个拥有巨大特权的士族集团，皇权并无足够的能力充分削弱士族特权。下层知识分子始终处于士族排抑之下和弱小状态之中，不能大量涌现并通过公平竞争进入统治上层。虽然梁武帝立五馆，以"寒门俊才"为主要招收对象，改变了宋、齐国学只容贵胄的旧例,但到了陈朝,国土蹙狭,政治动荡,已失去改革制度的能力。南朝选官制度,也就一直维持到灭亡之时。

经济制度方面,南朝田亩制度不同于北朝。北朝当政者为鲜卑贵族,与汉族世家利益并非一致,加上地多人少,所以推行均田制。而南朝当政者都是世家豪强,自身占有土地,所以,无法施行均田制。桓温、刘裕虽然推行土断制度,但并不彻底,陈武帝当政三年,朝廷赋税制度未曾有新的建树,仍因袭魏晋旧制。西晋规定户调制度,家庭中成年丁男,每年上缴绢三匹,绵三斤,妇女和第二个男性减半,边郡赋税标准三分之二,更远的三分之一。东晋国力较弱,但是户调增加,每户缴纳米五石。因田亩数量不准确,所以,以户为单位缴纳。"诸王公贵人左右、佃客、典计、衣食客之类,皆无课役。"即世家豪强不缴纳赋税,平民为逃避赋税,一户常有几十人或数百人。此中情形,直到隋文帝开皇年间,才通过大貌索阅之法摸清户口底数。南朝四代赋税标准:

  宋、齐、梁、陈,军国所须杂物,随土所出,临时折课市取,乃无恆法定令。列州郡县,制其任土所出,以为征赋。(《隋书·食货志》)

社会阶层方面,因魏晋门阀制度兴盛,社会结构大致分四个阶级,陈沿袭前朝,也无例外。第一个阶层是士族,分高门和寒门;第二个阶层是平民,包括农工商,寒门士人往往出身平民,身份和平民相等;第三个阶层是部曲,包括门客;第四个阶层是奴婢。

世族的产生,源于九品中正制,东晋渡江南下,大家世族相随众多,是梁元帝的依庇。世族在政治及社会上享有特殊地位。高门士族升迁极快,短时期内就可"坐致公卿",朝廷"清华贵重"

的官职，几乎全被高门垄断。士族宣扬"士庶天隔"，同寒门士人保持着严格的界限，不与其通婚和交际。

为区分士、庶，南朝谱学盛行。比较有名的，如贾弼之祖孙三代所撰《十八州士族谱》，共七百多卷。谱学是吏部选官的重要依据，是维护士族政治特权的工具。庶族和平民作为没有特权的地主和商人，不甘心受到排挤，通过各种途径登上政治舞台。陈武帝就是通过领兵打仗、控制军权而登上皇位的平民。

部曲、佃客是士族控制的依附人口的主要部分，奴婢是士族的私产。部曲原来的主要任务是作战，随着战事减少，越来越多的部曲被用于生产。佃客分两部分：一部分是政府依官品赐给，一部分是私自招诱。南朝给客制规定：第一、二品官佃客无过四十户，以下每品递减五户，至第九品占五户。此外还有典计、衣食客等。这一部分佃客无独立户籍，而是登记在地主的户籍。他们不交租调，但服力役，要交纳百分之五十的地租给士族。当时"南北权豪，竞招游食"，私招佃客很多。部曲、佃客为士族世代占有，不经"自赎"或"放遣"，不能获得自由。南朝时世家豪族都有大批奴隶，政府毫不限制。农民破产自卖或在流亡中被掠及岭南户口买卖，是奴婢的主要来源，奴隶是地主的私产，可以抵押、买卖。为防止逃亡，奴隶都被"黥面"。南朝朝廷根据需要，通过"糜喃客""发奴兵"等手段，把大量奴婢转化为地主的佃客和国家的士兵。

军事方面，南北朝时常因军权流入权臣手中而换代更替。陈朝军事制度依旧沿袭南朝旧制，是东晋募兵制的延续。兵种以步兵和水师为主，骑兵较少。

兵源原本实施世兵制，因战争消耗、士兵逃亡和私家分割，部分兵户变民户，兵源趋于枯竭。苻坚南侵，东晋因世兵缺乏战斗力，强迫征发者又不能作战,便开始招募壮勇成立北府兵。因刘裕是北府兵出身,便允许士兵在战争获胜后免除兵役。陈霸先建立新军,多用本地人,与谢玄、刘裕新军又有所不同。

军队分中军(亦称"台军")及外军。中军直属中央,平时驻守京城,有事出征;外军归各地都督管制,都督多兼刺史,常与中央抗衡。

农业方面,江南地区普遍实行麦稻兼作,岭南种双季稻,以长江中、下游的荆、扬二州最为重要。扬州是南朝经济最发达的地区,"地广野丰,民勤本业,一岁或稔,则数郡忘饥。"其中,都城建康及其周围地区发展很快。曲阿(江苏丹阳)有新丰塘,溉田八百多顷;乌程有吴兴塘,溉田二千余顷;会稽一带开垦湖田,"皆成良业";寿春附近有芍陂灌溉农田,地方千里,良畴万顷,是重要的粮食产地。三吴(吴郡、吴兴、会稽)经济发展尤为突出。

南方士族普遍采取田庄形式生产。北方士族南迁,带来大量部曲和佃客,到处"求田问舍",不择手段地谋取土地。士族在占领的平原和山泽上建立田庄,时称"墅"或"园"。田庄有大量耕地,种植稻、麦、粟、桑、麻、蔬菜等作物,又有河湖水渠等灌溉系统。除经营竹木果树外,还有养鱼业和畜牧业,及纺织、酿造、制造生产工具等手工业,具有自给自足的性质。每到春天,依据土地的实际情形,或早或晚,开始农业生产。从春到秋,男子十五岁以上都在田间耕作;植桑养蚕的月份,妇女十五岁以上全都种桑养蚕。冬末,刺史审定境内教化优劣,判定品级好坏。对于有劳动力没有耕牛或是有耕牛没有劳动力的百姓,政府进行分配调整,使之来年都可播种,土地不被荒废,百姓没有闲人。

由于江南河流纵横,水上交通便利,商业得到较大发展。士族兼并土地，导致许多农民被迫从事商业活动。贵族有免除关津税特权，任期届满时带着大批货物作为"还资"，转贩各地。官府征收租调要农民折钱交纳，农民被迫出卖自己仅有的农副产品。

陈朝时的重要城市有建康、江陵、成都、番禺（广州）等地。建康既是陈朝的政治中心，也是长江下游的经济中心，"贡使商旅，方舟万计"。萧梁时期，建康城内居民二十八万，有四个市场，秦淮河北有大市和小市十多处。江陵"当雍、岷、交、梁之会"，商业发达，会稽、吴郡、余杭等地也"商贾并凑"。番禺是海外贸易中心，南洋各国及天竺、狮子国（斯里兰卡）、波斯（伊朗）等国商船，"每岁数至"，或"岁十余至"。商税成为陈朝收入大宗。

纺织业方面，南朝养蚕技术相当成熟，豫章等地一年蚕四五熟，永嘉等地一年八熟。丝、绵、绢、布等是南朝调税的主要项目，纺织是民间普遍的副业，尤以荆、扬二州最为著名。织锦业在益州早负盛名，刘裕灭后秦，把关中的织锦户迁到江南，到陈朝后期，织锦业发达起来，富豪人家穿绣裙，着锦履，以彩帛作杂花，绫作服饰，锦作屏障。

陈朝沿袭南朝前三朝，设专官管理矿冶。建康尚方（典造宫内器用及兵器的官办机构）有东、西二冶，州、郡有矿的设冶令，还有不少私家冶铺作坊。在冶铸技术上，用水排鼓风冶铸已在南朝应用。炼钢技术也有很大进步。南朝瓷器的烧制达到成熟阶段，当时瓷器的代表性产品是一种通体青釉的青瓷，产地集中在会稽郡一带。

陈朝的造船业在前几个朝代基础上又有较大的发展。运输、作战用的舰船只很多，往来于东海、南海和内河的船只频繁，大者可载重二万斛。

2. 英略大度，擢才亡命

陈武帝出身低微，并非世家大族，但其"度量恢廓"，善于团结人，在南北朝乱世之中，做到"群材毕用，众勇合威"。

追随陈武帝最早、陈朝开国最得力的将领是杜僧明和周文育。二人是陈霸先在广州抓到的俘虏。

杜僧明，字弘照，广陵临泽人。

杜僧明身材瘦小，但胆气过人，勇猛有力，擅长骑射。

梁大同中，杜僧明和哥哥杜天合及周文育追随广州南江督护卢安兴一起赴任，屡次征讨俚僚有功，任新州助防。卢安兴去世，杜僧明又辅佐其子卢子雄。交州土豪李贲谋反，驱逐刺史萧谘，萧谘逃奔广州，朝廷派遣卢子雄与高州刺史孙冏讨伐，后二人受到诬陷，在广州被梁武帝赐死。杜天合率众人起兵复仇，围困广州。陈霸先当时在高要，率兵解围，生擒杜僧明及周文育并当庭释放，荐举二人为领兵主帅。

陈霸先在岭南征讨交趾以及讨伐元景仲时，杜僧明、周文育都有功劳。侯景作乱时，二人一起随陈霸先进兵援救京城。高祖在始兴打败兰裕，杜僧明为前锋，擒杀兰裕。又在南野大败蔡路养。高州刺史李迁仕占据大皋，进入灉石，威逼陈霸先，周文育与杜僧明一起击退李迁仕。李迁仕和刘孝尚合力袭击南康，陈霸先又令二人抵御，双方相持，连续作战百余日，最终擒获李迁仕，送往军中。陈霸先南下南康，留杜僧明驻守西昌，被梁元帝任为新州刺史。

侯景派于庆等人寇掠南江，陈霸先屯兵豫章，命杜僧明为前锋，所向披靡。陈霸先表奏杜僧明为长史，依然随军东征。军队来到蔡洲，杜僧明率部下烧毁贼人水军的营门和大舰。到平定侯景时，杜僧明因战功任南兖州刺史，爵位晋升为侯爵，依然任晋陵太守。之后，随陈霸先北围广陵。

荆州陷落，陈霸先派杜僧明率领吴明彻等人随从侯瑱西援江陵朝廷，杜僧明在江州病故，时年四十六岁。谥号为威。

周文育，字景德，义兴阳羡人。

幼年时，父亲去世，家中贫寒，十一岁时，能在水中反复游数里远，跳跃高达五六尺，被义兴人周荟收为义子。又跟着陈庆之前往岭南，回京葬父后，为卢安兴举荐，回到岭南，征伐俚僚，屡立战功，任为南海令。后又起兵造反，围攻广州被俘，被陈霸先释放。

后来，周文育被广州监州王劢任为长流参军，深受信任。太清二年（东魏武定六年，西魏大统十四年，548年），梁武帝让北魏降将元景仲担任广州刺史，调王劢入朝。周文育便跟随王劢回京，走到大庾岭，遇到卜人算卦，便辞别名望声势都要超过陈霸先的王劢，投奔了在高要当太守的陈霸先。

陈霸先征讨侯景时，周文育和杜僧明担任前锋，大败兰裕，援助欧阳頠，都有战功。高祖在南野进攻蔡路养时，周文育被围，四面数重，箭矢如雨般倾下，战马被射死，他右手搏战，左手解去马鞍，冲围而出，又与杜僧明相互支援，双方合力再战，因而大败蔡路养。陈霸先为此上表荐举周文育为府司马。

陈霸先派周文育生擒高州刺史李迁仕，出师南康，开通江路，沿赣江进入长江，占据王伯丑镇守的豫章。

陈霸先到达白茅湾，命周、杜二人为先锋，平定南陵、鹊头诸城，到达姑孰，打败侯景部将侯子鉴。侯景之乱平定后，周文育因功陆续任南丹阳、兰陵、晋陵太守。

在陈霸先的军事生涯中，周文育一路生擒高州刺史李迁仕，击败豫章太守王伯丑，击退侯景大将侯子鉴，大破会稽太守张彪，偷袭侯瑱溢城，斩杀徐嗣徽骁将鲍坪，威震萧勃，会战王琳，战功赫赫。

永定三年（559年），一生追随陈霸先的周文育因识人不明和心存侥幸，被投靠王琳的豫章内史熊昙朗谋害，时年五十一岁。

六月十七，周文育灵柩抵达建康，陈武帝不顾自身病重，仍往东堂素服哭祭，赠侍中、司空，谥为忠愍。四天之后，陈武帝驾崩。

侯安都，字成师，始兴曲江人。

侯家世代为始兴大姓，其父侯文捍，年轻时在州郡任职，以"忠诚谨慎"著称。

侯安都工于隶书，能弹琴，平时涉猎书传，写的五言诗十分清丽，还擅长骑马射箭，是乡里的豪杰。梁朝初年，被始兴内史萧子范任命为主簿。

侯景作乱，侯安都招募三千士兵，恰好陈霸先率兵进援京师，便一路随之攻打蔡路养，大败李迁仕，剿平侯景，力战有功。又随陈霸先镇守京口，担任兰陵太守，是谋划偷袭王僧辩的主要策划者。

绍泰初年，担任南徐州刺史。徐嗣徽、任约等带着北齐军队攻打石头，侯安都反击获胜。侯安都多次带兵击退齐军，取得建康保卫战胜利。侯安都指挥水师从豫章出兵，帮助周文育打败萧勃，并一起西讨王琳。沌口兵败，和周文育、徐敬成并为王琳所俘，几人设法逃脱。陈武帝并未深究，全都官复原职。侯安都出为都督南豫州诸军事、镇西将军、南豫州刺史。

此后，陈武帝派侯安都和周文育一起攻打余孝劢及王琳部将曹庆、常众爱等人，周文育为熊昙朗所害，侯安都回取大舰，生擒南归的王琳大将周炅、周协，又进军禽奇洲，平定曹、常二将余众。

侯安都班师回朝，走到南皖，听说陈武帝去世，便跟着时在南皖筑城的临川王陈蒨还朝。群臣犹豫不决之际，侯安都挺身而出，力推陈蒨继立为帝，任为南徐州刺史。此后，又主动要求奉迎陈昌，渡江时发生了陈昌离奇死亡事件。

王琳水师到达栅口，大军出屯芜湖，虽然朝廷任命侯瑱为大都督，而军事上的指麾经略多出侯安都之手。王琳兵败，周兵入据巴、湘，侯安都奉诏西讨。等到留异拥据东阳，又奉诏东讨，在岩口攻城战中，侯安都亲身接战，被流箭射中，血流到脚踝，仍坐在战车里指挥战事，神色不变。

自平定王琳叛乱后，侯安都自以功安社稷，加上有拥立之功，渐渐倨傲骄矜，数次召集文武臣僚，有时令其骑射驰骋，有时命以写诗作赋，平判高下，赏赐有别，斋内动至千人。部下将帅大多不遵法度，有司一旦掬问，都躲到侯安都那里。

侯安都参加宫廷侍宴，酒酣之际，有时箕踞倾倚。曾在一次陪驾文帝出游时问道："比起作临川王时怎么样？"文帝没有回答，侯安都再三提起，文帝说："这虽然是天命，也是明公之力。"宴席结束，侯安都又向文帝借用水上游玩用物，准备载着妻妾在御堂玩乐，文帝虽然答应了，内心十分不快。次日，侯安都坐在御座，宾客在群臣的位置上称觞上寿。

— 251 —

当初，重云殿火灾，侯安都率甲兵入殿灭火，文帝十分厌恶，从此，便暗中防备。赶上周迪叛乱，群臣都认为应由侯安都率兵讨伐，但文帝却命吴明彻指挥部队，让侯安都征讨留异。趁侯安都出朝之机，文帝从侯安都部下入手，搜集罪状。等到战事结束，侯安都才察觉出文帝戒备自己之意。

侯安都让手下周弘实请托舍人蔡景历，侦知朝廷动向。未料，蔡景历反水，向文帝举报其谋反。文帝担心逮捕侯安都发生变故，便任命侯安都出朝任江州刺史。五月，侯安都自京口还都，部伍进入石头。六月，文帝在嘉德殿宴请侯安都，又召集其部下将帅在尚书朝堂集合。至此，文帝才下令逮捕侯安都，囚禁在嘉德西省，又逮捕其亲信将领，第二天，赐四十四岁的侯安都在西省自尽。

梁承圣元年（552年），侯景之乱平定后，陈霸先镇守京口，时逢五十大寿，诸将宴饮一堂，一则庆功，一则祝寿。酒酣耳热之际，杜僧明、周文育、侯安都各自陈说功劳。鉴识过人的陈霸先诚恳而坦率地总结说：

> 卿等悉良将也，而并有所短。杜公志大而识暗，狎于下而骄于尊，矜其功不收其拙。周侯交不择人，而推心过差，居危履险，猜防不设。侯郎傲诞而无厌，轻佻而肆志。并非全身之道。（《陈书·列传·卷二》）

如前所述，三人后来的结局，都被陈霸先说中。

徐度，字孝节，安陆人。

徐度年少时风流倜傥，不拘小节。长大后身材魁梧高大，嗜酒，喜欢赌博。

起初，徐度追随梁始兴内史萧介征服蛮族各洞，以骁勇闻名。

陈霸先讨伐交趾，徐度献上礼物，表明心迹。

侯景之乱，陈霸先攻占广州，平蔡路养、破李迁仕，均出自徐度谋划。

侯景之乱平定后，梁元帝征召陈昌，陈霸先让徐度率部扈从。江陵城破，陈昌被西魏俘虏，徐度在乱军之中寻机东归建康。

陈霸先东讨杜龛，时梁敬帝驻跸京口，命徐度负责宿卫。徐嗣徽、任约来犯，陈霸先返回建康，彼时，敌人已占据石头，陈霸先派徐度在冶城寺扎营。

第二年，徐嗣徽等人又领着北齐军队渡过长江，徐度参与作战，在北郊坛打败齐军，立有战功。

文帝即位，因平定王琳的功劳，改封湘东郡公。太尉侯瑱在湘州去世，徐度代其职。文帝去世，为顾命大臣；废帝即位后徐度去世，谥号忠肃。

杜稜，字雄盛，吴郡钱塘人。

杜稜年轻时生活落魄，默默无闻，但是，非常喜欢读书。

杜稜出游岭南，在广州刺史新喻侯萧映手下做事，萧映死后，追随陈霸先。

侯景之乱平定后，陈霸先出镇朱方，派杜稜驻守义兴、琅邪二郡。

梁承圣四年（555年）九月，陈霸先计划诛杀王僧辩，召集周文育、侯安都、徐度、杜稜秘密商议，只有杜稜表示为难。陈霸先害怕杜稜泄漏计划，就用手巾勒昏杜稜，关在另一间屋子。大军出发后，陈霸先又召杜稜同行。过后，两人却无半点儿隔阂，杜稜固然忠心可嘉，但陈霸先不计前嫌，足证其襟怀大度。

十月，陈霸先东征杜龛，防守建康的重任就托付给侯安都和杜稜。

徐嗣徽、任约引齐军渡江，攻打台城。杜稜忠于职守，无论白天黑夜，衣不解带，督管城防，成功抵御了北齐部队。

陈武帝去世时，杜稜担任侍中、中领军，文帝驻在南皖。当时，朝内皇子不在，外有强敌环伺，侯瑱、侯安都、徐度等人都领兵在外，朝廷重臣老将，只有杜稜人在京师，掌管禁兵。杜稜和蔡景历等人议定秘不发丧，奉迎文帝陈蒨。一个新兴的陈王朝才没有出现动乱。废帝即位，加特进、侍中。

杜稜历事三帝，均受恩宠。年老之后，杜稜不再外出征伐，生活在京师附近。不久，于任上去世，谥号为成。

吴明彻，字通昭，秦郡人。父亲吴树，梁右军将军。

吴明彻本性孝顺，小时父亲去世，十四岁时，感慨父亲未曾入土安，家中又贫困无力，便努力耕田。不料天下大旱，禾苗焦枯，吴明彻悲伤愤怨，每每到田中哭泣，仰天自诉苦楚。过了几天，禾苗复活，秋天丰收，足够下葬所用。

侯景围攻京师，天下大乱，吴明彻把积攒的三千多斛（古代容积单位，"石"的俗称，一斛等于一石，十斗，计一百二十斤）谷子和小麦，按照邻居人口数平分给大家，土匪听说后都避开不来劫掠，因此之故，很多人得以活命。

陈霸先镇守京口，诚挚邀约吴明彻。听到吴明彻到府，陈霸先亲自到台阶处迎候，拉着手入席，谈论时事。自此，为陈霸先所用，成为陈朝中后期名将。

吴明彻随侯安都等人讨伐王琳，众军溃败，只有吴明彻全师返回建康。

文帝即位，吴明彻在武陵遭北周贺若敦攻袭，寡不敌众，但仍力战不屈。其后，镇守吴兴，支持北伐齐国，指挥陈军，攻克秦郡，生俘王琳。又奉命进攻北周，在吕梁兵水战失利，适逢背疾加重，兵败被俘，忧愤成疾，死于长安，时年六十七岁。

徐陵，字孝穆，东海郯人。父亲徐摛，梁戎昭将军、太子左卫率。

徐母臧氏曾梦见五色云化为一只凤凰，落在左肩，不久，就生下徐陵。

当时，有一位道行高深的宝志上人，用手摩挲刚刚几岁的徐陵的头，说："天上的石麒麟啊。"惠云法师每每叹赏徐陵年少成才，称之为"当世颜回"。徐陵八岁能写文章，十二岁通晓老庄之学，长大后，博涉史籍，口才极佳。

梁中大通年间，东宫招置学士，徐陵应召，不久任尚书度支郎。梁太清二年（东魏武定六年，西魏大统十四年，548年）出使西魏，行馆设宴当天气温极高，主客魏收嘲笑徐陵说："今日之热，当由徐常侍引来。"徐陵立即回答："昔日王肃到此，替北魏朝廷初制礼仪；今天我来访，使您再次知道冷热寒暑。"

侯景进犯京师，徐陵父亲困于围城，身在北朝的徐陵得不到家信，便蔬食布衣，仿佛居丧。适逢北齐接受西魏禅让，梁元帝在江陵即位，两朝通好，梁使再次出访北齐，徐陵数次请求回梁复命，始终被拘留不放。

等到江陵被东魏攻陷，北齐送贞阳侯萧渊明南下，北齐才派徐陵跟随。萧渊明几次致信沟通王僧辩，都由徐陵执笔。萧渊明进入梁境，王僧辩见到徐陵后大喜，优礼甚厚，任为尚书吏部郎，负责诏诰文书。陈霸先诛杀王僧辩，任约、徐嗣徽乘虚偷袭石头，徐陵感念旧恩，前往投奔。任约败后，陈霸先释放徐陵，任为尚书左丞，后奉命出使北齐。陈霸先受禅，加官散骑常侍，左丞如旧。

天嘉年间，司空、安成王陈顼凭借皇弟之尊，权倾朝野，属下直兵鲍僧叡借势压制辞讼，大臣无敢进言。徐陵听说后，写好奏章，让御史台官属跟着他上朝。陈文帝见徐陵身着朝服、庄重严肃，一副不可侵犯样子，也随之正色端坐。徐陵宣述奏章时，侍立殿上的陈顼仰视文帝，流汗失色，徐陵让殿中御史引着陈顼下殿，然后免掉陈顼侍中、中书监之职。从此，朝廷上下纲纪肃然。

天康元年，徐陵转任吏部尚书，提举纲维，综核名实，时论比之毛玠（东汉末年大臣，以清廉公正著称，与崔琰主持选举，举用都是清廉正直之士）。

陈宣帝时。朝中议论北伐元帅人选。大家共同签名推举权势显赫的中权将军淳于量，唯独徐陵力推淮左吴明彻，提议裴忌为副。陈宣帝令吴、裴二人指挥陈军北伐，攻取淮南数十州，摆酒时举杯看着徐陵说："奖赏爱卿知人。"徐陵以年老累求退休，宣帝优礼，为其建造大斋，在府邸处理政务。

陈至德元年（583年），徐陵去世，时年七十七岁，谥号为章。

徐陵格局深远，言行举止大方，秉性清简，不积家财，俸禄与亲族共享。自陈朝立国，重要文檄军书，都由徐陵拟定。徐陵为一代文宗，其文不依旧体，剪裁巧密，多有新意。每当一文写就，好事者已传抄背诵，文章散播华夷。

唐初杰出的政治家、思想家、文学家和史学家魏徵评论陈武帝说：

然志度弘远，怀抱豁如，或取士于仇雠，或擢才于亡命，掩其受金之过，宥其吠尧之罪，委以心腹爪牙，咸能得其死力，故乃决机百胜，成此三分，方诸鼎峙之雄，足以无惭权、备矣。

（唐·魏徵·《陈五帝总论》）

3. 怀抱豁如，取士仇雠

陈朝中后期的重要武将文臣,如侯瑱、欧阳頠、鲁悉达、程灵洗、周铁虎、孙玚、周炅、樊毅、樊猛等,都曾经是陈霸先对手的属下,作为败军之将,因陈武帝的"怀抱豁如",即使"且为仇雠",也能"暮为宾友",一一被委以任用。

侯瑱,字伯玉,巴西充国人。

侯家世代为西蜀少数民族首领。其父侯弘远,奉梁益州刺史鄱阳王萧范之命攻打蜀地贼匪张文萼时,不幸在白崖山战死。侯瑱矢志不渝,为父复仇,每次作战必先冲锋陷阵,最终杀死张文萼,因而一战成名。

侯瑱追随鄱阳王萧范,被委任为将帅,蜀地少数民族不归附的,都被派去征伐,因功升任晋康太守。鄱阳王萧范担任雍州刺史,任命侯瑱为超武将军、冯翊太守。鄱阳王萧范移镇合肥,侯瑱随之赴任。

侯景之乱,鄱阳王萧范派萧嗣入援建康,令侯瑱随军辅佐。京城陷落,侯瑱和萧嗣返回合肥,不久,鄱阳王萧范父子在湓城被杀,侯瑱便统领其余众,依附豫章太守庄铁,后被庄铁疑忌。侯瑱使诈邀庄铁议事,手刃庄铁,占据豫章。

侯景派于庆攻城略地,到达豫章,侯瑱不敌而降,被送往建康。侯景以同姓之故,厚待侯瑱,派其随于庆平定蠡南诸郡。侯景巴陵战败,大将宋子仙、任约为西军俘获,侯瑱尽杀侯景党羽,以应义军,被梁元帝任为南兖州刺史,跟着王僧辩攻打侯景,一直为大军先锋。等到台城收复,侯景逃奔吴郡,侯瑱在后追击,在吴淞江大败侯景，随即进兵钱塘，降服侯景部将谢答仁、吕子荣等人。侯瑱因功升任南豫州刺史，出镇姑孰。

梁承圣二年（西魏废二年，齐天保四年，553年），北齐派郭元建出濡须，王僧辩派侯瑱领三千甲士，大败郭元建。西魏进犯荆州，王僧辩令侯瑱为前军入援，大军未到而江陵陷落。侯瑱到达九江，护卫晋安王回到建康，任江州刺史。北齐派慕容恃德出镇夏首，侯瑱水陆齐攻，逼和慕容恃德，还镇豫章。王僧辩令其弟王僧愔率兵与侯瑱共讨萧勃，等到陈霸先诛杀了王僧辩，王僧愔暗地里想谋害侯瑱而抢夺军权，侯瑱获悉后，收押王僧愔党徒，王僧愔投奔北齐。

三年后，侯瑱加开府仪同三司，据有长江中流，兵势强盛。又因本来跟随王僧辩，虽外示臣节，未有入朝之意。

当初，余孝顷是豫章太守，等到侯瑱镇守豫章，便在新吴县另立城栅，与侯瑱对峙。侯瑱把军人妻子、子女留在豫章，让堂弟侯奫留守，自己全军攻打余孝顷。从夏天打到冬天，也没有攻克，只得围城。到了秋天，便收割城外庄稼。

侯奫和部下不团结，出现内乱，侯瑱的歌伎妻妾和金玉财宝全被劫走。侯瑱后方沦陷，前线士兵溃散，想回到豫章，被豫章民众拒绝，便逃往泷城，投靠部将焦僧度。焦僧度劝侯瑱投降北齐，侯瑱认为陈霸先宽宏大量，一定宽恕自己，恰逢陈霸先派来的说客蔡景历。在蔡景历的极力劝说下，侯瑱亲往建康朝廷认罪。陈霸先不计前嫌，恢复其官爵如初。

梁元帝旧部王琳起兵攻打陈霸先，在沌口之战大败陈军。陈武帝命侯瑱领军出征，大军刚到梁山，武帝去世，陈文帝即位，侯瑱进授太尉。侯瑱领兵，在芜湖地区大败王琳和北齐联军，奉命镇守溢城，后又在西江口打败北周大将独孤盛。后因病请求还朝，死于归途，时年五十二岁，谥号为壮肃。

欧阳頠，字靖世，长沙临湘人，为本郡世家豪族。

欧阳頠年轻时质朴耿直，有自己的见解主张，因言行诚实守信闻名岭南。父亲去世后，家中积蓄都让给兄长。为避免州郡举荐为官，在山麓寺旁建屋居住，专心学习，博通经史。

三十岁那年，欧阳頠被哥哥逼迫从政，任邵陵王府中兵参军事。因小时和左卫将军兰钦关系好，常随其出兵南征夷獠，曾生擒陈文彻。

欧阳頠向朝廷进献大铜鼓，前朝从所未见。

欧阳頠得到庐陵王萧续赏识，引为宾客。兰钦出征交州，刚刚过岭，因病去世，欧阳頠送丧还都途中，讨平湘衡交界五十余洞和广、衡二州山贼土匪。

侯景之乱，京城陷落，岭南各郡互相交争，欧阳頠拒不参与，说："现在应该入援京师，怎么可以自家互相耀武示威？"

陈霸先入援京师，经过始兴，欧阳頠表明心迹，愿意输诚。

陈霸先征讨蔡路养、李迁仕，欧阳頠都曾派兵协助。

侯景之乱平定，梁元帝问遍朝臣："现在天下刚刚稳定，极需良才，你们都举荐一下自己认识的。"群臣无人回应。梁元帝说："我已得一人。但恐萧广州不放。"指的就是欧阳頠。

广州的萧勃过岭南出兵南康，欧阳頠屯兵在豫章苦竹滩，被周文育活捉，被陈霸先当庭释放，厚加款待。因陈霸先态度至诚，欧阳頠成为其麾下战将。

萧勃死后，岭南社会动荡，因欧阳頠在南方素有威名，而且和陈武帝旧识，便被派往岭南。欧阳頠进驻广州，四方威服。陈

— 259 —

朝尽有南越之地，改授欧阳頠都督广、交、越、成、定、明、新、高、合、罗、爱、建、德、宜、黄、利、安、石、双共十九州诸军事。

当初，交州刺史袁昙缓偷偷寄给欧阳頠五百两黄金，让他还给合浦太守龚翙一百两、给自己的儿子袁智矩四百两。这件事，除了当事人，其他人都不知道。不久，欧阳頠被萧勃打败，财产全都丢失，唯有这五百两黄金独在。战斗中，袁昙缓战死，战后，欧阳頠依旧信守诺言，逐一送还黄金，时人无不叹服。

陈天嘉四年（563年），欧阳頠去世，时年六十六岁。谥号为穆。

鲁悉达，字志通，扶风郿人，父亲鲁益之，梁新蔡、义阳二郡太守。

侯景之乱，鲁悉达纠合乡人，自保家乡新蔡。鲁悉达重视农业，有意识地储存粮食。时值梁末，兵荒马乱，被救活的很多人，都归附鲁悉达。

鲁悉达收服晋熙等五郡，占据其地。派弟弟鲁广达领兵，跟随王僧辩征讨侯景，被梁元帝任命为北江州刺史。

梁敬帝即位，据有上流的王琳及留异、余孝顷等所据之处战火蜂起。

鲁悉达抚慰五郡，得到百姓拥护，没有接受当时相争的王琳和陈武帝任职。

陈武帝派安西将军沈泰率兵逼迫鲁悉达，没有成功。

北齐行台慕容绍宗攻打郁口诸镇，被鲁悉达痛击，仅以身免。

王琳筹划沿江东下，因鲁悉达控制长江中流，派人劝降，鲁悉达始终不应。不得已，王琳便联合北齐，相约攻打鲁悉达。北齐派清河王高岳帮助王琳，恰逢鲁悉达裨将梅天养等因小过怕被问责，引齐军入城，惨败的鲁悉达仅率领麾下数千人，渡过长江，归附陈武帝。

陈武帝看见鲁悉达归附十分高兴，毫不在意其曾经脚踏两只船，开玩笑道："你怎么来得这么晚。"任其为北江州刺史，封彭泽县侯。

鲁悉达虽然豪爽义气，但从不因出身高贵看不起别人。他喜欢诗词歌赋，招礼贤才，和大家一起唱和宴饮。

文帝即位，鲁悉达任吴州刺史。因母亲去世悲伤过度，得病身亡，谥为孝。

程灵洗，字玄涤，新安海宁人。年少时就以勇力闻名，一天能步行二百里。

梁朝末年，海宁、黟、歙等县及鄱阳、宣城郡界盗贼很多，邻近各县十分苦恼。乡人平素畏惧信服程灵洗，前后长官都让他招募年轻人，前往抓捕盗匪。

侯景之乱，程灵洗召集同乡，据守黟、歙等县，抵抗乱军。侯景攻下新安，新安太守湘西乡侯萧隐投奔程灵洗，被封为盟主。刘神茂自东阳抵抗乱军，程灵洗攻下新安，响应刘神茂，被梁元帝任为新安太守。侯景败后，程灵洗因功升任青州刺史，按梁元帝旨意，前往扬州，协助王僧辩镇防。转任吴兴太守，未及出发，王僧辩命程灵洗跟随侯瑱西援荆州。江陵陷落，程灵洗回到建康。

陈霸先诛杀王僧辩时，程灵洗率所部前来报仇，当夜，两军在石头西门苦战，程灵洗战局不利。陈霸先派人再三前往劝降，程灵洗很久才同意。陈霸先十分欣赏程灵洗忠于故主的行为。绍泰元年（555年），任命程灵洗为兰陵太守，助防京口。等到扫平徐嗣徽，程灵洗因功又任南丹阳太守，封为遂安县侯，仍旧镇守采石。

程灵洗跟随周文育西讨王琳，在沌口战败，成为俘虏。第二年，和侯安都等人设法逃回建康。兼任丹阳尹，出为高唐、太原二郡太守，仍旧镇守南陵。

陈武帝去世，程灵洗在南陵痛歼沿江东下的王琳前军，缴获十多艘青龙大船，升任南豫州刺史。侯瑱在栅口打败王琳，程灵洗乘胜追击，据有鲁山。

陈天嘉四年（563年），周迪再次进犯临川，被程灵洗击退，第二年，程灵洗出任郢州刺史。废帝即位，华皎叛反，派人诱降，程灵洗杀掉来使，以示效忠陈朝。后来，在和北周交战过程中，又攻下北周沔州，活捉其刺史裴宽。

程灵洗性子急，对待属下十分苛刻，士兵犯有小罪，定按军法诛杀，稍有造次，便加捶挞。然而，因其与士兵同甘共苦，大伙又都依附于他。程灵洗喜欢耕作，亲自种地，至于土壤干湿、水陆作物、收割早晚，即使是很多熟练的农民也比不上。家中姬妾没有闲人，都派去劳作织布。程灵洗在金钱使用上，也毫不吝啬。

陈光大二年（568年），程灵洗死于任上，时年五十五岁，谥为忠壮。

周铁虎，籍贯不详。其人说话时语音伧重，膂力过人，擅长使用马槊。

周铁虎追随河东王萧誉，以作战勇敢闻名，担任王府中兵参军。河东王萧誉担任广州刺史，任命周铁虎为兴宁令。河东王萧誉转任湘州，又任其为临蒸令。

侯景之乱，梁元帝派世子萧方等取代河东王萧誉镇守湘州，被杀；后王僧辩讨伐河东王萧誉，周铁虎归降。等到侯景西上，周铁虎跟着王僧辩，大败任约，生擒宋子仙，每战必定立功，被梁元帝任为潼州刺史。后陆续跟着王僧辩收复建康，迫降谢答仁，平陆纳于湘州，因先后战功，晋爵为侯，领信义太守。

陈霸先诛杀王僧辩后，周铁虎率所部投降。

徐嗣徽引齐军渡过长江进犯，周铁虎在板桥浦大败北齐水师，又攻打历阳，袭击齐军步军兵营，所战皆胜。徐嗣徽平定后，周铁虎跟着周文育迎击萧勃，一直担任前军，之后，又随周文育西征王琳，在沌口战败，和周文育、侯安都一起被俘。王琳引见诸将，问话众人，唯独周铁虎辞气不屈，众将都被宽宥，唯其被杀，时年四十九。陈武帝（时陈霸先已称帝）听说后，下诏说：

> 天地之宝，所贵曰生，形魄之徒，所重唯命。至如捐生立节，效命酬恩，追远怀昔，信宜加等。铁虎，器局沈厚，风力勇壮，北讨南征，竭忠尽力。推锋江夏，致陷凶徒，神气弥雄，肆言无挠。岂直温序见害，方其理须，庞德临危，犹能瞋目。忠贞如此，恻怆兼深。（《陈书·列传·卷四》）

孙玚，字德琏，吴郡吴县人。父亲孙修道，梁中散大夫。

孙玚年少时倜傥不群，喜好谋略，博涉经史，尤其擅长书牍文札。任梁邵陵王水曹中兵参军事。邵陵王出镇郢州，孙玚全家随行，甚为赏遇。王僧辩征讨侯景，王琳为前军，因和孙玚同门，就举荐其为宜都太守。孙玚跟随王僧辩到武昌救援徐文盛。适逢郢州陷落，孙玚留镇巴陵。不久，侯景叛军兵临城下，日夜围攻，孙玚全力固守，叛军撤围。孙玚随大军沿江而下，攻克姑熟，任为衡阳内史，未及到任，转任衡州平南府司马，因攻破黄洞蛮贼有功，任为东莞太守，又转监湘州事，梁敬帝即位后，又担任巴州刺史。

陈霸先受禅即位，王琳在郢州另外拥立梁永嘉王萧庄，传召孙玚为少府卿。王琳发兵攻打陈霸先，任命孙玚为郢州刺史，负责后方留守。北周听说王琳大军出发，派大将史宁乘虚进攻郢州，孙玚率领不满千人的守城部队，凭城固守，北周攻城不克。后孙玚听说王琳兵败，于北周撤兵之后，上表归附陈朝。

天嘉元年（560年），孙玚被任为湘州刺史，因尽有长江中游之地，心中不安，坚持入朝，封为散骑常侍、中领军。孙玚进宫刚想行礼，文帝说："以前朱买臣愿意到我家本郡任职，你有这个意向么？"便转任孙玚为吴郡太守。出镇之时，文帝亲临近畿饯行，乡亲听后，感到十分荣耀。后征讨留异，出任建安太守。高宗即位，任为荆州刺史，出镇公安，居职六年，北朝十分忌惮，后因战场上与敌方联系被革职。后主即位，官复原职。陈祯明元年（587年）去世，时年七十二岁，谥号为桓。

孙玚侍奉双亲十分孝顺，和弟弟们关系和睦。其性格通达乐观，有了钱财，则馈送亲友。自家宅院失之奢侈，庭院建筑，极尽林泉雅致。钟乐舞女，当世罕见；宾客来访，车辆不绝。等到出镇郢州，合十多艘船作为大舫，在船中建凉亭、水池，栽植荷花，每逢良辰美景，下属集会，沿长江行船，摆设酒宴，为当时胜景。孙玚常在山斋开办讲堂，召集玄儒士人，冬夏出资，大受学者称道。孙玚性格率直，平易近人，没有官气。兴皇寺慧朗法师精通佛典，孙玚每次参加讲经，经常反驳，僧众莫不倾心。孙玚巧思过人，当起部尚书（南朝尚书之一，职责与后来六部中的工部尚书相同）时，军国器械，多所创造。孙玚善于识人，家族男女婚姻，都选择位高权重之家。死后，尚书令江总撰写墓志铭，陈后主在墓志铭后又题写四十字，成为孙家一时之荣：

秋风动竹，烟水惊波。几人樵径，何处山阿。今时日月，宿昔绮罗。天长路远，地久灵多。功臣未勒，此意如何。(《陈书·列传·卷十九》)

樊毅，字智烈，南阳湖阳人。父亲樊文炽，梁益州刺史。

樊家世代将门，樊毅年少习武，擅长骑射。侯景之乱，樊毅率部曲跟随叔父樊文皎入援台城。樊文皎在青溪战死，樊毅率宗族子弟前往江陵，归隶王僧辩，随军征讨河东王萧誉，代兄为梁兴太守，跟随宜丰侯萧循讨伐湘州陆纳。部队赶到巴陵，尚未扎营，陆纳派人偷袭，营中将士惊扰，樊毅独自和左右数十人在营门力战，击鼓申令，人心才稳定下来，因功任天门太守。西魏围攻江陵，樊毅率领郡兵支援，到时，西魏已经攻克江陵，樊毅成为俘虏，之后逃回。

陈霸先受禅，樊毅举兵响应王琳，王琳失败后逃往北齐，太尉侯瑱派人招降樊毅，樊毅率领子弟部曲回到陈朝。陈军北伐，樊毅攻克广陵楚子城，连续攻城略地。吕梁兵败，樊毅率众与北周对抗。杨坚灭陈，随例入关，死于关中。

樊毅之弟樊猛，字智武。小时就有才干谋略。长大后，弓马娴熟，胆气过人。青溪之战，樊猛从早到晚和侯景叛军短兵接战，杀伤对方很多人。台城陷落，跟随哥哥樊毅西上，任梁南安侯湘州刺史萧方矩司马，击败武陵王萧纪，手擒武陵王萧纪父子三人，封为司州刺史。永定初年，周文育在沌口大败。王琳乘胜攻打南中诸郡，派樊猛与李孝钦等带兵攻打豫章，进逼周迪，战败后为周迪所俘，后寻机逃归王琳。王琳兵败，樊毅投归陈朝，领兵作战。陈朝灭亡后，入隋。

唐朝朱敬则写过一篇关于陈武帝的人物政论，评价其用人时说：

若乃侯瑱贼将也,降无季布之疑;安都败帅也,归受孟明之任。重孝穆之义,待之如宾;释欧阳之囚,惟贤是用。故得群材毕用,众勇合咸。荡遍地之横流,廓溥天之巨祲。(唐·朱敬则·《陈武帝论》)

4. 稳定岭南,祚运于侄

陈永定二年(558年)十二月,也就是陈霸先称帝的第二年,冯宝去世,岭南大乱。

按照惯例,朝廷派出新人接任高凉太守。但当地百姓却认为,冼夫人既是蛮人首领,理应代夫主管高凉。他们发起万言书,要求南陈朝廷准民所请。

此举遭到陈武帝的断然拒绝。

陈武帝认为,岭南之所以一直脱离中央统治,是因当地蛮酋势力根深蒂固。要打破这种局面,就必须将这些世族调离当地,以降低影响力。

于是,陈霸先以表彰冼氏拥戴之功的名义,邀请冯、冼豪族进京为官,进一步试探岭南蛮酋的态度。

冼夫人对此心知肚明。她深刻地意识到,政权安稳与地区稳定之间有莫大的关系。岭南地区刚刚恢复安定,来之不易,若再度掀起战争,必将生灵涂炭。

冯家三代单传,冯仆是冼夫人独子,冯宝去世时,冯仆年仅9岁。关键时刻,冼夫人决定,派遣冯仆率领岭南蛮人各部落首领到丹阳朝拜，以打消陈武帝的疑虑。临行前，冼夫人让冯仆带上自己令牌，表明归顺之心。

冼夫人"遣子为质"，直接打消了陈武帝的担忧。

陈武帝也很快明白，岭南离不了冼夫人，便审时度势，调整朝廷政策。

陈武帝下令，以后高、崖二州诸军政要事皆归冼夫人统管，进京的冯仆也以稚龄封阳春（今广东阳春）太守，以示朝廷信任。

在冼夫人精心治理下，岭南地区百姓安居乐业。

永定三年（559年），周文育被害的消息传到建康，陈武帝身体出现不适。

六月十二日，当周文育灵柩抵达建康时，陈武帝素服失声痛哭，一天后，便在璿玑殿去世，时年五十七岁。史称陈武帝：

> 临戎制胜，英谋独运，而为政务崇宽简，非军旅急务，不轻调发。性俭素，常膳不过数品，私宴用瓦器、蚌盘，肴核充事而已；后宫无金翠之饰，不设女乐。

当月，陈武帝的侄子临川王陈蒨坐上了皇帝宝座。事实上，陈武帝去世时是有儿子在世的，皇位为何传侄不传子？且听分解。

陈蒨，字子华，陈武帝陈霸先哥哥陈道潭长子。年少时深沉、机敏、有识量，容貌俊美，平时熟读经史，举止方雅，行为遵守礼法。陈武帝十分喜爱他，常常说"此儿吾宗之英秀"。侯景作乱之时，乡人大多凭山据湖为盗抢劫，只有陈蒨保护族人不受侵扰。见世道日益混乱，陈蒨便到临安避乱。陈武帝高举义旗，侯景派人抓捕陈蒨，陈蒨就暗中在衣袖中藏了一把小刀，准备在入见时暗杀侯景。结果碰到的是侯景的属下，因而没有采取行动。

陈武帝大军包围石头，侯景多次想加害陈蒨。直到侯景失败，陈蒨才得以出城奔赴陈武帝军营，被任命为吴兴太守。当时宣城乱军头子纪机、郝仲等各聚众一千多人，侵扰郡境，陈蒨率军平定了他们。

承圣二年，陈蒨被任命为信武将军，监管南徐州。

永定三年，陈武帝北征广陵，陈蒨作为前军，每战必胜。陈武帝即将讨伐王僧辩，先找来陈蒨商量。当时王僧辩女婿杜龛占据吴兴，兵势强盛，陈武帝秘令陈蒨回到长城县，立好栅栏，准备防务。陈蒨招募到仅仅几百士兵，武器装备又少，杜龛派遣手下杜泰率领五千精兵，乘虚杀来。将士相视变色，而陈蒨谈笑自若，部署明确，指挥得当，于是军心稳定。杜泰知道栅内人少，日夜猛攻。陈蒨激励将士，亲冒矢石，两军相互对峙几十天，杜泰才退走。

等到陈武帝派遣周文育率兵讨伐杜龛，陈蒨与周军合兵一处，赶往吴兴。当时杜龛部队还很多，阻断交通要道，水师和步军连阵相结，陈蒨命令将军刘澄、蒋元举率众攻打杜龛，杜龛大败，形势窘急，便请求投降。

东扬州刺史张彪起兵围攻临海，太守王怀振派人求援，陈蒨与周文育轻兵赶往会稽，攻打张彪后方。张彪部下沈泰开门迎入陈蒨，陈蒨全部没收敌军部下家财，若邪村村民杀死张彪。陈蒨因战功授持节、都督会稽等十郡诸军事、宣毅将军、会稽太守。

山越一带山势深险，民不归附，陈蒨命人分头征讨，全部平定，威名大振。

陈武帝受禅，任命陈蒨为临川郡王，食邑二千户，拜侍中、安东将军。

等到周文育、侯安都沌口战败，陈武帝下诏让陈蒨入都护驾，负责军队物资储备和防卫警备。

不久，陈武帝命陈蒨率兵到南皖（今安徽怀宁县西，皖水入江之口）筑城。

侯安都率部回朝，到达南皖，听到陈武帝去世，就和陈蒨一起回到朝廷。

陈武帝去世，当时朝廷形势十分严峻，内无嫡子，外有强敌，宿将在外，朝无重臣。章皇后召杜棱和中书侍郎蔡景历商量，决定秘不发丧。蔡景历亲自和宦官、宫人一起秘密地办理装殓尸体的器具。当时天气很热，必须做一个较大的棺材，因为担心斧头砍削木头的声音传出宫外，就用蜡做成装尸的棺材。

朝廷的一应文书诏敕，仍然按平时的样子宣布颁行。

陈武帝一生娶妻两位，分别是结发妻子钱氏和皇后章要儿。

陈霸先原先娶同郡人钱仲方的女儿钱氏为妻，钱氏早逝，育有三子，全部夭折。钱氏死后，陈霸先娶妻章要儿，那时，陈霸先已是手握兵权的梁朝重臣。

章要儿，吴兴乌程（在今浙江湖州，秦时因乌巾、程林两氏善酿得名）人。章要儿本姓钮，因父亲被章氏收养，因而改姓章。章要儿的母亲苏氏，曾经遇到一个道士把小乌龟送给自己，龟身有五色光彩，道士说："三年后有验证。"到了三年，章要儿出生，紫光照进室内，小龟也随之不知去向。章要儿年幼时聪明有智慧，容貌仪表俊美，善于书写算术，能诵读《诗经》《楚辞》。婚后，章要儿手指长五寸，颜色是红白色，每当有亲属去世，就有一个指甲先折断。章要儿亲属无在朝者，唯族兄钮洽官至中散大夫。

陈永定元年（557年），陈霸先受禅登基，建立陈，立章要儿为皇后。永定三年（559年），陈武帝去世，章要儿立临川王陈蒨为帝，是为陈文帝，被尊为皇太后。天康元年（566年），陈文帝去世，皇太子陈伯宗继位，章要儿进升太皇太后。光大二年（568年），章要儿废黜陈伯宗，降封临海王，立陈伯宗叔父安成王陈顼为帝，是为陈宣帝。太建元年（569年），尊奉章要儿为皇太后。

陈太建二年（570年），章要儿在紫极殿去世，时年六十五岁，临终下令，丧事所需物品，尽量俭约，所有祭奠用品，不许用牲畜。同年四月，群臣献上谥号宣皇后，与陈武帝合葬万安陵。

章要儿与陈霸先唯一长大成人的儿子，就是陈昌。

太清末年，陈霸先南征李贲，让章要儿和陈昌跟随其侄子陈蒨随沈恪由海路回到吴兴。侯景之乱时，陈霸先东下豫章，章要儿被侯景囚禁。侯景之乱平定，陈霸先被封长城县公，章要儿被封为策命夫人，陈昌才十六岁。不久，陈昌被送往江陵，梁元帝任命陈昌为员外散骑常侍。后来，江陵被西魏攻破，陈昌被俘往长安，因陈霸先的原因，受到礼遇。

陈武帝受禅登基，屡次派遣使者请求北周（北周已经取代西魏）放还陈昌，北周虽然口头答应，但却没有实质动作。陈武帝对此毫无办法，直到去世。

二十九日，侯安都跟随临川王陈蒨到达建康，陈蒨入居中书省。

侯安都与群臣商量，决定拥戴陈蒨继承帝位，陈蒨谦让不受。章皇后因为皇子陈昌还活着的缘故，也不肯下令，大臣们议论纷纷，犹豫不能决定。

在由谁承继陈朝大统的关键时刻，侯安都说："现在四方都不安定，哪有工夫想得那么远！临川王平定东土，为国家立有大功，我们必须共同拥立他为国主。今天之事，迟疑而不立即答应的人一律斩首。"

说完，便手执剑把走上大殿，要求皇后拿出玉玺，又亲手解开陈蒨头发，推他站到了丧事中皇位继承人应该站的位置，将棺材迁到太极殿西阶，隆重地为陈武帝发丧。皇后这才下令让陈蒨继承帝位，当天，陈蒨即位，是为陈文帝。

七月初一，尊奉章皇后为皇太后。初六，任命侯瑱为太尉，侯安都为司空，仍旧都督南徐州诸军事、征北将军、南徐州刺史。

高祖遗诏，以京口要地，距离建康很近，自非宗室近亲，不得派人镇守，因为此地攸关肘腋。

八月，陈朝葬陈武帝于万安陵，庙号为高祖。

北周得知陈武帝驾崩、传位侄子陈蒨的消息，随即放还陈昌返朝，试图让陈朝产生内斗。因王琳的原因，陈昌暂居安陆。王琳兵败，陈昌继续出发，将要渡过长江，便写信给陈文帝，措辞不逊，文帝心怀不满，便找来侯安都，不慌不忙地说："太子就要到了，我必须再找一处封地作养老的地方。"侯安都说："自古岂有被代天子？臣愚笨，不敢奉诏。"

侯安都请求亲迎陈昌。群臣也上表，请加封陈昌封爵。文帝下诏，以陈昌为骠骑将军、湘州牧，封衡阳王。陈昌入境，船行长江中游，突然死掉。

侯安都向朝廷报告，陈昌意外溺水而亡。因为这件事，侯安都晋爵清远郡公，自此威名甚重，群臣无可比拟。

就这样，陈文帝的皇位再也无人觊觎，因陈昌没有子嗣，所以陈昌死后，陈武帝一脉再无嫡系后代。

然而，在陈武帝死后三十多年，万安陵却遭到了毁灭性的盗掘，盗墓者并非贪图陪葬财宝，而是将泄恨的目标对准陈霸先的尸体，甚至将骨灰和水吃掉，这又是什么缘由？

盗墓人名叫王颁，字景彦，出身世家名门太原王氏。隋开皇初年，因平蛮有功，加开府，封蛇丘县公。向隋文帝杨坚献取陈之策，文帝看到后十分惊异，亲自接见，王颁汇报结束后唏嘘大哭，文帝也被感动。

等到文帝大举伐陈，王颁主动请求参加平陈战争，率领数百人，跟着先锋韩擒虎，夜渡长江，作战中英勇无畏，受伤后，唯恐不能再次参加战斗，伤心大哭。夜中睡着后，梦到有一个人给了他治伤的药，醒了之后，伤口处居然不再疼痛，当时的人都认为是孝顺感动了上天。

陈朝灭亡后，王颁秘密召集父亲旧部，共有一千多人。王颁当众流下眼泪。此时，有个壮士问王颁：

> 郎君来破陈国，灭其社稷，仇耻已雪，而悲哀不止者，将为霸先早死，不得手刃之邪？请发其丘垄，断榇焚骨，亦可申孝心矣。（《陈书·列传·三十七》）

这番话的大意是说，陈国已破，深仇昭雪，但您仍旧悲伤不止，是因陈霸先早死，不能亲手杀掉。请掘其陵墓，剖棺毁尸，也可向世人申昭孝心。

王颁跪了下来，磕头道谢，额头都出了血，同时回答说：

"陈霸先是帝王，陵墓工程巨大，一夜的工夫，恐怕很难发掘到尸体，等到第二天，事情泄露，该怎么办？"

当场诸人都请求发放锹镐器具，趁夜挖掘。众人连夜掘开陈武帝陵墓，陈武帝的棺椁被打开后，面部胡须还在，都生在陈武帝的骨头里。

王颁当即烧掉陈霸先尸骨，化成灰烬，投到水里喝掉。然后，叫人把自己绑起来，当面向晋王杨广认罪。杨广将事情原委向文帝上表陈述，文帝说：

> 朕以义平陈,王颁所为,亦孝义之道也,朕何忍罪之!(同上)

文帝不再追究王颁的过错。有关部门抄录王颁的战功,将要加柱国,赏赐绸缎五千段。王颁坚辞不受,说:"我因隋朝国势强盛,得以一雪旧怨,本来就夹杂着个人私情,并非从国家利益考虑,朝廷给我的官爵、赏赐,终不敢要。"文帝充分尊重王颁的想法,拜为代州刺史。

王颁究竟与陈霸先有什么深仇大恨?

原来王颁的父亲是王僧辩。王僧辩是梁朝太尉,参与平定侯景之乱。刚开始,陈霸先与王僧辩的关系不错,双方结为儿女亲家。但后来却因"立谁为帝"发生矛盾。陈霸先率兵袭杀了王僧辩。

而这之前,因王僧辩征讨侯景,把王颁留在荆州梁元帝处作为人质,恰逢梁元帝被北周军队擒获,王颁因而随北周部队进入长安。得知父亲的死讯,王颁"号恸而绝,食顷乃苏,哭泣不绝声,毁瘠骨立"。服丧期间,常常布衣蔬食,枕着藁草入睡。北周明帝听说后,十分嘉许王颁的言行,任为左侍上士,累迁汉中太守,不久拜仪同三司。文帝代周,出征陈朝,王颁随行,方才发生上述事情。万安陵被彻底掘毁,成为轰动一时的大事。后世过此,莫不感慨。

作为南北朝最后一个政权陈朝,其陈国祚三十二年,但国亡后皇室成员并未遭到屠杀,后主陈叔宝被隋军掳至长安,封长城县公,在隋十六年后病死洛阳,终年五十五岁,其皇族陈氏也是南北朝其他皇室死亡后结局最好的一族。究其原因,是隋文帝杨坚在灭陈后,出于对江南百姓的笼络,并未屠杀陈氏皇族,而是将其迁到西北偏远地区耕田,令其自力为生。虽然陈宣帝陈顼女儿临川长公主贵为杨坚的妃子,但陈氏族人并未因此得到赦免。

— 273 —

直到隋炀帝杨广即位，陈后主陈叔宝第六女陈婼受到宠幸，陈氏一族才可回到长安，被授予官职。一时间，陈氏子孙皆为守令，遍布中原各地。

陈氏后裔派系众多，其中，"开漳圣王"陈元光一支，名声较大。此外还有"北庙派""南院派""忠顺世家""南康世家""颍川世家""颍川堂""江州义门"等各种堂号。不管称呼如何，陈氏族群裔布天下，与隋时陈氏子弟广为分布大有干系。

附表：陈武帝大事年表

中国纪元		陈武帝年龄	大事
503年	梁武帝天监二年	1岁	陈武帝出生
535年	大同三年	33岁	萧暎论其前程远大
540年	六年	38岁	任直兵参军，率兵平定安化二县。任西江督护、高要郡守
543年	九年	41岁	击破德州，围攻李贲，败于李贲部将范修
544年	十年	42岁	击败卢子雄将杜天合等，授直阁将军，封新安子爵，邑三百户
545年	十一年	43岁	授交州司马，领武平太守，随交州刺史杨㗖讨伐李贲。返回广州
547年	太清元年	45岁	平李贲兄李天宝叛军。封振远将军、西江督护、高要太守、督七郡诸军事
548年	二年	46岁	侯景之乱爆发，准备进京勤王
549年	三年	47岁	讨伐元景仲，擒兰裕、兰京礼。转投湘东王萧绎帐下，受其节制

续表

	中国纪元	陈武帝年龄	大事
550年	梁简文帝大宝元年	48岁	击败蔡路养，进驻南康，授明威将军、交州刺史，改封南野县伯。与李迁仕激战，授直散骑常侍、使持节、信威将军、豫州刺史，领豫章内史，改封长城县侯。再授散骑常侍、使持节、都督六郡诸军事、军师将军、南江州刺史
551年	二年	49岁	进兵平定江州，授江州刺史。劝进湘东王萧绎，授使持节，都督会稽、东阳、新安、临海、永嘉五郡诸军事，平东将军，东扬州刺史，领会稽太守、豫章内史
552年	梁元帝承圣元年	50岁	白茅湾与王僧辩登坛设誓，在建康彻底摧毁侯景势力。授使持节、散骑常侍、都督南徐州诸军事、征北大将军、开府仪同三司、南徐州刺史等职务。代镇扬州，又回京口
554年	三年	52岁	进司空，给班剑二十人
555年	四年	53岁	袭杀王僧辩，废黜萧渊明，拥萧方智帝，任尚书令、都督中外诸军事、车骑将军，领扬、南徐二州刺史，掌握南朝梁实权。击败徐嗣徽，大败北齐。与齐柳达摩签订和约。攻占姑孰
556年	梁敬帝绍泰二年太平元年	54岁	克吴兴，平王僧辩余部。节度众军，大破北齐，授中书监、司徒、扬州刺史，晋爵公，增邑并前五千户。又任相、录尚书事、镇卫大将军、扬州牧，封义兴郡公
557年	太平二年陈武帝永定元年	55岁	镇压萧勃，进太傅，加黄钺。讨伐王琳，进位相国，总百揆，封十郡陈公，晋爵王。萧方智禅位陈霸先，改元永定

续表

	中国纪元	陈武帝年龄	大事
558年	二年	56岁	于大庄岩寺出家，群臣表请还宫
559年	三年	57岁	崩于璿玑殿，遗诏追临川王陈蒨继位。上谥号武皇帝，庙号高祖，葬于万安陵

主要参考书目

[01][汉]班固. 汉书[M]. 北京：中华书局，2012.

[02][晋]陈寿. 三国志[M]. 北京：民主与建设出版社，2020.

[03][北齐]晋书[M]. 北京：中华书局，2018.

[04][北齐]魏收. 魏书[M]. 北京：中华书局，2018.

[05][梁]萧子显. 南齐书[M]. 北京：中华书局，2016.

[06][唐]李延寿. 北史[M]. 北京：中华书局，1974.

[07][唐]李延寿. 南史[M]. 北京：中华书局，1975.

[08][唐]姚思廉. 梁书[M]. 北京：中华书局，1999.

[09][唐]房玄龄. 晋书[M]. 北京：中华书局，2015.

[10][唐]姚思廉. 陈书[M]. 北京：中华书局，1972.

[11][唐]魏徵，等. 隋书[M]. 北京：中华书局，1987.

[12][唐]樊绰. 蛮书校注[M]. 北京：中华书局，2023.

[13][唐]李百药. 北齐书[M]. 北京：中华书局，1972.

[14][唐]杜佑. 通典[M]. 北京：中华书局. 2015.

[15][后晋]刘昫，等. 旧唐书[M]. 北京：中华书局，1975

[16][宋]司马光. 资治通鉴[M]. 北京：中华书局，1956.

[17][宋]李昉.太平御览[M].北京：中华书局，1960.

[18][宋]宋敏求.唐大诏令集编[M].中华书局，2008.

[19][宋]李昉.太平御览[M].北京：中华书局，1960.

[20][明]顾祖禹.读史方舆纪要[M].上海：上海书店，1998.

[21][清]王夫之.读通鉴论[M].北京：中华书局，1979.

[22]李世愉、孟彦弘.中国古代官制概论[M].北京：中国社会科学出版社，2009.

[23]葛金芳.土地赋役制[M].上海：上海人民出版社，1998.

[24]三军大学.中国历代战争史.第六卷[M].台湾：军事译文出版社，1972.

[25]谭其骧.中国历史地图集[M].北京：中国地图出版社，1982.